Johan Huizinga

Erasmus von Rotterdam

Übersetzt und herausgegeben von Hartmut Sommer

Johan Huizinga

Erasmus von Rotterdam

Übersetzt und herausgegeben
von Hartmut Sommer

PATRIMONIUM-VERLAG 2023

Impressum

2., durchgesehene Auflage © 2023 Patrimonium-Verlag
1. Auflage © 2016 Verlagsgemeinschaft topos plus, Kevelaer unter dem Titel »Erasmus und Luther – Europäischer Humanismus und Reformation«

Patrimonium-Verlag
Verlagsgruppe Mainz
Süsterfeldstraße 83
52072 Aachen

www.patrimonium-verlag.de

Gestaltung, Druck und Vertrieb:
Druck & Verlagshaus Mainz
Süsterfeldstraße 83
52072 Aachen
www.verlag-mainz.de

Abbildungsnachweis:
https://commons.wikimedia.org/wiki/File:Desidrius_Erasmus_by_Hans_Holbein.jpg

ISBN-10: 3-86417-200-4
ISBN-13: 978-3-86417-200-7

INHALTSVERZEICHNIS

EINLEITUNG

Wenn wir jetzt mit kritischem Abstand auf das Zeitalter des Humanismus und der Reformation zurückblicken, so sehen wir neben Luther und den anderen Reformatoren als herausragende Persönlichkeit vor allem Erasmus von Rotterdam (1466 oder 69–1536), dessen Einfluss als führender Humanist prägend war für diese Epoche. Lange bevor Luther mit seinen Reformbestrebungen an die Öffentlichkeit trat, hat Erasmus bereits das Denken der europäischen Intellektuellen als ihr geistiger Mittelpunkt bestimmt und durch seine Förderung der Latinität völkerübergreifend vermittelt. Sein Einfluss reichte bis in die Fürsten- und Königshäuser und den höchsten Klerus der Zeit. Er war einer der Ersten, die den neu aufgekommenen Buchdruck intensiv nutzten, um zu den zentralen Themen seiner Zeit Stellung zu nehmen. Mit satirischen und moraltheologischen Schriften kritisierte er die veräußerlichten kirchlichen Formen und schuf Anleitungen für ein ungezwungenes religiöses und soziales Leben. Aus der Feder des unermüdlichen Netzwerkers floss ein schier uferloser Briefwechsel. Als biblischer Humanist hat er dazu beigetragen, die klassischen Autoren, Kirchenväter und Philosophen neu zu erschließen. Mit mehreren Friedensschriften hat er versucht, auf die politischen Akteure seiner Zeit mäßigend Einfluss zu nehmen. Seine kritische Ausgabe des Neuen Testaments ist der erste Ansatz zu einer modernen Bibelexegese.

Mit Erasmus und Luther traten zwei geistesgeschichtliche Strömungen in Konkurrenz – Humanismus und Reformation –, die trotz teilweiser Übereinstimmung in der Kritik an zeitgenössischen Missständen ein fundamental unterschiedliches Menschenbild und dementsprechend eine sehr unterschiedliche Vision von der Zukunft der Gesellschaft und der Religion hatten. Während für Erasmus der Mensch besserungsfähig und frei ist, sieht ihn Luther belastet durch eine unaufhebbare Sündenschwere und als unfreien Spielball des Bösen sowie göttlicher Bestimmung. Der europäische Humanismus war in seiner Grundtendenz kosmopolitisch und bestrebt, eine durch die Latinität verbundene internationale Gemeinschaft des Geistes zu schaffen (trotz mancher nationaler Eifersüchteleien); die Reformation ging ein Bündnis mit dem aufkeimenden Nationalismus ein. Die Humanisten wollten den Reichtum der Kultur seit der Klassik (ohne die Scholastik allerdings) für ihre Zeit fruchtbar machen; die Reformatoren verwarfen den ungeheuren Schatz der Tradition und ließen nur noch die Bibel gelten. Erasmus setzte auf Toleranz und Verständigungsbereitschaft; die Reformatoren waren angetrieben durch einen kompromisslosen Geltungsanspruch. Erasmus »hasste diesen Geist der absoluten Gewissheit, der so untrennbar zu den Reformern gehörte«, wie Huizinga formuliert.

Mit ihrem rauen Durchsetzungswillen blieben die Reformatoren in diesem geistesgeschichtlichen Ringen siegreich. Der Humanismus ist mit seinen Bestrebungen gescheitert und hat auf Jahrhunderte das Feld für eine nationalistische und religiöse Unerbittlichkeit räumen müssen. Erasmus als sein führender Kopf ist dafür mitverantwortlich. Er hat nicht verstanden, dass Rückzug und Nichthandeln auch handelnde Einflussnahme sind und dass mit philologischer Schöngeisterei allein die Auseinandersetzung der Geister nicht zu gewinnen ist. Man muss bei aller Toleranz mit dem geschliffenen Instrumentarium philosophischer Argumentation für die Wahrheit streiten können, denn Toleranz bedeutet nicht Beliebigkeit.

Johan Huizingas Erasmus-Biografie, die hier in einer neuen, modernisierten Übersetzung vorgelegt wird, stellt uns diesen großen europäischen Geist vor Augen und zeichnet zugleich ein lebendiges Bild des Zeitalters. Als einer der bedeutendsten Kulturphilosophen des 20. Jahrhunderts hat Huizinga mit seiner bahnbrechenden Schrift *Herbst des Mittelalters* die Kräfte und Strömungen untersucht, die schließlich im Zeitalter des Humanismus und der Reformation wirksam geworden sind. Seine Gesamtschau dieses Zeithintergrundes zusammen mit der Deutung von Erasmus' Werk und der einfühlsamen Auswertung seiner zahlreichen Briefe ist bis heute unübertroffen unter den Erasmus-Biografien. Huizinga hält sich frei von konfessionellen Vereinnahmungen und Einseitigkeiten. Er zeigt, wie Erasmus, dieser empfindsame Geist, versuchte, zwischen den Konfliktparteien des Reformationszeitalters einen mittleren Kurs zu halten und seine Unabhängigkeit zu wahren. Trotz seiner Kritik an kirchlichen Zuständen schloss er sich den Reformatoren nicht an und warb für eine gemäßigte Position, um die Auswüchse und Missstände ohne Gewalt durch eine innerkirchliche Reform überwinden zu können. Huizingas Charakterzeichnung lässt uns verstehen, warum Erasmus mit diesen Bemühungen tragisch gescheitert ist und gegenüber der derben Kraft Luthers unterliegen musste. Und mehr noch: Er lässt uns den Geist des Zeitalters verstehen, denn für Huizinga geht die Geschichtsschreibung aus von der Einfühlung in individuelle Gestalten, wodurch erst eine Zeit lebendig vor unseren Augen erscheint. Er zitiert Taine mit dem Ausspruch:

»L'histoire, c'est à peu près voir les hommes d'autrefois.« – Geschichtsschreibung bedeutet fast, die Menschen von damals zu sehen.[1]

Obwohl Erasmus an den auseinanderstrebenden Kräften der Zeit scheiterte, ist es auch heute gut, auf seine mäßigende Stimme zu hören, da die Welt erneut von Kriegen unter dem Vorwand der Religion erschüttert wird. Man muss sie immer wieder hören, die Stimme dieses großen Friedenstifters, damit das »Erasmische«, das für seine Zeitgenossen milde, tolerante Verständigungsbereitschaft bedeutete, sich zuletzt doch durchsetzen möge. So ist es auch gut und richtig, dass die Stipendien-Programme der Europäischen Union für Bildung, Jugend und Sport den Namen dessen tragen, der den Geist europäischer Verständigungsbereitschaft verkörpert.

Grundlage der vorliegenden Übersetzung ist die letzte von Huizinga selbst besorgte niederländische Fassung des Buches. Nicht mit aufgenommen wurde der Anhang über die Entstehungsgeschichte der Erasmus-Gemälde. Wie in der englischen Ausgabe sind die zahlreichen Quellennachweise Huizingas auf ein textökonomisches Maß reduziert. Die Abschnittsgliederung orientiert sich an der noch mit Huizinga selbst für die erste deutsche Übersetzung abgestimmten Einteilung. Zur besseren Orientierung wurden ergänzend Kapitelüberschriften eingeführt.

Hartmut Sommer

I. KINDHEIT UND JUGEND BIS ZUM KLOSTEREINTRITT

Die Niederlande im 15. Jahrhundert. Die burgundische Herrschaft. Nördliche Niederlande in jeder Hinsicht eine abgelegene Gegend. Die Devotio moderna, die Brüder vom gemeinsamen Leben und die Windesheimer Kongregation. Erasmus' Geburt. Seine Verwandten. Sein Name. Schulzeit in Gouda, Deventer und Herzogenbusch. Er tritt ins Kloster ein.

Holland war Mitte des 15. Jahrhunderts erst zwanzig Jahre Teil des Gebietes, das die Herzöge von Burgund unter ihre Herrschaft gebracht hatten: eine Ansammlung von Ländern, teils mit französischer Bevölkerung wie Burgund, Artois, Hennegau, Namur, teils mit niederländischer wie Flandern, Brabant, Zeeland, Holland.[2] Lange vor der burgundischen Zeit waren Holland und Zeeland bereits viel mehr als die östlichen Gebiete der nördlichen Niederlande nach Süden und Westen orientiert. Sie wurden als Erste in den Einflussbereich der burgundischen Politik gezogen. Sobald die Herzöge in Holland und Zeeland die Herrschaft hatten, richteten sie von da aus ihren Blick nach Osten und Norden. Im Bistum Utrecht hatte Philipp der Gute bereits seinen unehelichen Sohn David installiert, und die Eroberung von Friesland, ein Erbe aus der Politik des Hauses Bayern-Hennegau, schien nur eine Frage von Zeit und Gelegenheit zu sein. Das Herzogtum Geldern bewahrte noch seine uneingeschränkte Selbstständigkeit, da es mehr als die anderen nordniederländischen Gebiete mit benachbarten deutschen Territorien und damit zugleich mit dem Kaiserreich selbst verbunden war.

Die nördlichen Niederlande (die zusammenfassende Bezeichnung »Niederlande« kam in diesen Tagen erst auf) hatten in nahezu jeder Hinsicht den Charakter einer entlegenen Peripherie. Die Macht der Deutschen Kaiser bestand hier seit einigen Jahrhunderten fast nur noch als eine verblasste Idee. Am aufkommenden Gefühl einer nationalen deutschen Einheit nahmen Holland und Zeeland kaum noch Anteil. Zu lange waren sie bereits politisch an Frankreich ausgerichtet gewesen. Seit 1299 hatte eine Französisch sprechende Dynastie in Holland regiert, denn das Bayerische Haus, das Mitte des 14. Jahrhunderts dem Hennegau'schen gefolgt war, hatte in keiner Weise die Verbindung von Holland und Zeeland mit dem Reich erneuern können. Es war im Gegenteil selbst unter französischen Einfluss geraten, angezogen durch Paris und umfasst von den ausgreifenden Armen Burgunds, das es mit einer doppelten Heirat an sich zog. Auch in kirchlicher Hinsicht waren diese Gebiete Peripherie. Spät für das Christentum gewonnen, blieben sie als Grenzgebiet unter einem Bischof, dem von Utrecht, vereinigt. Die Maschen des kirchlichen Organisationsgeflechts waren hier weiter als anderswo. Eine Hochschule gab es nicht. Paris blieb für die Nordniederländer das Zentrum von Lehre und Wissenschaft, auch nachdem die ambitionierte Politik der burgundischen Herzöge 1425 die Universität zu Löwen gestiftet hatte. Von den reichen Städten Flanderns und Brabants aus betrachtet, nun das Herz der burgundischen Macht, waren Holland und Zeeland armselige Ländchen von Schiffern und Bauern. Die ritterlichen Sitten, denen die Herzöge von Burgund neuen Glanz geben wollten, konnten unter dem holländischen Adel nur mäßig Fuß fassen. Die höfische Literatur, in der Flandern und Brabant eifrig dem französischen Vorbild nachstrebten, wurde durch die Holländer kaum nennenswert bereichert. Was in Holland entstand, blühte im Verborgenen und eignete sich nicht dafür, die Aufmerksamkeit der Christenheit auf dieses Land zu richten. Es waren die rege Schifffahrt und der Handel, meistens Transithandel, womit Holland bereits der deutschen Hanse den Rang streitig zu machen begann. Sie brachten das Land in ständigen Kontakt mit Frankreich und Spanien, England und Schottland, Skandinavien, Norddeutschland und den Rheinlanden ab Köln aufwärts. Es war die Heringsfischerei, ein einfaches Metier, aber Quelle großen Wohlstandes, und eine zunehmende Betriebsamkeit des Webens, Brauens und des Schiffbaus im Verbund mit zahlreichen kleinen Städten.

Keine der Städte in Holland und Zeeland, weder Dordrecht noch Leiden, Haarlem, Middelburg oder Amsterdam, konnte sich nur im Entferntesten mit Gent, Brügge, Lille, Antwerpen oder Brüssel messen. Die holländischen und zeeländischen Städte waren noch zu klein und das Land zu abgelegen, um ein Zentrum von Kunst und Wissenschaft bilden zu können. Wer sich hier hervortat, wurde unwiderstehlich von den großen Brennpunkten der weltlichen und kirchlichen Kultur angezogen. Claus Sluter aus Haarlem arbeitete zuerst in Brüssel, dann in Burgund im Dienst der Herzöge und ließ seiner Heimatgegend nichts von seiner Kunst. Dirk Bouts, ebenfalls aus Haarlem, zog nach Löwen, das seine besten Werke hütet; was davon in seiner Geburtsstadt geblieben war, ist zugrunde gegangen. Die fragwürdigen Versuche, die den Namen von Haarlem in die Geschichte der Buchdruckkunst einschreiben sollten, mündeten nicht in einer besonderen Bedeutung von Haarlem als Buchmarkt.

Seit dem letzten Viertel des 14. Jahrhunderts hatte eine spirituelle Bewegung, die in den Städten an der Ijssel entstanden war, den gemeinsamen Volkscharakter der nördlichen Gebiete deutlicher in Erscheinung gebracht als zuvor. Es war eine Bewegung der vertieften und verinnerlichten Religiosität. Geert Groote hat sie geistig geprägt. Sein Streben nahm in zwei eng verwandten Formen Gestalt an: den Brüderhäusern, wo die Brüder vom gemeinsamen Leben zusammenwohnten, ohne ganz von der Welt Abschied zu nehmen, und der Windesheimer Kongregation, regulierten Chorherren nach der Regel des hl. Augustinus. Vom Landstrich an der Ijssel aus hatte die Bewegung sich rasch ausgebreitet, ostwärts nach Westfalen und nordwärts nach Groningen und den friesischen Bereichen, westwärts nach Holland. Überall wurden Brüderhäuser eingerichtet und Klöster der Windesheimer Kongregation gegründet oder ihr angeschlossen. Man sprach von der Bewegung als der »neuzeitlichen Religiosität«, der *Devotio moderna*. Sie war ein neuer Gemütszustand und eine neue Praxis, keinesfalls eine neue Lehre. Der gut katholische Charakter der Bewegung wurde, nach einigem Zweifel, rasch durch die kirchliche Autorität anerkannt. Ernst und Sittsamkeit, Schlichtheit und Fleiß, vor allem eine stete Innigkeit des religiösen Fühlens und Denkens waren die Ziele. Ihre Betätigungsfelder fanden die Brüder und Schwestern neben der Krankenpflege und der Fürsorge vor allem in Unterricht und Schreibkunst. Insbesondere durch ihre pädagogischen Bestrebungen unterscheidet sich die *Devotio moderna* vom etwa gleichzeitigen Aufschwung in den franziskanischen und dominikanischen Orden, die sich mehr der Predigt widmeten. Der Windesheimer und der Hieronymiaan (ein anderer Name für die Brüder vom gemeinsamen Leben) fanden ihre höchste Aufgabe in der Abgeschlossenheit des Schulraums und in der Stille der Schreibstube. Die Schulen der Brüder zogen bald Schüler aus weitem Umkreis an. Hier in den nördlichen Niederlanden und in Norddeutschland wurde so, früher als anderswo, die Grundlage gelegt für eine gewisse allgemein verbreitete Bildung in den Kreisen des wohlhabenden Bürgertums. Eine Bildung von sehr enger, strikt schulmäßiger und kirchlicher Art, die aber gerade dadurch geeignet war, breite Volksschichten zu erreichen. Was die Windesheimer an frommer Literatur selbst hervorbrachten, beschränkte sich hauptsächlich auf erbauliche Büchlein und Lebensbeschreibungen aus ihrem eigenen Kreis. Ihr Werk ist eher gekennzeichnet durch einen tiefernsten Ton als durch Kühnheit oder Neuheit der Gedanken.

Die Bewohner dieses Landstrichs galten als grob und bäuerlich, unmäßig bei Speise und Trank. Doch zugleich wurde mehr als ein Fremder, der sich hier aufhielt, berührt von der aufrichtigen Frömmigkeit der Bevölkerung. Diese Länder waren bereits, was sie immer geblieben sind: ein wenig in sich selbst gekehrt und einsilbig, besser geeignet, die Welt zu betrachten und zu ermahnen, als durch geistigen Glanz zu beeindrucken.

Rotterdam und Gouda gehörten nicht zu den führenden Städten der Grafschaft Holland. Beide waren Landstädtchen von geringerer Bedeutung als Dordrecht, Haarlem, Leiden und das schnell aufblühende Amsterdam. Kulturelle Mittelpunkte bildeten sie nicht. In Rotterdam wurde Erasmus in der Nacht vom 27. auf den 28. Oktober des Jahres 1466 oder vielleicht auch erst 1469 geboren.[3] Da es eine uneheliche Geburt war, wurde über seine Abstammung und seine Verwandtschaft ein Schleier des

Geheimnisses gebreitet. Möglicherweise hat Erasmus selbst erst in späteren Jahren die Umstände seiner Geburt kennengelernt. Äußerst betroffen von diesem Makel, war er stets bemüht, das Geheimnis für sich zu behalten. Das Bild, das er sich davon im reiferen Lebensalter gemacht hat, war romantisch und rührselig. In seinem Vater sah er einen jungen Mann, der eine Beziehung mit der Tochter eines Arztes unterhielt, in der Hoffnung sie heiraten zu können. Die darüber aufgebrachten Eltern und Brüder des jungen Mannes hätten ihn dazu gedrängt, in den geistlichen Stand zu treten. Dem habe er sich aber entzogen, indem er das Land verlies, bevor das Kind geboren wurde. Er sei nach Rom gegangen, wo er seinen Lebensunterhalt mit Abschriften verdiente. Nachdem er von seiner Familie die Nachricht vom angeblichen Tod seiner Geliebten erhalten habe, sei er aus Trauer Priester geworden und habe nur noch für seinen Glauben gelebt. Nach der Rückkehr in seine Heimat aber musste er feststellen, dass man ihn belogen hatte. Fortan vermied er jeden Kontakt mit der, die er nicht mehr heiraten konnte, aber gab sich alle Mühe, seinem Sohn eine gute Bildung zu ermöglichen. Die Mutter versorgte das Kind bis zu ihrem frühen Tod. Der Vater folgte ihr alsbald ins Grab. Erasmus meinte sich zu erinnern, dass er beim Tod seiner Mutter erst zwölf oder dreizehn Jahre alt war. Es lässt sich jedoch ziemlich sicher sagen, dass sie nicht vor 1483 gestorben sein kann, als er bereits sechzehn Jahre alt gewesen sein muss, wenn man am Geburtsjahr 1466 festhält. Sein Zeitgefühl war immer schwach ausgeprägt.

Leider steht fest, dass Erasmus selbst wohl wusste, dass nicht alle Einzelheiten dieser Geschichte der Wahrheit entsprachen. Aller Wahrscheinlichkeit nach war sein Vater während der Beziehung, der er seine Existenz verdankte, bereits Priester. Sicherlich handelte es sich nicht um die Ungeduld eines verlobten Paares, sondern um eine schon länger bestehende illegitime Verbindung, aus der bereits drei Jahre vorher ein Kind hervorgegangen war. Mit diesem älteren Bruder namens Pieter wurde er zusammen großgezogen.

Aus den spärlichen Informationen zu Erasmus' Verwandtschaft lässt sich wenig über das vielköpfige bürgerliche Geschlecht erschließen: Sein Vater hatte neun Brüder, die alle verheiratet waren. Die Großeltern der väterlichen Seite und die Onkel der mütterlichen Seite erreichten ein sehr hohes Alter. Es ist merkwürdig, dass sich keine zahlreiche Nachkommenschaft später mit dem großen Erasmus gebrüstet hat. Muss man annehmen, dass die ganze Familie bereits in den folgenden Generationen erloschen ist? Die Suche nach Erasmus' Verwandtschaft ist erschwert, weil man die Familiennamen im Bürgertum der Zeit noch nicht durchgehend beibehielt. Üblicherweise wurde man mit dem eigenen Namen und dem Namen des Vaters gerufen, aber es kam auch vor, dass ein solcher Vatername beibehalten und an die folgenden Generationen weitergegeben wurde. Erasmus nennt seinen Vater Gerardus, seinen Bruder Petrus Gerardus, während ein päpstliches Schreiben ihn selbst Erasmus Rogerii nennt. Möglicherweise hieß der Vater Rotger Gerrit oder Gerrits. Obwohl Erasmus und sein Bruder in Rotterdam geboren wurden, weist vieles darauf hin, dass die Familie seines Vaters nicht dort, sondern in Gouda ansässig war. Jedenfalls hatte sie mit Gouda enge Verbindungen, wie sich noch zeigen wird.

Erasmus war sein Taufname.[4] Der Name war nicht unbekannt, aber etwas ungewöhnlich. Der hl. Erasmus gehört zu den vierzehn Nothelfern, die im 15. Jahrhundert besondere Verehrung genossen. Vielleicht war die Namenswahl durch den Volksglauben motiviert, demzufolge die Anrufung des hl. Erasmus Reichtum versprach. Bis Erasmus besser mit dem Griechischen vertraut war, nannte er sich Herasmus. Später ärgerte er sich darüber, dass er nicht gleich, als er das H wegließ, zum richtigeren und gefälligeren Erasmius übergegangen war. So nannte er sich selbst ein paar Mal im Scherz, und sein Patenkind, der Sohn von Johannes Froben, wurde stets Erasmius gerufen, obwohl er auf den Namen Johannes Erasmus getauft war. Aus ähnlichen ästhetischen Überlegungen wird er das barbarische *Rotterdammensis* bald durch *Roterdamus* und später durch *Roterodamus* ersetzt haben, das er vielleicht als Proparoxytonon auf der drittletzten Silbe betonte. Desiderius ist ein von ihm selbst gewählter Zusatz, den er erst ab 1496 benutzte. Möglicherweise kam ihm die Idee bei der Lektüre seines geliebten Hieronymus, der einen Briefpartner mit diesem Namen hatte. Als dann in der zweiten Auflage der *Adagia*, 1506 von Joost Badius in Paris verlegt, das vollständige Desiderius Erasmus Roterodamus zum ersten Mal erschien, hatte sich der fast vierzigjährige Erasmus gleichsam selbst gefunden.

Die Umstände hatten es ihm nicht leicht gemacht, seinen Weg zu finden. Er glaubt sich zu erinnern, dass er in frühester Jugend, noch kaum vier Jahre alt, mit seinem Bruder in Gouda zur Schule gegangen ist. Neun Jahre war er alt, als ihn sein Vater nach Deventer schickte, damit er dort die berühmte Schule am Kapitel von St. Lebuinus besuchen konnte. Seine Mutter zog mit ihm dorthin. Der Aufenthalt in Deventer muss von 1475 bis 1484 gedauert haben, unterbrochen nur durch eine Zeit als Chorknabe am Dom zu Utrecht.[5] In seinen Schriften finden sich später wiederholt Erinnerungen an diese Zeit in Deventer. Der ihm dort zuteil gewordenen Unterricht veranlasste ihn nicht zur Dankbarkeit: Die Schule war damals noch rückständig, sagt er. Man benutzte die mittelalterlichen Lehrbücher, von deren Einfältigkeit und Umständlichkeit wir uns kaum eine Vorstellung machen können. Einige der Lehrer gehörten der Bruderschaft vom gemeinsamen Leben an. Einer von ihnen, Johannes Synthen, hatte ein gewisses Interesse für die Antike in ihrer reinsten Form. Kurz bevor Erasmus die Schule verließ, wurde Alexander Hegius, ein Freund von Rudolf Agricola, ihr Rektor. Seine Landsleute bestaunten ihn als ein Wunder an Gelehrsamkeit, nachdem er aus Italien zurückgekommen war. Wenn der Rektor an Feiertagen für die Schulgemeinde eine Rede hielt, hatte Erasmus Gelegenheit, ihn zu hören; einmal sah und hörte er sogar den berühmten Agricola selbst, der einen tiefen Eindruck bei ihm hinterließ.

Der Tod seiner Mutter während einer Pestepidemie, von der die Stadt heimgesucht wurde, bereitete der Schulzeit in Deventer ein abruptes Ende. Der Vater ließ ihn und seinen Bruder nach Gouda zurückkommen, starb aber bald darauf selbst. Er muss ein gebildeter Mann gewesen sein. Nach Erasmus' Bericht beherrschte er Griechisch, hatte in Italien bedeutende Humanisten gehört und Kopien von allen klassischen Autoren angefertigt. Er hinterließ eine Bibliothek von einigem Wert. Erasmus und sein Bruder blieben jetzt unter der Obhut von drei

Vormündern zurück, deren Fürsorge und Absichten er später in wenig günstigem Licht darstellte. Inwieweit er dabei übertrieb, ist schwer zu überprüfen. Die Vormünder, unter denen ein gewisser Pieter Winckel, der Lehrer in Gouda war, die bedeutendste Rolle einnahm, hatten zweifellos wenig Sympathie für den neuen Klassizismus, für den ihr Mündel bereits brannte. »Wenn du wieder einmal so elegant schreiben willst, füge dann einen Kommentar hinzu«, antwortete der Lehrer unwirsch auf eine Epistel, für die der vierzehnjährige Erasmus sein Bestes gegeben hatte. Sicherlich hielten die Vormünder es aufrichtig für gottgefällig, die jungen Leute zum Klostereintritt zu bewegen, doch ebenso sicher ist, dass es für sie die einfachste Möglichkeit war, sich ihrer Aufgabe zu entledigen. Erasmus hat ihr Handeln später der eigennützigen Absicht zugeschrieben, unlautere Machenschaften zu verschleiern. Er sah darin lediglich sträflichen Missbrauch von Macht und Befugnis. Und das nicht allein: Diese Dinge haben ihm in späteren Jahren das Bild seines Bruders verdunkelt, mit dem er einst doch so herzliche Beziehungen unterhalten hatte.

Winckel schickte die beiden Jünglinge, die nun zwischen 16 und 21 Jahre alt waren, erneut zur Schule, diesmal in Herzogenbusch. Sie wohnten in dem Bruderhaus, mit dem die Schule verbunden war. Hier war nichts von dem Glanz, der die Schule in Deventer umstrahlt hatte. Die Brüder kannten kein anderes Ziel, sagt Erasmus, als den Willen durch Schläge, Zurechtweisungen und Strenge zu brechen, um den Charakter für das Kloster geeignet zu machen. Genau darum, meint er, ging es den Vormündern: Obwohl die Jünglinge für die Universität reif waren, wollte man sie davon fernhalten. Mehr als zwei Jahre habe er insgesamt verloren. Einer der beiden Lehrer an der Schule, ein gewisser Rombout, hielt viel vom jungen Erasmus und wollte ihn zum Eintritt in die Bruderschaft vom gemeinsamen Leben bewegen. »Hätte ich es doch getan«, seufzte Erasmus später, denn die Brüder legten keine unwiderruflichen Gelübde ab, wie sie ihn nun erwarteten.

Eine Pestepidemie veranlasste die beiden Brüder, Herzogenbusch zu verlassen und nach Gouda zurückzukehren. Erasmus litt an Fieberanfällen, und seine Widerstandkräfte, die er nun so nötig hatte, da die Vormünder (einer der drei war bereits verstorben) nun doch alles unternahmen, um die beiden jungen Männer zum Klostereintritt zu drängen, schwanden. Die Vormünder hatten allen Grund dafür, behauptet Erasmus, weil sie das bescheidene Vermögen ihrer Schüler schlecht verwaltet hätten und keine Rechenschaft darüber ablegen wollten. Alles, was mit dieser dunkelsten Periode seines Lebens zu tun hatte, sah er später in schwärzesten Farben, außer sich selbst. Er sieht sich als einen Knaben von noch nicht sechzehn Jahren (dabei muss er mindestens achtzehn gewesen sein), geschwächt durch Fieber, aber dennoch fest entschlossen, sich kaltblütig zu verweigern. Er hat seinen Bruder überzeugt, zusammen mit ihm zu flüchten und sich bei einer Universität einzuschreiben. Der eine Vormund ist ein engherziger Tyrann, der andere (Winckels Bruder, ein Kaufmann) ein leichtfertiger Schwätzer. Pieter, der älteste der Brüder, erliegt zuerst dem Druck und begibt sich in das Kloster Sion bei Delft (vom Orden der Regularkanoniker nach der Regel des hl. Augustinus), wo der Vormund einen Platz für ihn gefunden hatte. Erasmus wehrt sich länger. Erst nach einem Besuch des Klosters Steyn oder Emmaus bei Gouda (vom selben Orden), wo er einen Schulkameraden aus Deventer wiedertraf, der ihm die Vorteile des Klosterlebens schilderte, gab auch Erasmus nach und trat in Steyn ein, wo er bald danach, wahrscheinlich 1488, die Gelübde ablegte.

II. KLOSTERZEIT, KLOSTERFLUCHT UND DIE ENTDECKUNG DER LATINITÄT

Erasmus als Augustiner-Chorherr im Kloster Steyn bei Gouda. Seine Freunde. Briefe an Servatius. Der Humanismus im Kloster. Lateinische Poesie. Abwendung vom Klosterleben. Er verlässt Steyn, um beim Bischof von Cambrai in Dienst zu treten: 1493. – Jacobus Battus. Antibarbari. Er erhält die Genehmigung, in Paris zu studieren: 1495.

Erst viel später, als Erasmus sein Mönchsein mit all der Mühe, daraus zu entfliehen, bitter bereute, haben sich seine Vorstellungen davon gewandelt. Bruder Pieter, dem er von Steyn aus noch in herzlichem Ton schrieb, ist ein Nichtswürdiger geworden, stets sein böser Geist, ein Judas. Der Schulkamerad sei ebenfalls ein Verräter gewesen, der aus bloßem Eigennutz handelte und lediglich aus Faulheit und Liebe zu seinem Bauch das Kloster gewählt habe.

Die Briefe, die Erasmus in Steyn geschrieben hat, lassen noch in keiner Weise den tiefen Widerwillen gegen das Klosterleben erkennen, den er von Anfang an gehabt haben will, wie er uns später glauben zu machen versucht. Man kann natürlich annehmen, dass die Aufsicht seiner Oberen ihn daran hinderte, alles zu schreiben, was er auf dem Herzen hatte, und dass er sich im Tiefsten seiner Seele immer nach Freiheit und kultivierterem Umgang sehnte, als Steyn ihm bieten konnte. Aber er muss doch einiges von dem, was ihm sein Klassenkamerad vom Klosterleben vorgeschwärmt hatte, tatsächlich auch so gefunden haben. Dass er in dieser Zeit ein *Lob des Mönchslebens* nur darum geschrieben haben soll, »um einem Freund einen Gefallen zu tun, der einen Neffen in die Falle locken wollte«, gehört zu den naiven nachträglichen Erklärungen, deren Unglaubwürdigkeit Erasmus nie einsah. Er fand in Steyn einen ziemlich großen Freiheitsspielraum mit etwas Nahrung für seinen nach der Antike hungernden Geist und gleichgesinnte Freunde. Den Schulkameraden, der ihn vom Klosterleben überzeugt hatte, erwähnt er nicht mehr. Seine Freunde in Steyn waren die Mitbrüder Servaas (Servatius) Rotger aus Rotterdam und Willem Harmens aus Gouda. Der dritte Freund, Cornelis Gerard van Gouda, der Aurelius genannt wurde (eine Quasi-Latinisierung von Goudanus) und etwas älter war als Erasmus, lebte überwiegend im Kloster Lopsen bei Leiden. Der Briefwechsel mit diesem Freund war entspannt und unterhaltsam, aufgelockert durch muntere Scherze.

Einige der an Servatius gerichteten Briefe lassen ein Bild von Erasmus entstehen, das wir später so nie wiederfinden werden: Ein junger Mann mit mehr als weiblicher Empfindsamkeit und einem schmachtenden Sehnen nach sentimentaler Freundschaft. Gegenüber Servatius schlägt er Töne wie ein glühender Liebhaber an. Sobald ihm das Bild seines Freundes vor dem geistigen Auge erscheint, bricht er in Tränen aus. Stündlich liest er den lieben Brief seines Freundes. Aber er ist am Boden zerstört und beunruhigt, zeigt sich sein Freund doch ablehnend gegenüber der übersteigerten Anhänglichkeit. »Was willst du denn von mir?«, fragt er. »Was hast du denn?«, ist die Rückfrage. Erasmus kann es nicht ertragen, dass seine Zuneigung nicht in gleichem Maße beantwortet wird: »Sei doch nicht so verschlossen, sag mir doch, was du hast!« »Auf dich allein habe ich meine Hoffnung gesetzt; so ganz bin ich der Deine geworden, dass du mir von mir selbst nichts gelassen hast. Du kennst doch meine Kleinmütigkeit [pusillanimitatem], die mich so verzweifeln lässt, dass mir das Leben eine Last wird, wenn ich mich nicht bei jemandem anlehnen und ausruhen kann.«

Diese leidenschaftliche Hingabe wird man bei Erasmus nicht wiederfinden. Er musste sie sich gründlich abgewöhnen. Es ist nicht unwichtig, sich daran zu erinnern, dass er einmal ein Sentimentaler war, wenn man seinen späteren Charakter verstehen will.

Man hat diese Briefe für bloße Stilübungen gehalten; der Ton sehnender Weichheit ohne jede Zurückhaltung scheint so gar nicht in Einklang zu sein mit der sorgfältigen Abschirmung seines Innersten, die Erasmus später nie ganz aus den Augen verlor. Percy Stafford Allen lässt die Angelegenheit in der Schwebe, doch neigt er dazu, die Briefe als echte Gefühlsäußerung anzusehen. Und warum sollten sie es nicht sein? Eine solche überschwängliche Freundschaft scheint sehr gut zum Wesen des Erasmus zu passen und ist zudem typisch für die Zeit. Sentimentale Freundschaften gehörten in weltlichen Kreisen des 15. Jahrhunderts ebenso sehr zum guten Ton wie gegen Ende des 18. Freundespaare, die sich gleich kleideten, Zimmer, Bett und Herz teilten, fand man an jedem Hof. Die Anbahnung und Pflege inniger Freundschaften beschränkte sich nicht auf die Aristokratie. Der freundschaftliche Briefwechsel zwischen Klosterbrüdern hatte bereits im 12. Jahrhundert oft einen stark emotionalen Ton. Innige Freundschaften gehörten auch zur Eigenart der *Devotio moderna*. Ist es nicht übrigens auch ein Zug, der dem Pietismus wesenhaft zu eigen ist? Sich gegenseitig mit Anteilnahme zu beobachten, das Gefühlsleben des anderen auszuforschen und darüber Aufzeichnungen anzufertigen war bei den Brüdern vom gemeinsamen Leben und in den Windesheimer Klöstern eine übliche und geförderte Praxis. Und obwohl die Klöster in Steyn und Sion nicht zur Windesheimer Kongregation gehörten, herrschte der Geist der *Devotio moderna* dort ebenso. Vielleicht hat Erasmus das Wesen seines Charakters nie klarer beschrieben als in einem Brief an Servatius, wenn er erklärt: »Ich bin von solchem Geist, dass ich im Leben nichts über Freundschaft stellen, nichts heftiger begehren werde, nichts eifriger bewahren will.« Später sieht man ihn noch einmal von solchen schwärmerischen Gefühlen erfasst, doch äußert er sich darüber nicht so treffend wie gegenüber Servatius. Die Jugend, bezeugt Erasmus später, pflegt brennende (fervidos) Zuneigung zu manchen Gefährten zu fassen. Das Vorbild der antiken Freundschaftspaare Orest und Pylades, Damon und Phintias, Theseus und Perithous, auch David und Jonathan hatte möglicherweise auch einigen Einfluss.

Ein junger Mann mit einer sensiblen Gemütsart, mit einem stark femininen Zug, ergriffen von den Gefühlen und der Fantasie klassischer Literatur, dem die Liebe verschlossen war und der sich gegen seinen Willen in einem derben und kalten Umfeld befand, neigte leicht zur Übertreibung seiner Zuneigung. Er musste sich mäßigen. Servatius verbat sich eine so eifersüchtige und fordernde Freundschaft. Wohl zum Preis von mehr Erniedrigung und Beschämung, als es in den Briefen erkennbar ist, fand Erasmus wieder zu sich, um fortan seine Gefühle besser zu kontrollieren. Der sentimentale Erasmus macht fortan Platz für eine vollständig andere Person: den geistreichen Latinisten, der gegenüber seinen älteren Freunden den Ton angibt, mit ihnen über Dichtkunst und Literaturwissenschaft plaudert, ihnen Ratschläge zu ihrem lateinischen Stil gibt und ihnen, falls nötig, Lehren erteilt.

Die Gelegenheit, sich der neuen Vorliebe für die lateinische Klassik zu widmen, muss dann doch in Deventer und im Kloster selbst nicht so gering gewesen sein, wie uns Erasmus später glauben machen will. Die Anzahl der lateinischen Autoren, die er in dieser Zeit bereits kannte, ist nicht gering. In einem Brief an Cornelis Aurelius nennt er die folgenden Dichter als seine poetischen Vorbilder: Vergil, Horaz, Ovid, Juvenal, Statius, Martial, Claudian, Persius, Lukan, Tibull, Properz. Bei der Prosa waren es Cicero, Quintilian und Terenz. Von den italienischen Humanisten kannte er vor allem Lorenzo Valla, dessen *Elegantiae* für ihn das bahnbrechende Werk der *bonae literae* war, aber auch Filelfo, Aeneas Sylvius, Guarino, Poggio und weitere waren ihm nicht unbekannt. Innerhalb der altchristlichen Literatur war er vor allem mit Hieronymus vertraut.

Es bleibt bemerkenswert, dass eine Erziehung in den Schulen der *Devotio moderna,* die mit ihrem ultrapuritanischen Geist und ihrer strengen Zucht auf das Brechen der Persönlichkeit ausgerichtet war, in Erasmus einen Geist hervorbringen konnte, wie er ihn in seiner Klosterzeit offenbart: den Geist eines vollendeten Humanisten. All sein Interesse richtet sich vor allem auf das Dichten in Latein und auf die Reinheit seines lateinischen Stils. Nach frommen Bemerkungen sucht man im Briefwechsel mit Cornelis van Gouda und Willem Harmens fast vergeblich. Mit eleganter Leichtigkeit handhabten sie die schwierigsten lateinischen Versmaße und die gewähltesten Bezeichnungen aus der Mythologie. Ihr Stoff ist bukolisch oder amatorisch [also verträumt, romantisch oder mit der Liebe befasst]; ist er heilig, dann nimmt ihm doch das Klassizistische den frommen Akzent. Der Prior des Nachbarklosters Hem, auf dessen Wunsch Erasmus den Erzengel Michael besungen hatte, riskierte es nicht, diese sapphische Ode öffentlich zu präsentieren. Sie sei so »poetisch«, meinte er, dass man sie für griechisch hielt. »Poetisch« bedeutet in dieser Zeit »klassizistisch«. Erasmus selbst fand alles so einfach gestaltet, dass es eher Prosa glich. »So unfruchtbar waren damals die Zeiten«, seufzte er später.

Diese jungen Dichter fühlten sich als Hüter eines neuen Lichts inmitten der Dummheit und Barbarei, die sie niederdrückten. Ihre Schöpfungen hielten sie, wie jede junge Dichtergruppe es tut, für schlechthin unsterblich, und sie erträumten sich für Steyn eine Zukunft voller Dichterruhm, womit man Mantua übertrumpfen würde. Die bäuerlichen und bornierten Klostergeistlichen (so sahen sie diese) in ihrer Umgebung gaben ihnen weder Anerkennung noch Ansporn. Mit seiner starken Neigung, sich bedroht und zurückgesetzt zu fühlen, gab Erasmus seiner Lage den Anstrich des Märtyrertums eines unterdrückten Talents. Er beklagt sich bei Cornelis in kunstvollen horatischen Versen über die Verachtung der Dichtkunst: Sein Ordensbruder befehle ihm, die an das Schreiben von Versen gewöhnte Feder beiseitezulegen; brennender Neid zwinge ihn, das Dichten aufzugeben. Eine abscheuliche Barbarei herrsche; das Land treibe Spott mit der lorbeerbekränzenden Kunst des überragenden Apollo; der grobe Bauer bestelle Verse beim gelehrten Dichter. »Hätte ich auch so viele Münder wie in stillen Nächten Sterne flimmern am schweigenden Firmament, oder so viele wie der laue Frühlingswind Rosen auf den Boden streut, ich könnte nicht alle Übel beklagen, mit denen in dieser Zeit die heilige Dichtkunst unterdrückt wird.« Er sei des Dichtens müde. Cornelis setzte diesen Gefühlsausbruch in einen Dialog um, der wiederum Erasmus außerordentlich erfreute.

Auch wenn neun Zehntel dieser Kunst aus rhetorischen Erfindungen und emsiger Nachahmung bestehen, darf man den Eifer, der diese jungen Dichter beseelte, nicht gering achten. Wie erhebend war es wohl, das Latein in seiner Reinheit zu entdecken und es dann für den faszinierenden Rhythmus kunstvoller Verse zu benutzen, in der wunderbaren Exaktheit seiner Struktur und der Klarheit seines Klangs, obwohl man es vorher aus den absurdesten Lehrbüchern und mit der unmöglichsten Methode gelernt hatte. Lasst uns, die wir dem Zauber des Lateinischen doch meist kaum noch etwas abgewinnen können, nicht gering darüber denken.

Nec si quot placidis ignea noctibus
Scintillant tacito sydera culmine,
Nec si quot tepidum flante Favonio
Ver suffundit humo rosas,
Tot sint ora mihi …[6]

Ist es verwunderlich, dass sich als Dichter fühlte, wer dies zuwege brachte? Oder wer mit seinem Freund in einem Wechselgesang von fünfzig Distichen den Frühling preisen konnte? Schularbeiten, wenn man will, oder fleißige Schreibübungen, mehr nicht. Doch sind sie voller Frische und Kraft, die gleichsam aus dem Lateinischen selbst hervortreiben.

Aus dieser Stimmung ist der Anstoß zu seinem ersten, umfangreicheren Werk hervorgegangen, dessen Manuskript er verlieren und erst viele Jahre später unvollständig wiedererhalten sollte, sodass nur ein Teil veröffentlicht werden konnte: Es sind die *Antibarbari*, die nach Allen bereits in Steyn begonnen wurden. Allerdings spricht die Gestaltung des ersten Buches der *Antibarbari*, das im Druck erschienen ist, für eine etwas spätere Phase in Erasmus' Leben, die nach seinem Klosterauszug anzusetzen ist. Zum Dichter von Steyn passt auch nicht der behagliche Ton, in dem geistreich die profane Literatur verteidigt wird. Aber das Ideal eines freien und gehobenen Lebens mit freundschaftlichem Umgang und ungestörtem Studium der Alten war ihm bereits hinter den Klostermauern aufgegangen.

Im Laufe der Jahre hat er diese Mauern wahrscheinlich als immer beengender empfunden. Weder die gelehrte und poetische Korrespondenz noch die Malerei, mit der er sich zusammen mit einem gewissen Sasboud beschäftigte, konnte für ihn den Druck des Klosterlebens und seiner kleingeistigen und unfreundlichen Umgebung mildern. Aus der letzten Periode seiner Klosterzeit sind nach Allens sorgfältiger Datierung keinerlei Briefe erhalten geblieben. Hatte er aus Lustlosigkeit den Briefwechsel eingestellt? Hatten seine Oberen ihm das Briefeschreiben verboten? Oder ist es lediglich Zufall, der uns im Unklaren lässt? Wir wissen nichts von den Umständen und seiner Gemütsverfassung bei der Priesterweihe am 25. April 1492, die er aus den Händen von David von Burgund, dem Bischof von Utrecht, empfing. Vielleicht hatte er bereits den Wunsch, das Kloster zu verlassen. Er hat später selbst bezeugt, dass er selten die Messe gelesen hat. Die Gelegenheit, Steyn den Rücken zu kehren, ergab sich für Erasmus mit dem Angebot, Sekretär bei Heinrich von Bergen, dem Bischof von Cambrai, zu werden.

Dieses Angebot verdankte er seinem Ruf als Latinist und Literat, denn der Bischof stellte ihn an, weil er eine Reise nach Rom plante, um dort die Kardinalswürde zu erlangen. Die Erlaubnis des Bischofs von Utrecht und auch die seines Priors sowie des Ordensgenerals wurden erteilt. Von einem endgültigen Abschied konnte natürlich keine Rede sein; Erasmus trug auch im Dienst des Bischofs weiter seine Ordenstracht. Unter striktester Geheimhaltung hatte er seine Abreise vorbereitet. Es ist etwas Rührendes im Rückblick seines Dichterfreundes Willem Harmens, der vergeblich vor den Toren Goudas wartete, um den Freund, der auf seinem Weg nach Süden hier vorbeikommen sollte, noch einmal zu sehen. Die beiden hatten anscheinend Pläne geschmiedet, gemeinsam Steyn zu verlassen. Erasmus aber ließ den Freund im Unwissen über seine eigene Möglichkeit, dies zu tun. Willem musste sich mit der Literatur trösten, die ihm in Steyn zur Verfügung stand.

Erasmus, jetzt Mitte zwanzig oder älter – denn das Jahr seines Auszuges aus dem Kloster war aller Wahrscheinlichkeit nach 1493 –, betrat nun einen in seiner Zeit üblichen und sehr begehrten Karrierepfad, den des Intellektuellen im Schatten der Großen. Sein Herr entstammte einem der zahlreichen südniederländischen Adelsgeschlechter, die im Dienst Burgunds aufgestiegen waren und sich den Interessen des Herrscherhauses verbunden fühlten. Die Glymes waren die Herren von Bergen op Zoom, das zwischen Schelde- und Maasdelta liegt und eines der Bindeglieder zwischen den nördlichen und den südlichen

Niederlanden bildete. Heinrich, der Bischof von Cambrai, war gerade zum Kanzler des Ordens vom Goldenen Vlies ernannt worden – die angesehenste Würde am Hof, der zwar faktisch schon habsburgisch war, aber den Namen Burgund beibehielt. Im Dienst einer so bedeutenden Persönlichkeit zu sein versprach fast unbegrenzte Vorteile. Mancher wird es zum Preis von einiger Geduld, Erniedrigung und Prinzipienlosigkeit selbst bis zum Bischof gebracht haben. Aber Erasmus ist nie der Mann gewesen, eine solche Gelegenheit zu seinem Vorteil zu nutzen.

Die Anstellung beim Bischof war enttäuschend. Er musste zahlreiche Umzüge von einem Ort zum anderen mitmachen: Bergen, Brüssel, Mechelen. Zahlreiche drängende Aufgaben lasteten auf ihm. Welcher Art sie waren, ist uns nicht bekannt. Die Reise nach Rom, Höhepunkt für jeden Geistlichen oder Intellektuellen, fand nicht statt. Der Bischof war nach einem herzlichen Interesse während der ersten Monate weniger entgegenkommend, als er erwartet hatte. Und so sehen wir bald wieder einen Erasmus, dessen Stimmung alles andere als froh ist. »Das härteste Los«, nennt er sein Leben. Es nehme ihm all seine alte geistige Lebendigkeit, klagt er. Zum Studium komme er nicht. Nun beneide er seinen Freund Willem, der in Steyn in seiner kleinen Zelle schöne Verse schmieden könne, von »glücklichen Sternen« begünstigt. Für ihn, Erasmus, bleibe nichts als Weinen und Seufzen, wobei sein Geist schon so abgestumpft und sein Gemüt so abgestorben sei, dass ihn nichts von seinen alten Studien mehr freue.

Darin sind rhetorische Übertreibungen, und wir sollten sein Heimweh nach dem Kloster nicht zu ernst nehmen, aber es wird doch deutlich, dass ihn eine ziemlich tiefe Depression erfasst hat. Wahrscheinlich hat ihn die Berührung mit der Welt des politischen Ehrgeizes aus der Fassung gebracht. Dafür war er nicht geeignet. Die harte Wirklichkeit erschreckte und bedrückte ihn. Gezwungen, sich damit zu befassen, sah er um sich herum nichts als Verbitterung und Verworrenheit. »Wo sind Glück und Stille? … Wohin ich auch schaue, sehe ich nur Unglück und Härte. Und in solch Hektik und Tumult um mich herum willst du, dass ich für das Werk der Musen Ruhe finde?« Wirkliche Ruhe sollte Erasmus sein Leben lang nicht finden. Er las und schrieb stets hastig, »tumultuarie«, wie er es wiederholt bezeichnet. Doch er muss es zugleich mit einer unvergleichlichen Hingabe und einem unbeschreiblichen Vermögen, Dinge zu erfassen, getan haben. Während seiner Zeit beim Bischof besuchte er das Kloster Groenendael bei Brüssel, wo einst Ruysbroeck gewirkt hatte. Von Ruysbroek hörte er dort wahrscheinlich nichts, und er wird an den Schriften des großen Mystikers sicher wenig Gefallen gefunden haben. Doch er entdeckte in der Bibliothek die Werke des Augustinus, und die verschlang er. Die Mönche von Groenendael staunten über seinen Eifer. Selbst in seinen Schlafraum nahm er die Bände mit.

Auch zum Schreiben hat er in dieser Periode die Zeit wohl noch gefunden. In Halsteren bei Bergen op Zoom, wo der Bischof ein Landhaus besaß, hat er die in Steyn begonnenen *Antibarbari* überarbeitet und in Dialogform umgeschrieben. Es scheint, als ob er in diesem Text für die Unruhe seines Daseins ein Gegengewicht in der Atmosphäre idyllischer Ruhe und kultivierter Konversation suchte. Er versetzt uns damit in eine Szenerie, die für ihn stets das Idealbild der Lebensfreude blieb (er wird es auch später wiederholt einsetzen): ein Garten oder Gartenhaus außerhalb der Stadt, wo in der Heiterkeit eines schönen Tages eine kleine Freundesgruppe zusammenkommt, um bei einem einfachen Essen oder bei einem gemächlichen Spaziergang in platonischer Heiterkeit über geistige Dinge zu sprechen. Die Personen, die er zusammen mit sich selbst auftreten lässt, sind seine besten Freunde: sein teurer und beständiger Freund Jacobus Batt, Lehrer und später auch Stadtsekretär von Bergen, wo er ihn kennengelernt hat, und sein Freund aus der Zeit in Steyn, Willem Harmens, um dessen literarisches Fortkommen er sich immer noch ein wenig bemühte. Unerwartet aus Holland gekommen, trifft Willem die anderen, zu denen sich noch der Bürgermeister von Bergen und der Arzt der Stadt gesellen. In leicht scherzendem, ruhigem Ton entwickelt sich das Gespräch über die Wertschätzung der Dichtkunst und Literatur – der lateinischen natürlich. Sie würden nicht der wahren Frömmigkeit widerstreiten, wie barbarischer Unverstand uns glauben machen wolle. Eine Schar von Zeugen ist da, um dies zu beweisen, unter ihnen vor allem Augustinus, von dessen nicht lange zurückliegender Lektüre man hier die Spuren findet, und Hieronymus, den Erasmus schon länger kannte und der seinem Geist verwandter war. Feierlich wird auf altrömische Weise den Feinden der klassischen Kultur der Krieg erklärt: »Oh, ihr Goten, mit welchem Recht okkupiert ihr nicht nur die lateinischen Provinzen (das sind die freien Künste), sondern die Hauptstadt, das ist die Latinität selbst!«

Es war Batt, der dabei half, für Erasmus einen Ausweg zu finden, als sich die erhofften Perspektiven beim Bischof von Cambrai nicht realisierten. Er selbst hatte in Paris studiert, und dahin hoffte nun auch Erasmus gehen zu können, nachdem Rom ihm entgangen war. Die Genehmigung des Bischofs mit der Zusage eines Stipendiums wurde errungen, und Erasmus ging wahrscheinlich im Spätsommer 1495 nach Paris, an die damals berühmteste aller Universitäten. Batts Bemühungen hatten ihm dieses Glück verschafft.

III. STUDIUM IN PARIS UND BEGINNENDE BEZIEHUNGEN ZUM HUMANISMUS

Die Universität von Paris. Philosophisch-theologische Schulen und Traditionen. Das Kolleg Montaigu. Erasmus lehnt die Scholastik ab. Beziehungen zu den Humanisten: Robert Gaguin, 1495. Wie kann man seinen Unterhalt sichern? Erste Pläne für verschiedene seiner Lehrschriften. Reisen nach Holland und zurück. Batt und die Frau van Veere. Mit Lord Mountjoy nach England, 1499.

Die Universität von Paris war mehr als andere Orte der Christenheit ein Kampfplatz, wo Meinungen und Parteien im Streit aufeinandertrafen. Das Universitätsleben des Mittelalters war allgemein sehr turbulent und erregt. Die Formen des wissenschaftlichen Austausches selbst brachten bereits eine gewisse Gereiztheit mit sich: Man lebte in einer fast ununterbrochenen Reihe von Disputationen. Immer wieder gab es Wahlen, und die Studenten hielten sich nicht an die Ordnung. Zu diesen allgemeinen Sitten kamen noch alte und neue Streitigkeiten zwischen allen möglichen Orden, Schulen und Gruppen. Die verschiedenen Kollegs bekämpften einander, und die Weltpriester waren im Zwist mit den Ordensgeistlichen. Thomisten und Scotisten, zusammen »die Alten« genannt, standen in Paris seit einem halben Jahrhundert gegen die Terministen oder Modernen, die den Lehren von Ockham und Buridan folgten, den scholastischen Philosophen des 14. Jahrhunderts. 1482 war zwischen beiden Gruppen eine Art Waffenstillstand geschlossen worden. Beide Schulen pfiffen übrigens auf dem letzten Loch. Sie waren in sterilen technischen Diskussionen festgefahren, in einer Sucht zu systematisieren und zu kategorisieren und in reinem Hantieren mit Begriffen, woraus Wissenschaft und Philosophie keinen Nutzen mehr ziehen konnten. Die theologischen Kollegs der Dominikaner und Franziskaner waren in Paris im Niedergang. Theologie wurde im weltlichen Kolleg von Navarra und dem der Sorbonne gelesen, doch im alten Stil.

Der allgemeine Traditionalismus hatte nicht verhindern können, dass seit dem letzten Viertel des 15. Jahrhunderts auch in Paris der Humanismus vorgedrungen war. Das elegante Latein und die klassische Dichtkunst fanden auch hier ihre feurigen Anhänger, ebenso wie der modernisierte Platonismus, der in Italien aufgekommen war. Die Pariser Humanisten waren zum Teil Italiener, beispielsweise Girolamo Balbi und Fausto Andrelini, aber als ihr führender Kopf galt jetzt der Franzose Robert Gaguin, General des Ordens der Trinitarier, Diplomat, französischer Dichter und Humanist. Neben dem erneuerten Platonismus gewann eine ebenfalls aus Italien kommende authentische Kenntnis des Aristoteles an Boden. Kurz bevor Erasmus ankam, war Jacques Lefèvre d'Etaples aus Italien zurückgekehrt, wo er Platoniker wie Marsilio Ficino und Pico della Mirandola und den Wiederhersteller des Aristoteles, Ermolao Barbaro, aufgesucht hatte. Auch wenn in Paris die Lehre der theoretischen Theologie und Philosophie überwiegend konservativ war, fehlte dort doch ebenso wenig wie anderswo das Streben nach Reformen. Die Amtsführung des großen Universitätskanzlers Jean Gerson um das Jahr 1400 hatte man noch nicht vergessen. Aber dieses Reformstreben bedeutete nicht im Mindesten eine Neigung zur Abweichung von den Lehren der Kirche, es galt in erster Linie der Wiederherstellung und Läuterung der Klosterorden und danach der Beseitigung von allgemeinen Missständen, die man in der Kirche selbst erkannte und beklagte. Der Wille zur Reform des geistlichen Lebens wurde seit Kurzem in Paris durch das Vordringen der niederländischen Bewegung *Devotio moderna* verstärkt. Ihr führender Förderer war Jan Standonck aus Mechelen, erzogen bei den Brüdern vom gemeinsamen Leben in Gouda und beseelt von ihrem Geist in der allerstrengsten Form. Er lebte strenger asketisch, als der zwar strenge, aber doch gemäßigte Geist der Windesheimer es forderte. Seine Enthaltsamkeit war weit über die kirchlichen Kreise hinaus sprichwörtlich. Auf den Genuss von Fleisch hatte er für immer verzichtet. Als Provisor des Kollegs Montaigu führte er die straffsten Regeln ein, deren Befolgung durch Züchtigung bereits bei den geringsten Verfehlungen durchgesetzt wurde. An das Kolleg hatte er ein Haus für arme Studenten angeschlossen, die dort in einer halb klösterlichen Gemeinschaft lebten.

Diesem Mann hatte der Bischof von Cambrai Erasmus empfohlen. Obwohl er nicht der Gemeinschaft der armen Studenten beitrat (er ging auf die dreißig zu), lernte er doch alle Entbehrungen des dort herrschenden Reglements kennen. Sie haben ihm die erste Zeit in Paris sauer gemacht und einen bleibenden Abscheu vor Asketentum und Rigorismus bei ihm zurückgelassen. War er darum nach Paris gekommen, um die tristesten und deprimierendsten Einflüsse seiner Jugendzeit in verschärfter Form erneut zu erleben?

Das Ziel, das Erasmus vor allem in Paris erreichen wollte, war der Doktorgrad in Theologie. Dies konnte für ihn nicht allzu schwierig sein. Als Regulierter war er vom Grundstudium an der Artistenfakultät befreit. Seine vorhergehenden Studien und seine erstaunliche Intelligenz und Leistungsfähigkeit hätten ihm ermöglicht, sich in kurzer Zeit auf die erforderlichen Prüfungen und Disputationen vorzubereiten. Doch hat er in Paris das schon greifbare Ziel nicht erreicht. Sein Aufenthalt dort, der mit Unterbrechungen bis 1499 dauerte und später noch einmal fortgesetzt wurde, war für ihn eine Zeit der Schwierigkeiten, Ärgernisse und des Abmühens mit all den erniedrigenden Mitteln, die damals unvermeidlich dazu gehörten. Wohl zeigte sich auch erster Erfolg, der ihm aber keine wirkliche Befriedigung gab.

Die Ursache für seine Rückschläge war in erster Linie körperlich: Er konnte das harte Leben im Kolleg Montaigu absolut nicht vertragen. Die verdorbenen Eier und die verpesteten Schafräume hat er sein Leben lang nicht vergessen können. Dort, so glaubte er, hätten seine späteren Leiden ihre Ursache gehabt. In den *Colloquia* erinnert er sich voller Abscheu an Standoncks System der Enthaltsamkeit, der Entbehrungen und der Züchtigung. Sein Aufenthalt dort hat übrigens nicht länger gedauert als bis zum Frühjahr 1496.

Inzwischen hatte er mit den theologischen Studien begonnen. Er hörte Vorlesungen über die Bibel und die Sentenzen [des Petrus Lombardus], das im Mittelalter am meisten verbreitete Handbuch der Theologie. Im Kolleg durfte er auch selbst einige Vorlesungen über die Heilige Schrift halten. Auch hielt er verschiedene Predigten zur Ehre der Heiligen in der benachbarten Abtei St. Genoveva. Mit dem Herzen aber war er bei all dem nicht dabei. Die Spitzfindigkeiten der dahinsiechenden Scholastik konnten ihm nicht behagen. Hier setzte sich in seinem Geist, der stets ungerecht urteilte über das, wofür er keinen Platz hatte, so weit er sonst auch war, der Widerwille gegen die gesamte Scholastik fest, die er insgesamt verwarf.

»Solche Studien können einen dünkelhaft und streitsüchtig machen – aber weise? Sie ermatten den Geist durch eine gewisse nüchterne und unergiebige Subtilität, ohne ihn halbwegs zu befruchten oder zu beseelen. Durch ihr Gestammel und die Schwächen ihres unsauberen Stils verunzieren sie die Theologie, die durch die Wortgewalt der Alten bereichert und geschmückt wurde. Sie verwickeln alles, während sie doch danach streben, es zu lösen.« Für Erasmus wurde »Scotist« das gängige Schimpfwort für jeden Scholastiker, ja für alles Abgelebte und Veraltete. Er sähe es lieber, dass der ganze Scotus verloren gehe als die Bücher von Cicero oder Plutarch. Bei diesen fühle er sich aufgebaut, während er nach der Lektüre der Scholastik gleichgültig gestimmt sei gegen die wahre Tugend und gereizt zum Streitgespräch.

Es wird für Erasmus sicher schwierig gewesen sein, im unfruchtbaren Traditionalismus der Universität Paris die Blüte der scholastischen Philosophie und Theologie wiederzufinden. Von den Disputationen, die er an der Sorbonne hörte, brachte er nichts anders mit als Spottlust über die Doktoren der Theologie, wobei er stets ironisch ihren Ehrentitel »Magistri nostri« verwandte. Gähnend saß er zwischen den »heiligen Scotisten« mit ihrem Stirnrunzeln, ihrem starren Blick und ihrem bekümmerten Ausdruck. Nach Hause gekommen, schrieb er für seinen Freund Thomas Grey eine respektlose Fantasie. Er erzählt darin, wie er mit den Theologen der Sorbonne den Schlaf des Epimenides schläft: Epimenides erwachte nach 47 Jahren, aber die meisten unserer heutigen Theologen werden niemals erwachen. – Was wird Epimenides wohl geträumt haben? Was kann es anderes sein als die Spitzfindigkeiten der Scotisten: ihre *quidditates, formalitates* und die anderen! – Epimenides selbst ist in Scotus wiedergeboren worden, oder besser, Epimenides war der Prototyp von Scotus. Er schrieb schließlich auch theologische Bücher, in denen er syllogistische Knoten knüpfte, die er selbst niemals hätte lösen können. Die Sorbonne verwahrt die Haut von Epimenides, auf die mit rätselhaften Buchstaben ein Orakel geschrieben ist, das man erst anschauen darf, wenn man fünfzehn Jahre lang den Titel »Magister noster« getragen hat.

Wir sind hier nicht weit entfernt von den »Sorbonistres« und »Barbouillamenta Scoti« von Rabelais. »Man behauptet«, so beschließt Erasmus seinen launigen Scherz, »dass niemand die Mysterien dieser Wissenschaft begreifen kann, der auch nur flüchtig mit den Musen oder den Grazien Umgang hatte. Alles, was man von den *bonae literae* empfangen hat, muss man zuerst ablegen; was du aus dem Helikon[7] getrunken hast, musst du zuerst ausspucken. Ich tue mein Bestes, nichts verfeinert Lateinisches zu sagen, nichts Gefälliges oder Geistreiches, und ich mache bereits Fortschritte. Es besteht Hoffnung, dass sie Erasmus einmal anerkennen werden.«

Nicht allein die Trockenheit der Methode und die Unfruchtbarkeit des Systems waren die Gründe, weswegen sich Erasmus davon abwandte. Auch die Eigenschaften seines eigenen Intellekts spielten eine Rolle. Bei all der Weite und Schärfe seines Geistes hatte er wenig Neigung zum tiefgründigen Durchdringen philosophischer oder theologischer Spekulationen. Denn nicht allein die Scholastik stieß ihn ab, auch der junge Platonismus und der verjüngte Aristotelismus, den Lefèvre d'Etaples lehrte, haben ihn nicht angezogen. Er blieb vorläufig ein ästhetisch orientierter Humanist mit einem Hintergrund an biblischer und moralischer Gesinnung, die vor allem auf der Lektüre seines heiß geliebten Hieronymus beruhte. Noch lange Zeit sah sich Erasmus als Poet und »Orator«, womit er im heutigen Sinne »Literat« meinte, und stellte sich auch so vor.

Sogleich nach seiner ersten Ankunft in Paris muss er Kontakt zum Hauptquartier des literarischen Humanismus gesucht haben. Der unbekannte holländische Mönch stellte sich mit einem langen Brief voller Lobeshymnen (nicht erhalten) und einem beigefügten, sehr gekünstelten Gedicht bei Robert Gaguin vor, dem General der Trinitarier und zugleich Oberhaupt des Pariser Humanismus. Der bedeutende Mann antwortete sehr wohlwollend. »Deine literarische Probe zeigt mir, dass du ein gebildeter Mann bist. Meine Freundschaft steht dir offen, aber treib es nicht zu bunt mit deinem Lob, man könnte es für Schmeichelei halten.« Der Briefwechsel hatte kaum seinen guten Anfang genommen, als Erasmus die einzigartige Gelegenheit fand, dem Meister einen Dienst zu erweisen und sich zugleich im Glanz von dessen Namen beim lesenden Publikum bekannt zu machen. Dieser Vorgang ist auch darum bedeutsam, weil sich hier zum ersten Mal die enge Verbindung zwischen Erasmus' literarisch-wissenschaftlicher Karriere und den technischen Bedingungen der jungen Buchdruckkunst zeigt. Gaguin, in vielem bewandert, hatte gerade ein lateinisches Handbuch der französischen Geschichte mit dem Titel *De origine et gestis Francorum Compendium* beim Drucker. Es war der erste Versuch einer humanistischen Geschichtsbetrachtung in Frankreich. Der Drucker war am 20. September 1495 mit dem Werk fertig, aber zwei der 136 Seiten waren noch leer. Nach der damaligen Anschauung durfte das so nicht bleiben. Gaguin war krank und konnte nicht helfen. Mit weit gesetzten Lettern ließ sich Folio 135 mit einem Gedicht von Gaguin, dem Kolophon und zwei Preisgedichten von Faustus Andrelinus sowie einem anderen Humanisten füllen. Da immer noch Text fehlte, sprang Erasmus ein und lieferte für Folio 136 einen langen Empfehlungsbrief, der den noch freien Platz ausfüllte. So wurden sein Name und sein Stil mit einem Mal einem sehr breiten Publikum bekannt, das sich für Gaguins Geschichtswerk interessierte. Zugleich erwarb er sich erneut Anspruch auf die Förderung durch Gaguin, dem die ganz besondere Qualität von Erasmus' Schreibstil nicht entgangen war. Dass sein Geschichtswerk einmal fast nur noch genannt werden würde, weil es Erasmus als Sprungbrett gedient hatte, wird Gaguin wohl nicht gedacht haben. Auch wenn Erasmus nun im Kielwasser Gaguins der Welt der Pariser Humanisten beigetreten war: Der Weg zum Ruhm, der seit Kurzem über die Druckerpresse führte, war damit noch nicht geebnet. Er bat Gaguin um ein Urteil über die *Antibarbari*. Der lobte sie, gleichwohl ohne dass von einer Herausgabe die Rede war. Lediglich eine kleine Sammlung lateinischer Gedichte von Erasmus erschien 1496 in Paris, dem Schotten Hector Boys gewidmet, den er im Kolleg Montaigu kennengelernt hatte. Aber die bedeutenderen Schriften, an denen er während seiner Pariser Zeit arbeitete, sind alle erst viel später gedruckt worden.

Der Umgang mit Männern wie Robert Gaguin und Faustus Andrelinus mochte ehrenvoll sein, unmittelbare Vorteile brachte er ihm nicht. Die Unterstützung des Bischofs von Cambrai war dürftiger als erhofft. Im Frühjahr 1496 erkrankte Erasmus und verließ Paris. Zuerst ging er zu seinem Schirmherrn, dem Bischof, wo er freundlich empfangen wurde und sich wieder erholte, anschließend nach Holland zu seinen Freunden, um da zu bleiben, wie er sagte. Die Freunde aber drängten ihn, nach Paris zurückzugehen, was er im Herbst des Jahres 1496 tat. Er nahm Verse von Willem Harmens mit und einen Brief dieses Dichterfreundes an Gaguin. Für die Gedichte fand er einen Drucker und brachte zugleich seinen Freund und Dichterkollegen mit Faustus Andrelinus in Kontakt. Er war also nicht nur auf seine eigene literarische Karriere bedacht.

Die Position eines Intellektuellen, der allein von seiner geistigen Arbeit leben wollte, war zu dieser Zeit alles andere als einfach und nicht immer angesehen. Er musste seinen Unterhalt mit kirchlichen Pfründen oder Unterstützung bedeutender Schirmherren bestreiten, am besten mit beidem. Doch solche Pfründe waren nicht so einfach zu erlangen und die Schirmherren wenig verlässlich und oft enttäuschend. Die Verleger zahlten nur Autoren von Bedeutung ein nennenswertes Honorar. Meist erhielt der Autor einige Freiexemplare, mehr nicht. Etwas Vorteil konnte er aus dem Werk ziehen, indem er es einem angesehenen Herrn widmete, der sich vielleicht gnädig mit einem Geschenk erkenntlich zeigte. Es gab Autoren, die ein Geschäft daraus machten, Ausgaben desselben Werks jeweils anderen Personen zu widmen. Erasmus hat sich wiederholt gegen diesen Verdacht gewehrt und detailliert aufgeführt, wie viele der von ihm Geehrten nichts oder sehr wenig gaben. Für jemanden, der in einer vergleichbaren Situation war wie Erasmus, kam also alles darauf an, einen Mäzen zu finden. Mäzen war beinah gleichbedeutend mit Brotgeber. Mit dem Adagium *Ne bos quidem pereat* hat Erasmus beschrieben, wie man in angemessener Weise einen Mäzen für sich gewinnt. Wenn uns daher sein Verhalten zu dieser Zeit mehr als einmal von unwürdiger »Streberei« beherrscht zu sein scheint, dürfen wir ihn nicht mit unserem Maßstab messen. Es waren seine flauen Jahre.

Nach Paris zurückgekehrt, zog er nicht wieder im Kolleg Montaigu ein. Mit Unterrichtsstunden für wohlhabende junge Leute wollte er seinen Lebensunterhalt bestreiten. Zwei Kaufmannsöhne aus Lübeck hatte er als Schüler: Christian und Heinrich Northoff, die bei einem gewissen Augustijn Vincent wohnten. Er entwarf kunstreiche Briefe für sie: geistreich, flüssig und etwas gekünstelt. Daneben unterwies er zwei junge Engländer: Thomas Grey und Robert Fisher. Zu Grey fasste er eine derart leidenschaftliche Zuneigung, dass er mit dessen Mentor, einem Schotten, Streit bekam. Erasmus hat sich über den unangemessenen Argwohn des Mannes außerordentlich geärgert. Paris hörte nicht auf, einen verfeinernden Einfluss auf ihn auszuüben. Sein Briefstil wird geziert und bemüht geistreich. Auf die provinziellen Produkte seiner Jugend sieht er mit Geringschätzung herab. Doch inzwischen wachsen bereits unter seiner unermüdlichen Feder, einstweilen noch zum Nutzen weniger (denn sie bleiben noch ungedruckt), die Werke, von denen später sein Einfluss auf die gesamte Welt der Kultur ausgehen sollte. Für Northoffs wurde ein Handbuch der kultivierten Konversation (in Latein) erstellt: *Familiarium Colloquiorum Formulae*, der Kern der weltberühmten *Colloquia*. Für Robert Fisher schrieb er den ersten Entwurf von *De conscribendis epistolis*, die große Abhandlung über die Kunst des Briefeschreibens, wahrscheinlich auch die Paraphrase von Vallas *Elegantiae*, einen Traktat über stilreines Latein, der für Erasmus in seiner Jugend Leitstern der Kultiviertheit gewesen ist. Die kurze Abhandlung *De copia verborum ac rerum* war ebenfalls solch ein Hilfsmittel für Anfänger, um bei der Wortwahl und mit einer Vielzahl von Wendungen zu helfen – auch dies der Keim eines größeren Werkes. Als dritte Schrift lag auf dieser Linie *De ratione studii*, eine Anleitung für geordnetes Studieren.

Es war ein unsicheres und unruhiges Dasein. Vom Bischof erhielt er nur wenig Unterstützung. Erasmus fühlte sich nicht recht gesund und ständig niedergedrückt. Der Plan, nach Italien zu gehen, beschäftigte ihn, aber Möglichkeiten für dessen Ausführung sah er nicht. Im Sommer des Jahres 1498 reiste er erneut nach Holland und zum Bischof. Seine Freunde in Holland waren mit seinen Studien wenig zufrieden. Man fürchtete, dass er in Paris Schulden macht, und es wurde weniger günstig über ihn gesprochen. Den Bischof fand er vollständig eingespannt in Vorbereitungen für die Abreise zu einer diplomatischen Mission in England, reizbar und voller Vorwürfe. Es wurde immer klarer, dass er sich nach einem anderen Schirmherrn umsehen musste. Vielleicht könnte es Anna van Borselen, die Frau van Veere, sein, in deren Dienst auf Schloss Tournehem zwischen Calais und Saint Omer derzeit sein treuer und hilfreicher Freund Battus als Hauslehrer für ihren Sohn stand.

Zurück in Paris, nahm Erasmus sein altes Leben wieder auf, aber es war ihm eine hassenswerte Sklaverei. Battus hatte für ihn eine Einladung nach Tournehem, doch er konnte seine Angelegenheiten in Paris noch nicht im Stich lassen. Der junge Lord Mountjoy, William Blount, war nun Schüler bei ihm. Das bedeute, zwei Eisen im Feuer zu haben. Battus spornte er an, für ihn den Boden bei Anna van Veere vorzubereiten. Willem Harmens wurde eingespannt, an Mountjoy Briefe zu schreiben, in denen er dessen Liebe für die Literatur preisen sollte.

»Du musst sagen, wie viel Freude die Literatur spendet, du musst mich loben, dich selbst freundlich andienen. Glaub mir, Willem, es wird auch deinem Namen zugutekommen. Er ist jemand, der viel Einfluss bei den Seinen hat. Du wirst jemanden haben, der deine Schriften in England verbreitet. Ich bitte dich nochmal und nochmal, wenn du mich liebhast, lass dir das zu Herzen gehen.«

Anfang 1499 fand der versprochene Besuch auf Schloss Tournehem statt, gefolgt von einer erneuten Reise nach Holland. Anna van Veere galt fortan als seine Schirmherrin. In Holland besuchte er seinen Freund Willem Harmens und berichtete ihm, dass er plane, nach Ostern in Richtung Bologna abzureisen. Es war eine unruhige Reise, denn er wollte bald wieder in Paris sein, um keine Gelegenheiten zu verpassen, die ihm Mountjoys Wohlwollen bieten konnte. Er arbeitete hart an verschiedenen Texten, die er in Bearbeitung hatte, so hart, wie es ihm sein Gesundheitszustand nach der beschwerlichen Reise im Winter erlaubte. Eifrig war er damit beschäftigt, das Reisegeld für seine Italienfahrt zusammenzubringen, die nun auf August verschoben war. Doch Battus konnte offenbar nicht so viel für ihn einwerben, wie er erhofft hatte. Etwa im Mai ließ er den Italienplan plötzlich fallen und reiste auf Bitten Mountjoys mit ihm nach England.

IV. ERSTER AUFENTHALT IN ENGLAND – ADAGIA

Erasmus (Albrecht Dürer)

Erster Aufenthalt in England: 1499–1500. Oxford, John Colet. Erasmus' theologische Ambitionen. Bis dahin hauptsächlich ein Literat. Fisher und Morus. – Missgeschick in Dover bei der Abreise aus England. Zurück in Frankreich, stellt er die Adagia zusammen. – Jahre der Sorgen und des Mangels.

Der erste Aufenthalt in England, der vom Frühsommer 1499 bis Anfang 1500 dauerte, ist für Erasmus eine Periode des Umbruchs geworden. Als Schützling eines angesehenen Herrn und als gelehrter Poet, der den Kontakt mit der großen Welt suchte, die literarische Verdienste zu würdigen und zu belohnen wusste, ging er dorthin. Mit dem intensiven Verlangen, fortan seine Gaben, sofern es die Umstände zuließen, ernsteren Dingen zu widmen, kam er zurück. Die Ursache für diese Wende war, dass er in England zwei neue Freunde fand, die als Persönlichkeit alle anderen, die bis dahin seinen Lebensweg gekreuzt hatten, weit überragten: John Colet und Thomas Morus.

Während seines gesamten Aufenthalts in England ist Erasmus für seine Verhältnisse in »high spirits«. Anfangs spricht aus ihm noch allein der junge Literat, der auf weltlichen Erfolg aus ist, in dem sein Geist glänzen soll. Das aristokratische Leben, von dem er offenbar beim Bischof von Cambrai und bei Frau van Veere in Tournehem noch wenig gesehen hatte, gefiel ihm anscheinend ziemlich gut. »Wir sind hier in England«, schreibt er in lockerem Ton an Faustus Andrelinus, »mit einigen guten Fortschritten. Der Erasmus, den du kennst, ist schon fast ein guter Jäger, kein allzu schlechter Reiter, nicht unerfahren bei Hofe. Er grüßt sehr viel höflicher, er lächelt freundlicher. Wenn du klug bist, kommst du auch hier angeflogen.« Und er neckt den leichtsinnigen Dichter mit Geschichten über hübsche Mädchen und die löbliche englische Sitte, alle Höflichkeitsbezeugungen mit Küssen zu begleiten.

Selbst die Bekanntschaft mit königlichem Geblüt wurde Erasmus zuteil. Von Mountjoys Landgut in Greenwich aus nahm Morus ihn mit auf eine Wanderung nach Eltham, dem Schloss, wo die jungen Prinzen erzogen wurden. Im Kreis des gesamten Hofstaates sah er dort den jungen Heinrich, der später Heinrich VIII. sein würde, als neunjährigen Knaben mit zwei Schwestern und einem kleinen Prinzen, der noch auf dem Arm getragen wurde. Erasmus war verlegen, weil er kein Geschenk überreichen konnte, und machte sich gleich nach der Heimkehr daran, ein Preisgedicht auf England zu verfassen, was ihm nur unter Anstrengung gelang, denn er hatte in der letzten Zeit nicht mehr gedichtet. Mit einer prachtvollen Widmung versehen, verehrte er das Gedicht dem jungen Prinzen. Im Oktober war Erasmus in Oxford, wo es ihm anfänglich nicht gefiel, wohin ihm aber Mountjoy folgen sollte. Man hatte ihn John Colet empfohlen, der freundlich erklärte, keine Empfehlung mehr nötig zu haben, denn er kenne Erasmus bereits durch seinen

Brief an Gaguin in dessen Historienwerk und habe eine hohe Meinung von seiner Gelehrtheit. Der folgende Aufenthalt in Oxford war erfüllt von einem regen Verkehr, sowohl brieflich als auch mündlich, der für Erasmus' vielseitigen Geist in höchstem Maße richtungweisend wurde.

John Colet, der mit Erasmus fast gleichaltrig war, hatte früher und einfacher seinen geistigen Weg gefunden. Als Sohn aus wohlhabendem Hause (sein Vater war Londoner Stadtrat und zweimal Lord Mayor) hatte er in Italien und Frankreich ruhig und sorglos seinen Studien folgen können. Anders als Erasmus, dessen so sprühender Geist ihn zu Ausflügen in das Gebiet der Literatur verleitete, hatte sich sein Interesse von Anfang an auf die Theologie gerichtet. Er kannte Platon und Plotin (nicht auf Griechisch), war sehr bewandert in den Kirchenvätern und beachtlich gut zu Hause in der Scholastik, ganz zu schweigen von der Mathematik, dem Recht, der Geschichte und den englischen Dichtern. 1496 hatte er sich in Oxford niedergelassen. Ohne einen theologischen Grad zu besitzen, legte er dort die Paulusbriefe aus. Obwohl er sich nur an die Vulgata halten konnte, da er kein Griechisch verstand, wollte er doch zum ursprünglichen Bibelwort vordringen, wobei er die späteren Kommentatoren verwarf.

Colet hatte eine tiefernste Natur, die stets mit den Neigungen ihres vitalen Wesens kämpfen musste, um Hochmut und Genusssucht im Zaum zu halten. Er war sehr empfänglich für Humor, was ihn und Erasmus gewiss näherbrachte. Er war ein Enthusiast. Wenn er eine theologische Auffassung verteidigte, ließ der Eifer seine Stimme anders klingen, seine Augen anders blicken, und seine ganze Person bekam eine erhabene Ausstrahlung.

Aus dem Umgang mit diesem Mann ging die erste der theologischen Schriften von Erasmus hervor. Am Ende eines Streitgesprächs über die Ängste Christi im Garten Getsemani, in dem Erasmus die gängige Sichtweise verteidigt hatte, dass Jesu Angst vor dem Leiden aus seiner menschlichen Natur herrühre, hatte Colet ihn ermahnt, diesen Punkt noch einmal zu überdenken. Sie wechselten einige Briefe darüber, bis Erasmus schließlich beide Ansichten in Form einer Disputation zu einem Buch zusammenstellte, eine *Disputatiuncula de tedio, pavore, tristicia Jesu*, eine *Kleine Disputation über die Ängste, die Furcht und die Traurigkeit Jesu*. Ihr Ton ist ernst und fromm, von wirklicher Innigkeit oder Betroffenheit aber ist sie nicht geprägt. Der Literat machte noch nicht sogleich dem Gottgelehrten Platz. »Schau doch einmal, Colet«, beendet Erasmus den ersten Brief, halb ironisch sich selbst gegenüber, »wie ich auf die Ausschmückung achte, indem ich solch eine theologische Disputation mit poetischen Fabeln beschließe [er hatte einige mythologische Metaphern benutzt]. Aber, wie Horaz sagt: Naturam expelles furca, tamen usque recurret.«[8]

Die zwiespältige Haltung, die Erasmus auch innerlich weiterhin einnahm, zeigt sich noch klarer in einem Bericht für seinen neuen Freund, den Friesen Johannes Sixtinus, der wie er auf Latein dichtete. Darin schildert er eine andere Disputation mit Colet, die während eines Essens, wahrscheinlich im Speisesaal des Magdalen College, stattgefunden hat. Unter den Gästen ist vielleicht auch Wolsey gewesen. An den Künstlerkollegen schreibt Erasmus recht locker und ein wenig gekünstelt mit der Selbstbezeichnung »der Poet«. Es ist ein Gastmahl, wie er es liebte und später in seinen *Colloquia* häufig ins Bild brachte: gepflegte Gesellschaft, gute Kost, maßvoll bei den Getränken, edle Konversation. Colet hatte den Vorsitz. Zu dessen Rechten saß Charnock, der Prior des St. Mary's College, wo Erasmus wohnte, zur Linken ein namentlich nicht genannter Theologe und Vertreter der Scholastik, neben ihm Erasmus, »damit die Dichter beim Gastmahl nicht fehlen«. Man sprach über die Art der Schuld, mit der Kain dem Herrn missfallen hat. Colet verteidigte die Anschauung, dass Kain Gott beleidigt habe, indem er der Güte des Schöpfers misstraute und seinem Fleiß, die Erde zu bearbeiten, vertraute, während Abel die Schafe hütete und mit dem zufrieden war, was von selbst wuchs. Der Theologe widersprach ihm mit logischen Schlüssen, Erasmus mit »rhetorischen« Argumenten. Aber Colet geriet in Rage und blieb der Überlegene. Als endlich das Streitgespräch lange genug gedauert hatte und ernster wurde, als dies zu einem Gastmahl passte, »da sagte ich, um meine Rolle als Dichter einzunehmen und das Gastmahl mit einer netten Geschichte aufzuheitern, wobei ich zugleich auf die behandelte Fragestellung einging: ›Es ist eine sehr alte Geschichte, man muss sie von den allerältesten Autoren heranziehen. Ich werde euch erzählen, was ich in der Literatur darüber gefunden habe, wenn ihr mir zuerst versprecht, es nicht für eine Fabel zu halten.‹«

Und nun entwickelt Erasmus eine sehr geistreiche Geschichte von einem uralten Kodex, in dem er gelesen habe, wie Kain, nachdem er oft von seinen Eltern gehört hatte, dass die Ähren im Paradies so herrlich hoch wuchsen wie Erlen, den Wächterengel überredete, ihm ein paar Samenkörner vom Paradiesgetreide zu geben. Gott würde das doch nicht stören, solange er sich nicht an den Äpfeln vergriffe. Die Rede, mit der Kain den Engel gegen den Allmächtigen aufstachelt, ist ein Meisterstück erasmischen Genies. »Gefällt es dir eigentlich, da mit dem großen Säbel am Tor zu stehen? Wir benutzen für dergleichen Arbeit seit Kurzem die Hunde. Es ist noch nicht so schlecht auf der Erde und es wird noch besser werden: Bald lernen wir, die Krankheiten zu heilen. Was die Erkenntnis [von Gut und Böse] hier beiträgt, sehe ich nicht recht. Dagegen kann unermüdlicher Fleiß auch in dieser Hinsicht alles zuwege bringen.« So wird der Wächter verleitet. Aber sobald Gott die wunderbare Wirkung von Kains bäuerlicher Kunst betrachtet, folgt die Strafe auf dem Fuße. Einen so schönen Kompromiss zwischen Genesis und Prometheus-Mythos hatte noch kein Humanist gefunden.

Und doch: Obwohl sich Erasmus in Gegenwart von Literaten noch wie ein Literat verhielt, war sein Herz nicht mehr bei der schöngeistigen Schriftstellerei. Eine der Eigentümlichkeiten seiner geistigen Entwicklung ist, dass sie keine heftigen Krisen kennt. Man findet ihn nie in dem erbitterten inneren Kampf, den die Allergrößten durchmachen. Sein Übergang von der literarischen zur religiösen Geisteshaltung hat nichts von einer Bekehrung. Es gibt keinen Weg nach Damaskus in Erasmus' Leben. Der Übergang geschieht langsam und mit Schwankungen, ohne je vollendet zu werden. Noch viele Jahre konnte Erasmus nach Belieben den Literaten oder den Theologen in den Vordergrund stellen, ohne dass wir ihm Täuschung vorwerfen können. Bei ihm kommen die tieferen Schichten seiner Seele langsam an die Oberfläche. Er erhebt sich mehr durch den Lauf der Ereignisse als durch unwiderstehlichen Drang zur Höhe seines ethischen Bewusstseins.

Schon früh äußert er den Wunsch, sich allein den Glaubensdingen zu widmen. »Ich habe beschlossen«, schreibt er während seiner Klosterzeit an Cornelis van Gouda, »fortan nichts mehr zu dichten, das nicht nach dem Lob der Heiligen oder nach der Heiligkeit selbst riecht.« Aber das war ein jugendlich-frommer Vorsatz für den Augenblick. In den Schriften und vor allem in den Briefen aus all den Jahren vor der ersten Reise nach England zeigt sich weltliches Streben. Allein in Zeiten der Krankheit und Erschöpfung verlässt ihn das für Augenblicke. Dann missfällt ihm die Welt, er verachtet seine eigenen Ambitionen und wünscht sich ein Leben in heiliger Ruhe, die Heilige Schrift meditierend und weinend über seine Verfehlungen. Aber das sind gelegentliche Äußerungen, die man nicht allzu ernst nehmen muss. Erst durch Colets Wort und Vorbild hat sich Erasmus' Neigung zu theologischen Studien in einen festen, beständigen Willen, ja in ein Lebensziel umgewandelt. Colet spornte ihn an, in Oxford die Bücher des Mose oder den Propheten Jesaja zu erklären, so wie er selbst die Briefe des Paulus ausgelegt hatte. Erasmus weist das von sich: Er werde es nicht können. Daraus sprachen Einsicht und Selbsterkenntnis, in denen er Colet übertraf. Dessen intuitive Bibelauslegung ohne Kenntnis der Ursprungssprache konnte ihn nicht befriedigen. »Du handelst nicht umsichtig, werter Colet, wenn du Wasser aus dem Bimsstein holen willst (um mit Paulus zu sprechen). Wie könnte ich so frech sein, etwas zu lehren, das ich selbst nicht gelernt habe? Wie soll ich andere erwärmen, wenn ich selbst zittere und bebe vor Kälte [...]. Du klagst, dass du dich in mir getäuscht hast. Aber ich habe dir nichts dergleichen versprochen, du hast dich selbst getäuscht, indem du mir nicht geglaubt hast, als ich dir die Wahrheit über mich gesagt habe. Nicht dass ich hierhergekommen bin, um Poesie oder Rhetorik zu dozieren, denn seit sie für mich nicht mehr notwendig sind, haben sie aufgehört, mir zu schmecken. Dies weise ich ab, weil es nicht an mein Lebensziel reicht, jenes, weil es über meine Kräfte geht [...]. Doch sollte ich einmal erkennen, dass mir die notwendigen Kräfte zu Gebote stehen, dann werde ich mich wie du der Theologie widmen, wenn nicht herausragend, so doch mit aufrichtiger Arbeit.« Als erste Konsequenz beschloss Erasmus, besser Griechisch zu lernen, als es ihm bis dahin möglich gewesen war.

Sein Englandaufenthalt näherte sich inzwischen rasch dem Ende; er musste zurück nach Paris. Kurz vorher schieb er noch in hohen Tönen an seinen früheren Schüler Robert Fisher, der sich in Italien aufhielt, über die Befriedigung, die ihm England gegeben habe. Eine allerangenehmste und gesunde Luft (wofür er sehr empfänglich war), so viel Humanität und Bildung – nicht die abgenutzte alltägliche, sondern die köstliche, echte, alte, lateinische und griechische –, dass es ihn kaum mehr nach Italien ziehe. In Colet meinte er Platon selbst zu hören. Grocin, der Kenner des Griechischen, Linacre, der gelehrte Medicus, wer könnte sie nicht bewundern! Und wessen Geist war jemals milder, gefälliger und glücklicher als der von Thomas Morus!

Ein äußerst unangenehmes Missgeschick bei Verlassen des englischen Bodens im Januar 1500 hat leider nicht nur seine schöne Erinnerung an die glückliche Insel verdunkelt, sondern auch einen erneuten Knick in seiner Laufbahn verursacht und einen Stachel in seiner überempfindlichen Seele hinterlassen, der ihn bis in seine späten Jahre immer wieder stach. Die Grundlage seines Lebensunterhalts, die er sich in den vorhergehenden Jahren in Paris schaffen konnte, war prekär. Der Bischof hatte seine Unterstützung wahrscheinlich bereits ganz eingestellt, die Mittel von Anna van Veere waren erst spärlich geflossen, auf die von Mountjoy konnte er nicht allzu sicher rechnen. Unter solchen Umständen waren auch bescheidene Rücklagen als Notgroschen für Erasmus von größter Bedeutung. Eine solche Spardose brachte er aus England mit, zwanzig Pfund. Ein Gesetz von Eduard III., das kurz zuvor durch Heinrich VII. wieder in Kraft gesetzt wurde, verbot die Ausfuhr von Gold und Silber. Morus und Mountjoy aber hatten Erasmus versichert, er könne sein Geld mitnehmen, sofern es nicht englische Münzen seien.

Thomas Morus (Hans Holbein d.J.)

In Dover musste er erfahren, dass die Zollbeamten anders darüber dachten. Nur sechs Engelstaler konnte er behalten, der Rest wurde durch die Zöllner einbehalten und offenbar beschlagnahmt. Der Schock, den er dadurch erlitten hat, trug vielleicht dazu bei, dass er sich auf seiner Reise von Calais nach Paris durch Räuber und Mörder verfolgt glaubte. Durch den Verlust seines Geldes hatte er wieder jeden Tag die Sorge um seinen Unterhalt. Widerstrebend musste er daher zum Beruf des »bel esprit«, des Schöngeistes, zurückkehren und erneut all die erniedrigenden Wege gehen, um die Funken seines sprühenden Geistes durch angesehene Schirmherren honoriert zu erhalten. Schlimmer noch war, dass sein Missgeschick ihn aus dem seelischen Gleichgewicht gebracht und in seinem Selbstwert geschädigt hat. Doch sollte das Missgeschick für die Welt und schließlich auch für Erasmus etwas Großartiges bewirken: Es schenkte ihr die *Adagia* und ihm den Ruhm, der damit seinen Anfang nahm.

Das Gefühl, das Erasmus beim Gedanken an sein Missgeschick in Dover beseelte, war bitterer Zorn und Rachsucht. »Es geht mir«, schreibt er ein paar Monate später an Battus, »wie es gewöhnlich geht: Die Wunde, die ich in England davongetragen habe, beginnt nun erst zu schmerzen, da sie länger zurückliegt, und das umso mehr, als ich keine Vergeltung üben kann.« Und ein halbes Jahr später: »Wir werden es verwinden. Es wird noch die Gelegenheit kommen, es heimzuzahlen.« Doch inzwischen sagte ihm sein sicherer Instinkt, dass die Engländer, die er doch grade so positiv erlebt hatte, nicht für den Vorfall verantwortlich waren, geschweige denn seine Freunde. Er hat Morus und Mountjoy nie nachgetragen, was ihre unzureichenden Informationen ihm seiner Ansicht nach eingebrockt hatten. Zugleich sagte ihm sein Eigeninteresse, das er stets in das Gewand der Tugend gekleidet sah, dass es gerade jetzt darauf ankam, die Beziehungen zu England nicht zu verlieren, und dass dies ein ausgezeichneter Anlass war, sie zu intensivieren. Später hat er das mit der ihm eigenen Naivität dargelegt, die seine Schriften auch dort oft noch zum Bekenntnis macht, wo er eigentlich etwas verbergen oder bemänteln will: »Als ich mittellos nach Paris zurückgekommen war, begriff ich wohl, dass viele erwarteten, ich würde mich nach Literatenart für dieses Missgeschick mit der Feder rächen, indem ich etwas Bösartiges über den König oder England schriebe. Zugleich fürchtete ich, dass William Mountjoy um unsere Freundschaft besorgt sein könnte, weil er mit verantwortlich war für den Verlust meines Geldes. Um die Leute mit dergleichen Erwartungen zu beschämen und zugleich deutlich zu machen, dass ich nicht so ungerecht war, ein persönliches Unrecht dem König zur Last zu legen, oder so gedankenlos, mich selbst oder meine Freunde wegen eines belanglosen Verlustes dem Unwillen des Königs auszusetzen, und um zugleich meinem Freund Mountjoy ein Zeichen ungetrübter Freundschaft zu geben, beschloss ich, so schnell wie möglich etwas zu veröffentlichen. Da ich nichts fertig hatte, brachte ich hastig durch ein paar Tage Lesen eine Sammlung *Adagia*[9] zusammen, in der Annahme, dass solch ein Büchlein in jedem Fall schon durch seine Nützlichkeit in die Hände der Literaturkundigen gelangen würde. Auf diese Weise verdeutlichte ich, dass meine freundschaftlichen Gefühle in keiner Weise abgekühlt waren. Mit einem beigefügten Gedicht bezeugte ich, dass ich weder dem König noch dem Land böse war wegen des Verlustes meines Geldes. Und dieses Ansinnen fiel auf fruchtbaren Boden. Mit solcher Mäßigung und Offenherzigkeit habe ich seinerzeit in England sehr viele Freunde gewonnen – gelehrte, rechtschaffene und einflussreiche Männer.« Es gelang ihm auf diese Weise, seinen Kummer zu überwinden, sodass er später erklären konnte, wenn die Erinnerung an den Vorfall zurückkam: »Ich hatte plötzlich mein gesamtes Vermögen verloren, war aber dadurch so wenig niedergeschlagen, dass ich umso munterer und inbrünstiger zu meinen Büchern zurückkehrte.« Aber seine Freunde wussten sehr wohl, wie tief die Verletzung war. »Nun sollte doch wohl [nämlich durch den Bericht über die Thronbesteigung Heinrichs VIII.] mit einem Male alle Bitterkeit aus deiner Seele gewichen sein«, schrieb Mountjoy ihm 1509.

Die Jahre in Frankreich nach seiner Rückkehr aus England wurden schwierige Jahre. Er hatte drückende Geldsorgen und war gezwungen, mit seinem Talent und seinen Literaturkenntnissen jede Gelegenheit zu nutzen. Er musste wieder der »homo poeticus« oder der »rhetoricus« sein. Er schrieb aufs Neue herausgeputzte Briefe mit untertäniger Bettelei. Als Dichter hatte er einen Namen, und als solcher konnte er Unterstützung erwarten. Inzwischen blieb ihm das erhebende Bild seiner theologischen Ziele gegenwärtig. Es spornte ihn an, sich energisch durchzusetzen. »Es ist kaum zu glauben«, schreibt er an Battus, »wie meine Seele darauf brennt, all meine Werke zu vollenden, zugleich eine gewisse Beherrschung des Griechischen zu erreichen und mich danach vollständig auf die heilige Wissenschaft zu verlegen, nach der meine Seele schon so lange verlangt. Meine Gesundheit ist ziemlich gut, daher muss ich dieses Jahr [1501] alle Kräfte mobilisieren, damit das, was wir in den Druck gegeben haben, erscheint, und wir unsere vielen Kritikaster an den Galgen bringen, wie es ihnen gebührt. Wenn mir noch drei Jahre zu leben bleiben, werde ich über allen Neid erhaben sein.« Daraus spricht ein Geist, der große Dinge tut, wenn auch nicht allein aus edlen Motiven. Er sieht seine Aufgabe bereits in der

Erneuerung der wahren Theologie. Doch diese von hohem Idealismus und Selbstvertrauen zeugende Äußerung steht in einem Brief, mit dem er den treuen Battus instruiert, wie er Frau van Veere überreden muss, ihm Geld zu geben.

Welche Unannehmlichkeiten inzwischen, welche kleinen Sorgen, welche Gerissenheit, um den Unterhalt zu bestreiten! Von Frankreich hatte er mehr als genug, und er wollte nichts lieber als es zu verlassen. Einen Teil des Jahres 1500 verbrachte er in Orléans. Die Widrigkeiten drücken ihn nieder. Seinen Briefen entnehmen wir den unvollständigen Bericht von seiner Beziehung zu einem gewissen Augustijn Vincent Caminade, einem Humanisten minderen Ranges, der junge Leute bei sich aufnahm.[10] Er ist zu lang, um ihn hier wiederzugeben, aber er ist kennzeichnend für Erasmus' Psyche, zeigt sich damit doch, wie argwöhnisch er damals schon gegenüber seinen Freunden war. Offenbar hat er in dieser Zeit kostenlos bei einem gewissen Jacobus Voecht aus Antwerpen gewohnt[11], dem er einen fetten Kostgänger zu vermitteln wusste, den unehelichen Bruder des Bischofs von Cambrai. Erasmus behauptet, der Bischof selbst, den er nun »Antimaecenas« nennt, lasse jetzt durch Standonck jedem seiner Schritte in Paris nachspionieren.

Es ist viel Galle in den Briefen aus dieser Zeit. Erasmus ist gegenüber seinen Freunden misstrauisch, reizbar, fordernd und manchmal grob. Mit Willem Harmens vertrug er sich nicht mehr, wohl weil ihm dessen Epikureismus und Mangel an Energie fremd waren. Aber am meisten bekümmert uns der Ton, den er beim braven Battus anschlägt. Er wird hoch gelobt, sicherlich, mit Erasmus werde er unsterblich sein, aber wie verletzt ist er, wenn Battus nicht umgehend seine dringenden Forderungen erfüllt! Beinahe schamlos sind seine Instruktionen hinsichtlich dessen, was Battus Frau van Veere sagen muss, um deren Gunst für Erasmus zu gewinnen. Und wie schal werden seine Trauerbezeugungen sein, wenn ihm der treue Battus in der ersten Hälfte des Jahres 1502 durch den Tod genommen wird!

Bisweilen hat es den Anschein, als ob er Battus vergelten ließ, dass er sich diesem echten Freund in der Not unverhüllter zeigen musste, als es ihm gegenüber irgendjemandem lieb war, oder dass er bei Anna van Borselen seine Grundüberzeugungen und das Beste seines Kunstsinns für ein kümmerliches Trinkgeld verleugnet hat. Er hat ihr in dem getragenen burgundischen Stil gehuldigt, der den Fürstenhäusern in den Niederlanden gemeinsam war und den er hassen musste. Er hat ihrer steifen Frömmigkeit geschmeichelt: »Ich sende Euch ein paar Gebete, mit denen Ihr wie durch Zaubersprüche nicht den Mond, aber jene, die die Sonne der Gerechtigkeit geboren hat, sogar gegen ihren Willen sozusagen vom Himmel herabrufen könnt.« Hat dein feines Lächeln deinen Mund umspielt, Autor der *Colloquia,* als du diese Worte schriebst? Umso schlimmer für dich.

V. ERASMUS ALS VERMITTLER DER KLASSISCHEN KULTUR UND SEINE ENTFREMDUNG VON HOLLAND

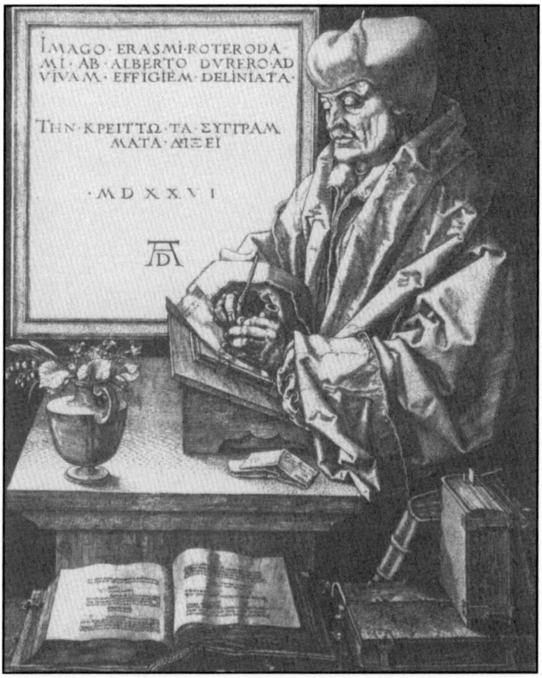

Erasmus (Albrecht Dürer)

Bedeutung der Adagia und ähnlicher Werke aus späteren Jahren. Erasmus als Vermittler der klassischen Kultur. Das Latein. Entfremdung von Holland. Erasmus als Niederländer.

Inzwischen kam der Ruhm, und zwar als Frucht seiner literarischen Studien, die nach Erasmus' eigenen Worten bereits aufgehört hatten, ihm Freude zu machen. Im Jahr 1500 erschien bei Johannes Philippi in Paris, mit Widmung für Mountjoy, das

Werk, für das sein Missgeschick in Dover der Anlass war: die *Adagiorum Collectanea*. Es war eine Sammlung von etwa achthundert sprichwörtlichen Redensarten, zusammengestellt aus den Werken lateinischer Autoren der Klassik und zum Nutzen all derer erläutert, die nach einem eleganten lateinischen Stil strebten. In der Widmung wies Erasmus auf den Vorteil hin, den ein Autor daraus ziehen könne, wenn er über einen Fundus an durch ihre Klassik geheiligten Redensarten verfüge, um seinen Stil damit auszuschmücken und seine Argumentation zu verstärken. Solch ein Hilfsmittel wolle er nunmehr bieten. Was er bot, war jedoch viel mehr. Er vermittelte den Geist der Klassik einem viel weiteren Kreis, als es dem frühen Humanismus möglich gewesen war.

Die frühen Humanisten hatten die Schatzkammer der Klassik noch vorwiegend exklusiv genutzt, um mit Kenntnissen zu prahlen, die der großen Masse verschlossen waren, damit sie als seltene Wundertiere an Wissen und Eleganz erscheinen konnten. Erasmus brachte mit seinem unwiderstehlichen pädagogischen Enthusiasmus und seiner aufrechten Liebe für die Menschen und ihre allgemeine Kultur den Geist der Klassik (so, wie er sich in der Seele eines Christen des 16. Jahrhunderts widerspiegeln konnte) zu den Menschen. Nicht zu allen Menschen, denn das Latein beschränkte seinen Einfluss auf die Gebildeten, also die höheren Stände. Er ist nicht der Einzige gewesen, der dies tat, aber niemand tat es so umfassend und so zielführend wie er.

Erasmus machte den klassischen Geist allgemein. Der Humanismus hörte auf, ein Monopol von wenigen zu sein. Nach Beatus Rhenanus war bei der Herausgabe der *Adagia* von manchen zu hören: Erasmus, du verrätst unsere Mysterien. Der aber wollte ja, dass sein Buch über die Klassik für alle zugänglich war.

Seine Werke auf dem Gebiet der Literatur und des Unterrichts, von denen die wichtigsten bereits in der Pariser Zeit verfasst, aber erst viel später veröffentlicht wurden, haben tatsächlich zu einem Wandel der allgemeinen Ausdrucksweise und Argumentation geführt. Man muss es immer wiederholen: Er war es nicht allein, zahllose andere haben in dieser Zeit in dieselbe Richtung gewirkt. Doch man muss nur den breiten Strom der Ausgaben seiner *Adagia, Colloquia* usw. betrachten, um zu begreifen, wie viel mehr er in dieser Hinsicht bedeutet hat als all die anderen. Erasmus' Name ist der einzige aus der zahlreichen Schar der Humanisten, der wirklich weltweit bekannt geblieben ist. Und das sagt sehr viel.

Wir greifen hier kurz dem weiteren Lebensgang von Erasmus vor, um eine Übersicht über die bedeutendsten Werke dieser Art zu geben. Die *Adagia* wuchsen einige Jahre später von ein paar Hundert auf mehrere Tausend an, aus denen nun neben der lateinischen auch die griechische Weisheit sprach. 1514 gab er eine Sammlung Gleichnisse in derselben Art heraus, die *Parabolae*. Sie brachte zum Teil das, was er sich zur Vervollständigung der *Adagia* vorgestellt hatte: Metaphern, Sprüche, Anspielungen, poetische und schriftliche Allegorien, alles in ähnlicher Weise behandelt. In seinen letzten Jahren veröffentlichte er ein ähnliches Mosaik geistreicher Anekdoten und bemerkenswerter Worte oder Taten aus der klassischen Weisheit, die *Apophthegmata*. Daneben standen ebenfalls aufgespürte Schätze mit Anleitungen mehr grammatikalischer Art: ein Fundus an Wendungen, *de Copia verborum ac rerum*, und Anleitungen für das Verfassen von Briefen, um von weniger wichtigen Werken zu schweigen. Mit zahlreichen Übersetzungen griechischer Autoren hat Erasmus denen, die nicht den ganzen Berg besteigen wollten, die Übersicht möglich gemacht. Als ob er die Nagelprobe dafür liefern wollte, was man mit dieser Gelehrsamkeit alles zuwege bringen kann, verfasste er als unnachahmliche Beispiele für ihre Anwendung die *Colloquia* und den fast unüberschaubaren Strom an Briefen, die täglich aus seiner Feder flossen.

Zusammen ergab das alles: Die Klassik (in der Qualität und Quantität, in der sie dem 16. Jahrhundert verfügbar war), wie in einem Warenhaus ausgestellt und im Detail zugänglich. Jeder konnte bei Erasmus holen, was für ihn passte. Man fand dort alles und in vielfältigen Ausführungen. »Ihr könnt meine *Adagia* so lesen«, sagt Erasmus (von der späteren erweiterten Ausgabe), »dass ihr, wenn ihr mit einem fertig seid, meinen könnt, mit dem ganzen Buch durch zu sein.« Er hat selbst die

Schlagwörter dafür zusammengestellt, um die Benutzung zu vereinfachen.

In der gelehrten Welt der Scholastik hatte nur mitreden können, wer die Technik des Denksystems und dessen Ausdrucksweise in all ihren Feinheiten beherrschte, zudem geschult war in der Schriftauslegung, in Logik und Philosophie. Zwischen der Ausdrucksweise der Scholastik und der spontan niedergeschriebenen Volkssprache klaffte ein tiefer Graben. Der Humanismus seit Petrarca setzte an die Stelle des streng syllogistischen Aufbaus der Argumentation die ungezwungene Art der antiken, freien und suggestiven Rede. Dadurch näherte sich die Sprache der Gelehrten mehr der natürlichen Ausdrucksweise des alltäglichen Lebens an, und auch da, wo das Latein noch in Gebrauch war, zog es die Volkssprachen zu sich herauf.

Bei niemandem fand man reichlicheren Stoff als bei Erasmus. Welche Lebensweisheit, welche Morallehre, alles getragen durch die unumstößliche Autorität der Alten, alles ausgedrückt in der kunstvollen, leichten Art, deren Geheimnis Erasmus kannte! Und welche Kenntnis der wirklichen Dinge bei all dem! Ein Hauptkennzeichen des Geistes der Renaissance ist die schrankenlose Gier nach Außergewöhnlichem und die unbegrenzte Fähigkeit, es aufzunehmen. Man bekam nie genug von ungewöhnlichen Dingen, merkwürdigen Besonderheiten, Raritäten oder Anomalien. Von der geistigen Verdauungsstörung später Zeitalter, die nicht mehr aus dem Vollen schöpfen können und denen die Wirklichkeit nicht mehr schmeckt, war noch nichts zu spüren: Man genoss im Übermaß.

Und doch: Waren Erasmus und die Seinen als Wegweiser der Kultur nicht auf einem Irrweg? War es die wahre Wirklichkeit, der sie folgten? War ihre hochmütige Latinität nicht ein unheilvoller Irrtum? Dies gehört zu den schwierigsten Fragen der Kulturgeschichte.

Der heutige Leser, der sich in die *Adagia* oder die *Apophthegmata* mit dem Ziel vertiefen würde, sein eigenes Leben zu bereichern (denn dafür waren sie bestimmt und darin lag ihr Wert), wird sich rasch fragen: Was bringen uns außer dem streng philologischen und historischen Zusammenhang die endlosen Einzelheiten über obskure Figuren der antiken Gesellschaften, von Phrygern hier bis zu Thessaliern da? Das alles berührt mich nicht. Und, wird er fortfahren, es berührte Erasmus' Zeitgenossen eigentlich auch nicht. Die gewaltige Geschichte des 16. Jahrhunderts folgt nicht klassischen Redensarten oder Haltungen, wird nicht getragen durch klassische Lebensanschauungen und Interessen. Es gab keine Phryger oder Thessalier, keine Agesilausse und Dionysiusse. Erasmus und die Seinen schufen mit all dem eine Geisteswelt außerhalb der Zeit.

Und ging die Zeit über sie hinweg? – Das ist die Frage. Wir werden hier nicht versuchen, sie zu beantworten: Wie groß ist der tatsächliche Einfluss des Humanismus auf den Gang der Weltgeschichte gewesen? Jedenfalls förderten Erasmus und die Seinen außerordentlich den internationalen Charakter der Kultur, die während des gesamten Mittelalters durch das Latein und durch die Kirche bestanden hatte. Wenn sie glaubten, das Latein wirklich zu einer alltäglichen internationalen Verkehrssprache machen zu können, überschätzten sie ihren Einfluss. Es war sicher ein netter Gedanke und eine geistreiche Fingerübung, sich im internationalen Milieu des Pariser Studentenlebens Beispiele für den Gebrauch des Lateins beim Sport auszudenken, wie sie die *Colloquiorum formulae* bieten. Sollte Erasmus wirklich geglaubt haben, dass die nächste Generation auf Latein Murmeln spielen würde?

Ohne Zweifel aber wurde eine Leichtigkeit des intellektuellen Verkehrs so großen Kreisen ermöglicht, wie es seit dem Untergang des Römischen Reichs in Europa nicht mehr der Fall gewesen war. Nicht mehr der Klerus allein und ein einzelner Literat, sondern auch die große Schar der Bürger- und Adelssöhne, die sich für ein öffentliches Amt qualifizierten, durchlief fortan die Schule der Klassik und begegnete Erasmus auf diesem Weg.

Außerhalb der lateinischen Kultur hätte Erasmus keine Weltberühmtheit erlangen können, denn um seine Muttersprache zur Weltsprache zu machen, war er dann doch nicht bedeutend genug. Die Landsleute des Rotterdamers könnten sich fragen, was ein Talent wie Erasmus mit seiner Beobachtungsgabe und Feinheit des Ausdrucks, mit seinem Schwung und seinen Fähigkeiten für die niederländische Literatur hatte sein können. Man stelle sich die *Colloquia* vor, im saftigen Niederländisch des 16. Jahrhunderts geschrieben! Was, wenn er anstatt die klassische *Adagia* aus Lesefrüchten zusammenzustellen und zu kommentieren, von Sprichwörtern der Volkssprache ausgegangen wäre? Auch die wurden seit Jahrhunderten lebhaft genutzt und eifrig gesammelt. Uns schmeckt vermutlich solch ein Sprichwort besser als die teils etwas abgestandenen Wendungen, die Erasmus anpreist.

Aber das ist unhistorisches Räsonieren: Dies war es nicht, wonach die Zeit verlangte und was Erasmus geben konnte. Zudem lässt sich psychologisch erklären, dass Erasmus nur auf Latein schreiben konnte. Die Volkssprache hätte diesem empfindsamen Geist alles zu unmittelbar, zu persönlich und zu real gemacht. Er brauchte den feinen Schleier des Vagen und Distanzierten, den das Latein über alles breitete. Er wäre erschauert angesichts der kernigen Derbheit eines Rabelais oder der bäuerlichen Gewalt des Luther-Deutsch.

Erasmus hatte schon begonnen, sich von seiner Muttersprache zu entfremden, als er lesen und schreiben lernte. Die Entfremdung von seinem Heimatland begann, nachdem er das Kloster Steyn verlassen hatte. Sie wurde nicht zuletzt durch die erstaunliche Leichtigkeit gefördert, mit der er das Latein beherrschte. Erasmus, der sich in Latein ebenso gut oder besser ausdrücken konnte als in seiner Muttersprache, fehlte darum das Gefühl, nur unter seinen Landsleuten zu Hause zu sein und sich aussprechen zu können, das die meisten Sterblichen an ihr eigenes Land bindet. Noch ein weiterer psychologischer Aspekt trug dazu bei, ihn Holland zu entfremden. Nachdem er einmal in Paris die Möglichkeiten für sein Talent kennengelernt hatte, setzte sich bei ihm der Eindruck fest, dass Holland ihn unterschätze, ihm misstraue und ihn verleumde. Vielleicht gab es durchaus Gründe dafür. Zum Teil war es sicher gekränkte Eitelkeit. In Holland wusste man zu viel über ihn. Man hatte ihn klein und schwach gekannt. Er hatte anderen gehorchen müssen, er, der vor allem frei sein wollte. Die Aversion gegen die Kleinkariertheit, Grobheit und Maßlosigkeit, die er dort kennengelernt hatte, verallgemeinerte sich zu einem insgesamt ablehnenden Urteil über die holländische Art. Fortan sprach er in der Regel über Holland mit einer gewissen entschuldigenden Geringschätzung: »Ich sehe, dass du mit dem holländischen Ruhm zufrieden bist«, schreibt er an seinen alten Freund Willem Harmens, der wie Cornelis Aurelius, seine ganze Kraft der Geschichte seines Heimatlandes widmete.[12]

»In Holland ist die Luft gut für mich«, schreibt er an anderer Stelle, »aber die unmäßigen Fressgelage dort halten mich ab; nimm dazu noch die unkultivierte Art der Menschen, die heftige Verachtung der Studien, kaum Früchte der Gelehrsamkeit, der schlimmste Neid.« Für die Unvollkommenheit seiner Jugendschriften entschuldigt er sich folgendermaßen: »Als Jüngling schrieb ich nicht für consentinische [gleichgesinnte], sondern für holländische, also die allerdümmsten Ohren.«

Oder auch: »Man verlangt Redegewandtheit von einem Holländer, also von einem, der noch den Böotiern[13] nachsteht.«

Oder: »Wenn eine Geschichte nicht sehr geistreich ist, denkt dann, dass es eine holländische ist.« Es ist bei solchen Reden auch etwas geheuchelte Bescheidenheit im Spiel. Nach 1496 hat er Holland nur noch auf eilig abgewickelten Reisen besucht, und nichts weist darauf hin, dass er nach 1501 noch einmal dort gewesen ist. Seinen eigenen Landsleuten in der Fremde riet er davon ab, nach Holland zurückzukehren.

Ab und zu aber regte sich doch in ihm ein herzlicheres Gefühl für sein Herkunftsland. Gerade da, wo er bei der Erläuterung von Martials *Auris Batava* in den *Adagia* Veranlassung hätte, seinen Schmähungen freien Lauf zu lassen, lobt er eloquent, was er an Holland am meisten schätzte, als »ein Land, das ich immer loben und verehren muss, als dasjenige, das mir mein Leben schenkte. Möge ich ihm ebenso sehr zur Ehre gereichen, wie ich mich seiner nicht schämen muss.« Die Bäuerlichkeit, die man seinen Bewohnern ankreide, zeichne sie zugleich aus. »Wenn ein ›batavisches Ohr‹ bedeutet, die Obszönitäten von Martial zu verabscheuen, ach, mögen dann doch alle Christen holländische Ohren haben! Betrachtet man ihre Sitten, stellt man fest: Kein Volk ist menschlicher und wohlwollender, keines weniger wüst und grausam. Es ist aufrichtig, Hinterlist und Äußerlichkeiten sind ihm fremd. Dass man dort wohl etwas genusssüchtig und unmäßig beim Essen ist, erklärt sich zum Teil aus dem Überfluss: Nirgendwo ist die Einfuhr so einfach, die Fruchtbarkeit so groß. Welche ausgedehnten, saftigen Weiden, so viele schiffbare Flüsse! Nirgendwo gibt es auf gleichem Raum so viele Städte beieinander, nicht groß, aber ausgezeichnet verwaltet. Ihre Sauberkeit wird von allen gelobt. Nirgendwo findet man eine so große Anzahl beachtlich geschulter Leute, wenn auch die außergewöhnliche und herausragende Gelehrsamkeit ziemlich selten ist.« Es waren Erasmus' eigene Ideale, die er hier seinen Landsleuten zuerkennt: Sanftmütigkeit, Aufrichtigkeit, Einfachheit und Reinlichkeit. An noch weiteren Stellen klingt seine Liebe für Holland an. Wenn er einmal von faulen Frauen spricht, fügt er hinzu: »In Frankreich findet man sie zuhauf, aber in Holland gibt es zahllose, die mit ihrem Fleiß ihre faulenzerischen und prassenden Männer unterhalten.« Im Dialog mit dem Titel »Schiffbruch« sind die Küstenbewohner, von denen die Schiffbrüchigen liebevoll aufgenommen werden, Holländer. »Es gibt kein Volk mit mehr Menschenliebe, obwohl es von grimmigen Nationen umringt ist.« Wenn Erasmus von Holländern oder Batavia spricht, meint er natürlich sein Geburtsland im engeren Sinne, die Grafschaft Holland. Etwas anderes ist gemeint, wenn er von »patria«, dem Vaterland, oder von »nostras«, dem Landsmann spricht. Damals war ein allgemeines niederländisches Nationalbewusstsein erst im Entstehen. Man fühlte sich in erster Linie noch als Holländer, Friese, Flame, Brabanter, aber die gemeinschaftliche Sprache und Sitte und mehr noch der starke politische Einfluss der burgundischen Dynastie seit fast einem Jahrhundert hatten ein Gefühl der Zusammengehörigkeit geschmiedet, das selbst vor der Sprachgrenze in Belgien nicht haltmachte. Dies war eher noch ein ausgeprägter burgundischer Patriotismus (auch seit faktisch Habsburg den Platz von Burgund eingenommen hatte) als ein rein niederländisches Nationalgefühl. Nach einem Wappen bezeichnete man die Niederländer gerne als die Löwen. Auch Erasmus benutzt diese Bezeichnung. Bei ihm lässt sich beobachten, wie sich das engere holländische Vaterlandsgefühl allmählich zu einem burgundisch-niederländischen erweitert. Anfangs bedeutet »patria« bei ihm noch Holland, bald dann stattdessen die Niederlande. Und nun ist bemerkenswert, wie sein aus Abneigung und

Anhänglichkeit gemischtes Gefühl für Holland entsprechend auf die Niederlande im Allgemeinen übergeht. 1535 schreibt er ähnlich seiner Äußerung aus dem Jahre 1499: »In meiner Jugend schrieb ich nicht für Italiener, sondern für Holländer, Brabanter und Flamen.« Letztere teilten sich nun den Ruf der Beschränktheit mit den Holländern, den er zuerst nur diesen zugeteilt hatte. Für Löwen galt nun, was vorher über Holland gesagt wurde: Es seien dort zu viele Saufgelage, nichts könne ohne solche Ausschweifung getan werden. Nirgendwo, klagt er wiederholt, gebe es so wenig Interesse für die *bonae literae*, würden die Studien so missachtet wie in den Niederlanden, und nirgendwo seien mehr Kritikaster und Lästermäuler. Aber auch seine Zuneigung ist gewachsen. Als Christoffel Longolius den Franzosen herauskehrt, ärgert Erasmus sich: »Ich habe Longolius fast drei Tage gewidmet, er war überaus nett, nur, dass er sich allzu französisch gibt, während er doch einer der Unseren ist.«[14] Zur Krönung von Karl V. zum spanischen König bemerkt Erasmus: »Ein staunenswertes Glück, aber ich bete, dass es auch für unser Vaterland Glück bedeuten möge und nicht nur für den Fürsten.« Als seine Kräfte nachließen, dachte er mehr und mehr an die Rückkehr in sein Vaterland. »König Ferdinand lädt mich mit großen Versprechungen nach Wien ein«, schreibt er am 1. Oktober 1528 aus Basel, »aber ich würde nirgendwo lieber ausruhen als in Brabant.«

VI. THEOLOGISCHE WENDE – ENCHIRIDION MILITIS CHRISTIANI

Erasmus auf Schloss Tournehem, 1501 – Erneuerung der Theologie als neues Lebensziel. Er lernt Griechisch. Jean Vitrier. Enchiridion militis christiani.

Die mageren Jahre dauerten an. Erasmus' Dasein blieb unsicher, und eine feste Bleibe hatte er nicht. Doch sind seine wiederholten Ortswechsel mehr bestimmt von der Sorge um seine Gesundheit als um seinen Lebensunterhalt, und bei seinen Studien leitet ihn eher das brennende Verlangen, zu den reinsten Quellen des Wissens vorzudringen, als sein Interesse. Wiederholt vertreibt ihn die Angst vor der Pest: im Jahre 1500 von Paris nach Orléans, wo er zuerst bei Augustijn Caminade wohnt, sofort aber umzieht, als einer von dessen jungen Pensionsgästen krank wird. Es waren vielleicht seine Erinnerungen an die Deventer Zeit, die ihm so außerordentlich viel Angst vor der Pest machten, deren Gefahr damals eigentlich nirgendwo ganz gebannt war. Erasmus' Dienstboten gab Faustus Andrelinus die Nachricht mit, dass sein Herr ein Angsthase sei, wenn er aus solchem Anlass umziehe. »Eine unerträgliche Beleidigung würde das sein«, antwortete Erasmus, »wenn ich ein Schweizer Soldat wäre, aber eine Dichterseele, die Ruhe und Schatten liebt, berührt das nicht.« Im Frühjahr 1501 verlässt er Paris erneut wegen der Pest: »Die vielen Beerdigungen erschrecken mich«, schreibt er an Augustijn.

Er reiste erst nach Holland, wo er in Steyn die Genehmigung erwirkte, noch ein Jahr außerhalb des Klosters seinen Studien zu folgen: Seine Freunde würden sich schämen, wenn er nach vielen Jahren des Studiums nach Hause käme, ohne einige Autorität erlangt zu haben. In Haarlem besuchte er seinen Freund Willem Harmens, danach reiste er wieder Richtung Süden, um dem Bischof von Cambrai seine Aufwartung zu machen, wahrscheinlich in Brüssel. Von da aus ging er nach Veere, fand aber keine Gelegenheit, seine Schirmherrin zu sprechen. Im Juli 1501 schließlich kam er auf Schloss Tournehem bei seinem treuen Freund Battus zur Ruhe.

Bei all diesen Reisen und all dem Umherziehen ließ er sein Studienideal keinen Moment aus den Augen. Seit seiner Rückkehr aus England trieben ihn zwei große Ziele an: den Kirchenvater Hieronymus herauszugeben und gut Griechisch zu lernen. »Du verstehst, wie viel das alles für meinen Ruhm, ja mein Heil bedeutet«, schreibt er (aus Orléans Ende 1500) an Battus. Doch wäre es Erasmus ausschließlich um Ruhm und Erfolg gegangen, hätte er wahrlich andere und einfachere Möglichkeiten im Überfluss gehabt. Selbst da, wo er mit seinen Studienplänen Geld locker machen wollte, war es das leidenschaftliche Verlangen, den Dingen auf den Grund zu gehen und dies dann anderen begreiflich zu machen, das ihn antrieb. »Hör bitte noch«, schreibt er an Battus, »was ich mir außerdem von dir wünsche: Du musst dem Abt [von St. Bertin] eine Schenkung abringen. Du kennst das Wesen des Mannes. Überleg dir einen bescheidenen und netten Anlass, ihn zu fragen. Sag, dass ich etwas Großes im Auge habe, nämlich die Wiederherstellung des ganzen Hieronymus, den die Theologen verdorben, entstellt und in Unordnung gebracht haben, wobei auch die griechischen Passagen wiederaufgenommen werden. Ich werde, so wage ich zu sagen, die noch von niemandem begriffenen Altertümlichkeiten und den Stil von Hieronymus ans Licht bringen. Sag, dass ich dafür nicht wenige Bücher benötige, darüber hinaus die Hilfe von Griechen, sodass ich Unterstützung brauche. Indem du das sagst, Battus, wirst du keinesfalls lügen, denn das ist in der Tat voll und ganz mein Plan.«

Es war wirklich sein voller Ernst, wie er alsbald der Welt beweisen sollte. Seine Eroberung des Griechischen ist wahrhaftig heroisch gewesen. Die allerersten Grundlagen hatte er schon in Deventer gelernt, aber wahrscheinlich wieder vergessen. Im März 1500 schreibt er an Battus: »Das Griechische bringt mich beinah um, aber ich habe keine Zeit und ich habe kein Geld, um Bücher anzuschaffen oder einen Lehrer zu nehmen.« Als Augustijn Caminade von ihm einen geliehenen Band von Homer zurückfordert, klagt er: »Beraubst du mich des einzigen Trostes in meinem Überdruss? Ich brenne doch so vor Liebe für diesen Dichter, an dessen Anblick ich mich weide und labe, obwohl ich ihn nicht verstehen kann.« War sich Erasmus bewusst, dass er damit fast wörtlich einen Ausspruch Petrarcas wiedergab, den dieser anderthalb Jahrhunderte vorher niedergeschrieben hatte? Doch er lernte schon eifrig – ob mit einem Lehrer, ist nicht ganz sicher, wahrscheinlich schon. Zunächst fällt es ihm noch schwer. Doch dann wagt er bereits, über sich zu sagen: »Seit kurzem Kandidat in diesem Sprachstudium.« Und er beginnt bereits, mit mehr Sicherheit in manche Briefe griechische Zitate einzustreuen. Er lernt Tag und Nacht. Seine Freunde spornt er an, ihm griechische Bücher zu besorgen. Im Herbst 1502 erklärt er, dass er ziemlich alles, was er will, auf Griechisch schreiben kann, und zwar aus dem Stegreif. Seine Erwartung, dass ihm die griechische Sprache für das Verständnis der Heiligen Schrift die Augen öffnen werde, hat ihn nicht enttäuscht. Die Mühe der fast dreijährigen ununterbrochenen Studien zahlte sich für ihn reichlich aus. Das ebenfalls begonnene Studium des Hebräischen hat er wieder aufgegeben. Er übersetzte nun, 1504, bereits aus dem Griechischen, nutzte die Sprache textkritisch bei seinen theologischen Studien und unterrichtete darin unter anderem Guillaume Cop, den französischen Humanisten und Arzt. Noch ein paar Jahre weiter, und er sollte in Italien wenig finden, was an seiner Meisterschaft im Griechischen zu verbessern war. Er habe von den beiden alten Sprachen mehr dorthin als zurückgebracht, meinte er später. Nichts zeugt deutlicher vom Enthusiasmus, mit dem sich Erasmus auf das Griechische warf, als sein Eifer, dieses Glück auch mit seinen besten Freunden zu teilen. Battus müsse auch Griechisch lernen. Aber der hat keine Zeit, und Latein gefällt ihm besser. Erasmus' Reise nach Haarlem zu Willem Harmens hat auch den Zweck, ihn zum Gräzisten zu machen. Er nimmt einen ganzen Koffer Bücher mit. Es ist verlorene Liebesmüh: Willem will davon nichts wissen, und Erasmus ist so enttäuscht, dass er nicht nur Kosten und Mühen, sondern auch einen Freund für verloren hält.

Inzwischen war Erasmus unschlüssig, wohin er demnächst gehen sollte. Nach England, nach Italien oder zurück nach Paris? Es lief auf einen ziemlich langen Aufenthalt vom Herbst 1501 bis zum folgenden Sommer hinaus, zuerst in Saint Omer als Gast des Priors von St. Bertin, danach auf dem nicht weit entfernt davon gelegenen Schloss Courtebourne.

In Saint Omer lernte Erasmus den Mann kennen, dessen Bild er später neben das von Colet stellen sollte als das eines wahren Theologen und zugleich guten Mönchs: Jean Vitrier, den Guardian des Franziskanerklosters zu Saint Omer. Dass die Sorbonne ihn wegen offener Kritik an den Missständen des Klosterlebens verurteilt hatte, musste Erasmus für ihn einnehmen. Vitrier hatte nicht aufgegeben und widmete sich der Reformierung von Männer- und Frauenklöstern. Von der Scholastik zu Paulus gekommen, entwickelte er eine sehr freie Auffassung des christlichen Lebens, nach der Riten und Zeremonien weniger wichtig waren. Dieser Mann hat ohne Zweifel einen bedeutenden Einfluss auf die Entstehung eines der berühmtesten und wirkungsreichsten Werke von Erasmus ausgeübt: des *Enchiridion militis christiani.*

Erasmus selbst hat später beteuert, dass ein Zufall bei der Entstehung des *Enchiridions* Pate stand. Dabei machte er sich nicht klar, dass oft ein äußerer Anlass nur einem inneren Drang dienstbar wird. Der äußere Anlass war, dass auf Schloss Tournehem ein Kriegsknecht verkehrte[15], ein Freund von Battus, mit sehr zügellosem Auftreten, ein schlechter Ehemann für seine tugendhafte und fromme Frau, zudem ungebildet und ein eingefleischter Pfaffenhasser. Ansonsten war er von freundlicher Natur und machte bei Erasmus eine Ausnahme von seiner Abneigung gegenüber Geistlichen. Vermittelt über Battus, trug seine Frau an Erasmus den Wunsch heran, er möge etwas schreiben, das ihren Mann zur Umkehr bringen könne. Erasmus entsprach diesem Wunsch und erhielt von Jean Vitrier so viel Zustimmung für seine Skizze, dass er sie später in Löwen ausarbeitete und 1504 bei Dirck Maertens in Antwerpen herausgab.

Das sind die äußeren Umstände, die zur Entstehung des *Enchiridions* geführt haben. Der innere war, dass Erasmus früher oder später seinen Standpunkt zur religiösen Praxis seiner Zeit erklären musste. Er musste Stellung nehmen zur zeremoniellen und veräußerlichten Auffassung der Christenpflicht, die ihm ein Ärgernis war.

Der Form nach ist das *Enchiridion* eine Wegweisung für den ungehobelten Kriegsknecht hin zu einem Christus würdigen Geist. Wie mit dem Finger soll es den kürzesten Weg zu Christus weisen. Der Freund erscheint darin als des Hoflebens müde – ein gängiges Thema in der Literatur der Zeit. Nur ein paar Tage unterbricht Erasmus sein Lebenswerk, die Läuterung der Theologie, um dem Wunsch des Freundes nach Unterweisung nachzukommen. Um im kriegerischen Stil zu bleiben, wählt er für den Titel das griechische Wort *Enchiridion,* das schon im Altertum sowohl Handbuch als auch Dolch bedeutete.[16] *Dolch des christlichen Streiters* also lautet der Titel in voller Länge.[17] Zur Wachsamkeit ermahnt er damit den Streiter und zählt ihm die Waffen der Militia Christi auf. Die Weisheit beginnt mit der Selbsterkenntnis. Auf die allgemeinen Regeln für eine christliche Lebensführung lässt er eine Anzahl vorbeugender Maßnahmen gegen bestimmte Sünden und Unzulänglichkeiten folgen. In diesem Rahmen nun findet Erasmus zum ersten Mal die Gelegenheit, sein theologisches Programm zu entwickeln. Das Programm lautet: Zurück zur Heiligen Schrift. Das Streben jedes Christen muss es sein, die Schrift in ihrer Reinheit und ursprünglichen Bedeutung zu verstehen. Er bereite sich durch das Studium der Alten darauf vor: der Redner, der Dichter, der Philosophen und Platons vor allem. Auch die großen alten Kirchenväter – Hieronymus, Ambrosius, Augustinus – werden ihm nützlich sein, doch wenig oder nichts wird er von der Masse der späteren Schriftausleger haben. Erasmus argumentierte vor allem gegen die Auffassung, nach der die religiöse Praxis aus peinlich genau eingehaltenen Zeremonien bestehen muss. Das sei jüdische Observanz ohne Wert. Es wäre besser, einen einzigen Psalmvers zu begreifen, der unser Wissen von Gott und uns selbst vertieft und uns sittlich-moralische Lehren für unsere Lebensführung erteilt, als den ganzen Psalter ohne Andacht zu lesen. Wenn Zeremonien die Seele nicht erneuern, sind sie nutzlos und schädlich. »Viele pflegen die täglich besuchten Messen aufzuzählen. Während sie sich darauf als etwas sehr Wichtiges berufen, als seien sie Christus nichts anderes schuldig, kommen sie aus der Kirche und kehren sogleich zu ihren alten Gewohnheiten zurück.« »Du feierst vielleicht täglich das Messopfer und lebst doch nur für dich selbst! [...] Du verehrst die Heiligen und berührst gerne die Reliquien; willst du dir die Verdienste von Petrus und Paulus erwerben? Dann folge dem Glauben des einen und der Liebe des anderen nach, so wirst du mehr getan haben, als wenn du zehnmal nach Rom gelaufen wärst.« Er verwirft die Formeln und Praktiken nicht und will keinesfalls den Glauben der schlichten Gemüter erschüttern, aber er will auch nicht, dass die Verehrung Christi allein aus Ritualen besteht. Und warum sind es vor allem die Mönche, die zum Niedergang des Glaubens beitragen?

»Ich schäme mich zu sagen, wie abergläubisch die meisten von ihnen gewisse läppische Zeremonien pflegen, schlicht durch Menschen erdacht (und nicht einmal mit dieser Absicht), wie hasserfüllt sie andere dazu zwingen wollen, mit welcher Gewissheit sie darauf vertrauen, wie vermessen sie über andere richten.« Zeige Paulus ihnen das wahre Christentum. »Ihr seid zur Freiheit gerufen; lasst euch nicht von Neuem das Joch der Knechtschaft auflegen.« Dieses Wort an die Galater lehrte die christliche Freiheit, die von den Reformern alsbald so unüberhörbar in die Welt getragen werden sollte. Erasmus vertrat sie hier noch nicht in einer Weise, die das Lehrgebäude der katholischen Kirche untergraben konnte. Allerdings hat er mit dem *Enchiridion* die Geister darauf vorbereitet, vieles fallen zu lassen, an dem er selbst noch festhalten wollte.

Der Grundton des *Enchiridions* ist bereits so, wie er im gesamten weiteren Lebenswerk von Erasmus bleiben sollte: es nicht ertragen können, dass in der Welt der äußere Schein der Dinge so anders ist als ihr Wesen, dass die Welt diejenigen ehrt, die dessen nicht würdig sind, dass eine Barriere der Verblendung und eine gewohnheitsmäßige Gedankenlosigkeit die Menschen daran hindern, die wahren Verhältnisse zu erkennen. Er wird das später im *Lob der Torheit* und in den Dialogen ansprechen. Was ihn beseelt, ist nicht nur ein religiöses, sondern auch ein soziales Gefühl. Unter der Überschrift »Meinungen, eines Christen würdig« beklagt er all die Auswüchse des Standesdünkels, der Feindschaft zwischen Nationen, des Berufsneides und der Rivalität zwischen den Orden, die zur Uneinigkeit der Menschheit führen. Jeder soll sich verantwortungsbewusst um seinen Bruder kümmern. »Du hast in einer Nacht beim Würfeln tausend Goldstücke verspielt, während manches unglückliche Mädchen, weil es aus Armut seine Ehrbarkeit verkauft, die Seele verliert, für die Christus die seine gegeben hat. Du sagst: Was geht mich das an? Ich kümmere mich um meine Dinge nach eigenem Gutdünken! Und mit dieser Einstellung hältst du dich dann für einen Christen, du, der du nicht einmal ein Mensch bist?«

Im *Handbuch des christlichen Streiters* hat Erasmus zum ersten Mal die Dinge gesagt, die ihn am tiefsten bewegten, mit Leidenschaft und Empörung, mit Innigkeit und Mut. – Und doch, wenn man hört, wie er selbst darüber redet, kann man kaum sagen, dass dieses kleine Werk aus dem unwiderstehlichen Drang einer feurigen Frömmigkeit hervorgegangen ist. Er behandelt es, wie wir bereits sahen, als Bagatelle, die in ein paar von den Studien abgezweigten Stunden auf eine Bitte hin entstanden ist (all das trifft streng genommen nur auf den ersten Entwurf zu, nicht auf die spätere Ausarbeitung). Als das große Ziel seiner Studien hat er nun bereits die Wiederherstellung der Theologie ins Auge gefasst. Eines Tages wird er Paulus auslegen, »damit die Lästerer, die es für die höchste Frömmigkeit halten, nichts von den *bonae literae* zu wissen, auch begreifen, dass wir uns in unserer Jugend der kultivierteren Literatur der Alten gewidmet und uns profunde Kenntnisse beider Sprachen, des Griechischen und Lateinischen – nicht ohne viele Nachtwachen – angeeignet haben, nicht, um eitlen Ruhm oder kindliche Befriedigung zu erlangen, sondern weil wir lange vorher den Gedanken gefasst haben, den Tempel des Herrn, den manche durch Unwissenheit und Barbarei verunehrt haben, nach unseren Kräften und mit der Hilfe anderer wieder zu schmücken, damit auch edle Geister zur Liebe für die Heilige Schrift entflammt werden können.« Spricht hier nicht noch der Humanist?

Man hört dabei auch den Anklang einer persönlichen Rechtfertigung. Er schwingt ebenso mit in dem gegen Ende des Jahres 1504 verfassten Brief an Colet, mit dem er ihm die Ausgabe der *Lucubrationes* zusandte, in der das *Enchiridion* zum ersten Mal erschienen war: »Ich habe das *Enchiridion* nicht geschrieben, um mein Talent und meine Wortgewandtheit herauszustellen, sondern allein, um den Irrtum derer zu korrigieren, die üblicherweise jüdische Zeremonien und Äußerlichkeiten zu ihrer Religion machen, aber jene Dinge vernachlässigen, die zur Frömmigkeit hinleiten.« Typisch humanistisch fügt er hinzu:

»Ich habe versucht, eine Kunst der Frömmigkeit zu geben, so wie andere die Lehre bestimmter Wissenschaften geschrieben haben.«

Die Kunst der Frömmigkeit: Erasmus wäre wohl erstaunt gewesen, hätte er gewusst, dass ein anderer, gut sechzig Jahre früher ebenfalls von einem Augustinermönch der Niederlande geschriebener Traktat viel länger und eindringlicher als sein Handbuch zu den Menschen sprechen sollte: die *Imitatio Christi* von Thomas a Kempis.

Das *Enchiridion*, mit einigen anderen Texten in den *Lucubrationes* zu einem Band vereinigt, hatte bei Weitem keinen so großen und schnellen Erfolg wie die *Adagia*. Der Grund dafür war sicher nicht, dass man es zu gewagt fand, wie Erasmus darin die wahre Frömmigkeit erörtert hat. Nichts daran stritt gegen die kirchliche Lehre, sodass selbst während der Gegenreformation, als man äußerst argwöhnisch geworden war gegenüber Erasmus' Schriften, die Theologen, die den *Index expurgatorius* zu seinen Werken erstellten, im *Enchiridion* nur wenige zu tilgende Stellen fanden. Auch hatte Erasmus einige Texte mit unverdächtigem katholischem Inhalt zusätzlich in den Band aufnehmen lassen. Das *Enchiridion* war lange Zeit gerade bei Theologen und Mönchen sehr angesehen. Ein berühmter Prediger aus Antwerpen pflegte zu sagen, dass man aus jeder Seite des *Enchiridions* eine Predigt holen könne. Doch seinen großen Einfluss in weiten gebildeten Kreisen erhielt das Werk erst, als es sich, beflügelt durch Erasmus' weltberühmten Namen, in zahlreichen Übersetzungen verbreitete: auf Englisch, Tschechisch, Deutsch, Niederländisch, Spanisch, Französisch. Aber nun kam auch der Argwohn, denn es war die Zeit, in der Luther seinen großen Kampf bereits begonnen hatte. »Nun beginnen sie auch am *Enchiridion* zu nagen, das früher bei den Theologen so populär war«, schreibt Erasmus 1526. Es waren übrigens auch damals nur zwei Stellen, an denen kirchentreue Kritiker Anstoß nahmen.

VII. SCHWIERIGE ZEITEN: LÖWEN, PARIS, ENGLAND, ITALIEN – CARMEN ALPESTRE

Battus stirbt, 1502. Erster Aufenthalt in Löwen, 1502–1504. Übersetzungen. Erneut in Paris. Vallas Annotationes zum Neuen Testament. – Zweiter Aufenthalt in England, 1505–1506. Neue Freunde und Schirmherren. – Abreise nach Italien, 1506. Carmen alpestre.

»Dieses Jahr hat das Schicksal heftig gegen uns gewütet«, schreibt Erasmus im Herbst 1502. Im Frühjahr war sein guter Freund Battus gestorben. Es ist bedauerlich, dass wir keine Briefe von Erasmus haben, die unter dem unmittelbaren Eindruck dieses großen Verlustes entstanden sind. Wir hätten für diesen treuen Helfer gerne noch ein weiteres Denkmal neben dem gehabt, das Erasmus ihm in den *Antibarbari* gesetzt hat. Anna van Veere war wiederverheiratet und kam als Schirmherrin nicht mehr infrage. Im Oktober 1502 starb auch Heinrich von Bergen. »Ich habe des Bischofs von Cambrai mit drei lateinischen Grabschriften und einer griechischen gedacht; sie haben mir gerade mal sechs Gulden geschickt, damit er auch im Tod sich selbst gleichbleiben soll.« Mit François de Busleyden, dem Erzbischof von Besançon, verlor er einen potenziellen Schirmherrn, auf den er seine Hoffnungen gesetzt hatte. Von Paris, Köln und England fühlte er sich noch immer durch die Pestgefahr abgeschnitten.

So ging er im Spätsommer 1502 nach Löwen, »durch die Pest dorthin verschlagen«, sagt er. Die Universität von Löwen, die 1425 gestiftet wurde, um die Niederlande in geistiger Hinsicht von Paris unabhängiger zu machen, war zu Beginn des 16. Jahrhunderts zusammen mit der Pariser ein Bollwerk der alten Theologie. Dies schloss nicht aus, dass auch dort die Studien der Klassik Fortschritte machten. Wie sollte sich sonst Adrian von

Utrecht, der spätere Papst, als Studiendekan von St. Pieter und Professor der Theologie dafür eingesetzt haben, dass Erasmus sofort nach seiner Ankunft ein Lehrstuhl angeboten wurde? Der lehnte das Angebot jedoch ab, »aus gewissen Gründen«, sagt er. Es müssen wohl triftige gewesen sein, angesichts der bitteren Not in der er sich befand. Einer, den er selbst nennt, ist für uns nicht ganz nachvollziehbar: »Weil ich hier so dicht bei den holländischen Zungen bin, die wohl wissen viel zu schaden, aber nicht gelernt haben, jemandem zum Vorteil zu sein.« Der Hauptgrund war ohne Zweifel Erasmus' Freiheitssinn und sein feuriger Eifer für die Studien, denen er sich vollständig widmen wollte.

Doch musste er leben. In Löwen war das Leben teuer, und er hatte keine geregelten Einkünfte. Er verfasste einige Vorworte und widmete dem Bischof von Arras und Kanzler der Universität seine erste Übersetzung aus dem Griechischen, einige *Declamationes* von Libanius. Als Philipp der Schöne im Herbst 1503 von einer Reise nach Spanien zurückerwartet wurde, schrieb Erasmus, seufzend und mit Widerwillen, ein Panegyricus[18], um die wohlbehaltene Heimkehr des Fürsten zu feiern. Es kostete ihn Mühe: »Ich bin damit Tag und Nacht beschäftigt«, sagt der, dem die Produktion so leichtfiel, wenn sie von Herzen kam: »Was ist mühevoller als mit Widersinn zu schreiben, was ist nutzloser als etwas zu schreiben, bei dem man das gute Schreiben verlernt?« Es muss gesagt werden, dass er die Lobhudelei, die ihm so widerstrebte, wirklich auf das Nötigste beschränkte und in seiner Vorrede frei heraus zugab, das ganze Genre sei nicht nach seinem Geschmack.

Ende 1504 finden wir Erasmus wieder in Paris. Wahrscheinlich hatte er die Rückkehr stets im Sinn gehabt und den Aufenthalt in Löwen nur als zeitweilige Verbannung betrachtet. Die Umstände, unter denen er aus Löwen wegging, kennen wir nicht, weil Briefe aus dem Jahr 1504 vollständig fehlen. Jedenfalls hoffte er, in Paris sein großes Ziel, sich ganz dem Studium der Theologie zu widmen, eher erreichen zu können. »Es ist nicht zu glauben, bester Colet«, schreibt er gegen Ende des Jahres 1504, »wie ich mit vollen Segeln zu den heiligen Büchern strebe, und wie mir alles missfällt, was mich davon abhält oder es verzögert. Aber ein ungünstiges Schicksal, das mich andauernd mit demselben Gesicht anschaut, war die Ursache dafür, dass ich mich von den Ärgernissen nicht befreien konnte. So bin ich mit dem Vorsatz nach Frankreich gekommen, sie mir auf die eine oder andere Art vom Leib zu halten, wenn ich sie nicht auflösen kann. Sodann werde ich frei und aus ganzem Herzen mit den *divinae literae* beginnen, um ihnen mein weiteres Leben zu widmen.« Wenn er doch Mittel fände, um einige Monate für sich arbeiten zu können, befreit von der profanen Literatur. Kann Colet nicht für ihn in Erfahrung bringen, wie es um den Ertrag aus den hundert Exemplaren der *Adagia* steht, die er seinerzeit auf eigene Kosten nach England geschickt hat? Die Freiheit für einige Monate wird für wenig Geld zu haben sein.

Die Art, wie Erasmus es verschmähte, sein geschmeidiges Talent und seine beneidenswerte Belesenheit auf dem Gebiet der klassischen Bildung auszunutzen, hat etwas Heroisches. Er trotze der Not, um sein Ideal, die Wiederherstellung der Theologie, erreichen zu können. Es ist bemerkenswert, dass derselbe italienische Humanist, der ihm in seiner Jugend die Richtung gewiesen hat und Vorbild war auf seinem Weg zur reinen Latinität und zum klassischen Altertum, nämlich Lorenzo Valla, durch einen Zufall auch sein Führer und Vorreiter auf dem Gebiet der kritischen Theologie wurde. Im Sommer 1504, während der Jagd in der alten Bibliothek des Prämonstratenserklosters Parkabtei bei Löwen (»in keinen Jagdgründen ist das Jagen behaglicher«), hatte er ein Manuskript von Vallas *Annotationes* zum Neuen Testament gefunden. Es war eine Anzahl kritischer Anmerkungen zum Text der Evangelien, zu den Briefen und zur Apokalypse. Dass der Text der Vulgata nicht fehlerlos war, erkannte Rom selbst bereits im 13. Jahrhundert. Orden und Theologen hatten sich der Verbesserung gewidmet, doch trotz der Arbeit des Nikolaus von Lyra im 14. Jahrhundert war man einer systematischen Korrektur noch nicht viel nähergekommen. Es ist wahrscheinlich die Bekanntschaft mit Vallas *Annotationes* gewesen, die Erasmus dazu motiviert hat, das gesamte Neue Testament in die Hand zu nehmen und es in seiner Reinheit wiederherzustellen. Bis dahin war er vor allem von dem Ziel beseelt, Hieronymus herauszugeben und Paulus zu kommentieren (beides sollte er ausführen). Bereits im März 1505 druckte Joost Badius in Paris für Erasmus die *Annotationes* von Valla, als eine Art Vorschau auf das, was dieser sich selbst vorgenommen hatte. Das war mutig, denn Erasmus wusste, dass Valla, der Humanist, bei den Theologen einen schlechten Ruf hatte und dass man zetern würde über »die unerträgliche Anmaßung des ›homo grammaticus‹, mit seiner unverschämten Feder selbst vor den heiligen Texten nicht haltzumachen, nachdem er schon alle Wissenschaften heimgesucht hat«. Es war ein neues Programm, diesmal viel bestimmter und kühner, als es das *Enchiridion* gewesen war.

Es ist wiederum nicht ganz klar, warum Erasmus bereits im Herbst 1505 Paris wieder verlassen hat, um nach England zu gehen. Er spricht von ernsten Gründen und dem Rat kluger Leute. Einen Grund benennt er: Sein Geld war aufgebraucht. Die Neuausgabe der *Adagia* bei Johannes Philippi in Paris hatte ihn wahrscheinlich einige Zeit über Wasser gehalten. Nach seinem Sinn aber kann die Neuausgabe nicht gewesen sein, denn er war mit seinem Werk bereits nicht mehr zufrieden und wollte es erweitern, indem er seine neue Kenntnis des Griechischen dabei anwandte. Aus Holland ließ sich eine mahnende Stimme hören: Servatius, sein alter Freund, nun Prior des Klosters Steyn, wollte Rechenschaft wegen seines Wegganges aus Paris. Anscheinend hatten die holländischen Freunde immer noch kein Vertrauen in Erasmus, sein Werk und seine Zukunft.

Die Zukunftsaussichten schienen ihm in mancher Hinsicht in England günstiger zu sein, als sie ihm irgendwo sonst bisher erschienen waren. Hier fand er die alten Freunde, Männer von Ansehen und Bedeutung: Mountjoy, bei dem er nach seiner Überfahrt einige Monate logierte, Colet und Morus. Er fand einige herausragende Gräzisten, mit denen Kontakt zu haben ihm Nutzen und Befriedigung versprach: nicht Colet, der nur wenig Griechisch konnte, aber neben Morus auch Linacre, Grocin, Latimer und Tunstall. Auch kam er in Verbindung mit einigen hohen Klerikern, die Freunde und Schirmherren für ihn werden sollten: Richard Foxe, Bischof von Winchester, John Fisher, Bischof von Rochester, und William Warham, Erzbischof von Canterbury. Und er schloss Freundschaft mit einem Mann, der ihm durch seine geistige Ebenbürtigkeit und die gleiche Interessenrichtung über den Verlust von Battus einigermaßen hinweghelfen konnte: mit dem Italiener Andreas Ammonius aus Lucca, ein ausgezeichneter Latinist wie er. Und schließlich: Der König stellte ihm eine geistliche Pfründe in Aussicht. Rasch war Erasmus mit einer auf den 4. Januar 1506 datierten Dispens von Papst Julius II. ausgestattet, der ihm gegen die Regel erlaubte, eine englische Pfründe anzunehmen. Übersetzungen aus dem Griechischen oder Lateinischen waren für ihn nun ein einfaches und wenig zeitraubendes Mittel, um Gunst und Unterstützung zu gewinnen: ein Dialog von Lukian für Foxe, dem weitere folgten, die *Hekuba* und die *Iphigenie* von Euripides für Warham. Auch an eine Herausgabe seiner Briefe dachte er jetzt.

Seine Beziehungen zu Holland und zum Kloster waren offenbar noch nicht ganz im Lot. Servatius antwortete nicht auf seine Briefe. Immer noch war für ihn die Person dieses Freundes dort im Kloster Steyn, wo man früher oder später auf seine Rückkehr als ein Licht der Christenheit rechnete, eine Bedrohung seiner Laufbahn und seiner Freiheit, obwohl er sich dem Freund emotional so verbunden fühlte. Wusste der Prior von der päpstlichen Dispens, die Erasmus entband »von den Regeln und Gebräuchen des Klosters Steyn vom Orden des heiligen Augustinus in Holland«? Wahrscheinlich schon. Am 1. April 1506 schrieb ihm Erasmus: »Ich bin hier in London offenbar hoch angesehen bei den größten und gelehrtesten Männern von ganz England. Der König hat mir eine Pfarrei versprochen, doch weil der Fürst nach England gekommen ist[19], musste man die Angelegenheit verschieben. Darauf lässt er unmittelbar folgen: »Ich überlege immer wieder, wie ich den Rest meines Lebens (wie viel es sein wird, weiß ich nicht) ganz der Frömmigkeit und ganz Christus widmen kann. Im Leben sehe ich, auch wenn es lang ist, ein flüchtiges und dahinwelkendes Ding. Ich weiß, dass ich von schwacher Konstitution bin und dass meine Kräfte nicht wenig durch die Studien und durch die Widerstände nachgelassen haben. Ich sehe, dass die Studien hier kein Ende nehmen und dass es uns geht, als ob wir jeden Tag aufs Neue beginnen müssten. Darum habe ich beschlossen – zufrieden mit meiner Mittelmäßigkeit (vor allem jetzt, nachdem ich so viel

Griechisch gelernt habe, wie nötig ist) –, mich auf das Meditieren des Todes und meine eigene Seelenbildung zu verlegen. Ich hätte das schon früher tun sollen, um damit wertvolle Jahre zu sparen, als sie am besten waren. Auch wenn es sehr spät ist, sparsam zu sein angesichts eines geringen Restes, der noch übrig ist, muss man es umso mehr sein, je weniger und schlechter das ist, was einem bleibt.« War es ein Anflug von Melancholie, der Erasmus diese Worte des Bedauerns und der Entsagung eingab? Überwältigte ihn inmitten der Jagd nach seinem Lebensziel auf einmal das Bewusstsein von der Eitelkeit seines Strebens, überkam ihn eine große Müdigkeit? Ist dies der tiefste Grund seines Wesens, den er dem alten, intimen Freud für einen Augenblick offenbart? – Das lässt sich bezweifeln. Die Passage passt nicht recht zu den ersten Sätzen des Briefes, die sich ausschließlich um seine Erfolge und Zukunftsaussichten drehen. In einem Brief, den er am darauffolgenden Tag ebenfalls nach Gouda an einen Vertrauten schrieb, ist von dieser Stimmung nichts mehr zu spüren: Seine Gedanken sind wieder bei seinen Zukunftsaussichten. Es ist zu keiner Zeit etwas von einem tatsächlichen Erlahmen des gewaltigen Eifers zu erkennen, mit dem Erasmus seine Studien weiter vorantreibt. Und es gibt Anzeichen dafür, dass Erasmus gegenüber Servatius absichtlich diesen Ton der Weltentsagung anschlug. Der kannte ihn besser, als ihm lieb war, und hatte zudem als Prior des Klosters Steyn eine bedrohliche Macht über ihn.

Mit der englischen Pfründe ging es immer noch nicht voran. Aber unversehens bot sich die Gelegenheit, auf die Erasmus so lange gehofft hatte: eine Reise nach Italien. Der Leibarzt von Heinrich VII., Giovanni Battista Boerio aus Genua, suchte einen Lehrer zur Begleitung seiner Söhne auf ihrer Reise zu den Universitäten von Italien. Erasmus übernahm diese Aufgabe, die ihm weder Unterrichts- noch Betreuungspflichten auferlegte. Er hatte lediglich die Studien der jungen Männer zu überwachen und anzuleiten. Anfang Juni 1506 befand er sich wieder auf französischem Boden. Zwei Sommermonate blieb die Reisegesellschaft in Paris, und Erasmus machte von der Möglichkeit Gebrauch, verschiedene seiner Werke, die er aus England mitgebracht hatte, dort in den Druck zu geben.

Er war nun ein bekannter und gesuchter Autor, von seinen alten Freunden freudig begrüßt (man hatte ihn tot geglaubt) und herzlich gefeiert. Joost Badius druckte alles, was Erasmus ihm anbot: die Übersetzungen von Euripides und Lukian, eine Sammlung *Epigrammata* und eine weitere, noch unveränderte Ausgabe der *Adagia*.

Im August wurde die Reise fortgesetzt. Beim Ritt auf dem Weg über die Alpen entstand als Nachhall einer bereits aufgegebenen Liebhaberei das wichtigste Gedicht aus Erasmus' Feder. Er war verärgert über seine Reisegesellschaft und hielt sich von ihren Gesprächen fern. Ablenkung suchte er im Dichten. Das Ergebnis war das Gedicht *Carmen*, das er selbst mit *Equestre vel potius alpestre, Über die Gebrechen des Alters*, betitelte und seinem Freund Guillaume Cop widmete. Erasmus gehörte zu denen, die sich früh alt fühlen. Er war noch keine vierzig Jahre alt und meinte doch, bereits die Schwelle zum Alter überschritten zu haben. Wie schnell sei doch das Greisenalter gekommen. Er blickt zurück auf sein Leben: als Kind mit Nüssen spielend, als lernbegieriger Knabe und Jüngling vertieft in Dichtkunst, Scholastik und auch mit dem Malen beschäftigt. Er erinnert sich an sein beeindruckendes Lektürepensum, seine Griechischstudien, sein Streben nach Gelehrtenruhm. Und inmitten von all dem ist plötzlich der Lebensabend angebrochen. Was bleibt ihm noch? – Und wieder klingt er nach Weltentsagung und Hingabe allein an Christus. Leb wohl, Belanglosigkeit, lebt wohl Philosophie und Dichtkunst! Alles, was er fortan noch will, ist ein reines Herz, von Christus erfüllt.

Eher als im Klagelied an Servatius kam wahrscheinlich hier in der Stille der Alpenlandschaft etwas von seinem tiefsten Bestreben zum Vorschein. Doch es blieb ein verborgener Zug seines Seelenlebens, der sich nicht so kraftvoll äußerte und seinem Leben Inhalt und Richtung gab wie der unwiderstehliche Drang, der ihn zu immer neuen Studien antrieb.

VIII. PROMOTION IN ITALIEN UND DIE KUNST DES BUCHDRUCKS

Erasmus in Italien, 1506–1509. Er erwirbt den Doktorgrad in Turin. – Bologna und Papst Julius II. – Erasmus in Venedig bei Aldus, 1507–1508. Die Kunst des Buchdrucks – Alexander Steward. Nach Rom, 1509. – Bericht von der Thronbesteigung Heinrichs VIII. Erasmus verlässt Italien.

In Turin erwarb Erasmus am 4. September 1506, kurz nach seiner Ankunft, also ohne besondere Vorbereitung, den Grad eines Doktors der Theologie. Dass er selbst wenig Wert auf den Titel »Magister noster« legte, der ihm eher Anlass für Spott war, ist verständlich. Doch immerhin erhielt er mit diesem akademischen Grad die offizielle Bestätigung, dass er als Autor berechtigt war, theologische Themen zu behandeln, womit ihm der Rücken gestärkt wurde gegenüber seinen argwöhnischen Kritikern. Merkwürdig ist, dass er sich auch bei den niederländischen Freunden, die seine Studien zur Vorbereitung auf das Doktorat unterstützten, abschätzig über den Titel äußerte. Bereits 1501 gegenüber Anna van Borselen: »Nach Italien gehen, den Doktortitel erwerben? – beides reine Verrücktheiten. Aber dem herrschenden Brauch muss man sich fügen.« Nun wieder gegenüber Servatius und Johannes Obrecht, halb entschuldigend: »Wir haben den Doktor der heiligen Theologie erhalten, und das ganz gegen mein Bestreben, durch die drängenden Bitten der Freunde überrumpelt.«

Das Ziel der Reise war Bologna. Doch als er dort ankam, herrschte Kriegszustand, was ihn nötigte, vorläufig nach Florenz auszuweichen. Papst Julius II. zog an der Spitze einer Heeresmacht, unterstützt durch französische Truppen, gegen die Stadt, um sie deren Alleinherrscher Bentivoglio zu entreißen. Bald war dieses Ziel erreicht und Bologna wieder sicher genug, um dorthin zurückzukehren. Am 11. November 1506 konnte Erasmus den triumphalen Einzug des kriegerischen Papstes miterleben. Wir haben aus diesen Tagen von ihm nur kurze, flüchtige Briefe; sie berichten von Unruhe und Kriegsgerüchten. Nichts zeugt von Eindrücken, die Erasmus vom Italien der Renaissance hätte gewinnen müssen. Die spärlichen Fragmente des Briefwechsels während seiner Zeit in Italien erwähnen weder Architektur noch Bildhauerei oder Malerei. Wenn er viel später auf seinen Besuch der Kartäuserkirche in Pavia zurückkommt, so nur, um sie als Beispiel für nutzlose Verschwendung und Prachtentfaltung heranzuziehen. Was ihn in Italien umtrieb und anzog, waren Bücher.

In Bologna blieb Erasmus bis zum Ende des Jahres, für das er sich als Hauslehrer der jungen Boerios verpflichtet hatte. Die Zeit wurde ihm lang. Er konnte nun einmal keine Einschränkungen seiner Freiheit ertragen. Er fühlte sich in seinem Vertrag wie in einer Falle gefangen. Die jungen Leute waren begabt, so hat es den Anschein, wenn auch nicht so vielversprechend, wie er im ersten Überschwang dachte, aber mit ihrem Erzieher, Clyfton, den er erst in den Himmel gehoben hatte, war er alsbald über Kreuz. Bologna brachte ihm allerlei Unannehmlichkeiten, für die ihn die dort geschlossene Bekanntschaft mit Paulus Bombasius nur zum Teil entschädigen konnte. Er arbeitete hier an der Erweiterung seiner *Adagia*, die nun durch Hinzufügung der griechischen von achthundert auf einige Tausend anwuchsen.

Von Bologna aus wandte sich Erasmus im Oktober 1507 mit einem Brief an den berühmten venezianischen Drucker Aldus Manutius, um ihn zu einer Neuausgabe der Übersetzungen zweier Dramen von Euripides zu bewegen. Die Ausgabe von Badius war vergriffen und seiner Ansicht nach zu mangelhaft. Neben dem guten Ruf der Druckerei von Aldus zogen ihn zweifellos dessen schöne Lettern an, »die allerfeinsten Buchstaben, vor allem die ganz kleinen«. Erasmus war einer der echten Bücherfreunde, die alles geben für eine Letter oder ein Format – nicht aus künstlerischer Vorliebe, sondern wegen der Lesbarkeit und Handlichkeit, die ihnen über alles geht. Ein sehr kleines und preiswertes Buch wollte er von Aldus. Gegen Ende des Jahres war ihre Beziehung so weit gediehen, dass Erasmus seine geplante Reise nach Rom aufschob, um stattdessen in Venedig die Herausgabe seiner Werke zu überwachen. Es ging bereits nicht mehr allein um das kleine Buch mit den Übersetzungen; Aldus hatte sich bereit erklärt, die zu staunenswertem Umfang angewachsene Sammlung der *Adagia* zu drucken.

Beatus Rhenanus wusste später zu berichten, wie er zweifellos von Erasmus selbst erfahren hatte, dass ihn sein erster Weg sofort nach Ankunft in Venedig zur Druckerei führte, er dort jedoch lange nicht vorgelassen wurde. Aldus war mit Korrekturen beschäftigt und glaubte, dass es sich um einen der vielen neugierigen Besucher handelte, die ihn belästigten. Als schließlich klar wurde, dass es Erasmus war, begrüßte er ihn herzlich und sorgte für Kost und Logis bei seinem Schwiegervater Andrea Asolani. Gut acht Monate verbrachte Erasmus dort in der Sphäre, die fortan sein eigentliches Element sein sollte: der Druckerei, bei fieberhaft vorangetriebenem Werk, worüber er noch oft stöhnen sollte, das ihn aber zutiefst befriedigte. Die erweiterte Sammlung der *Adagia* war in Bologna noch nicht zum Druck vorbereitet worden. »Mit großer Kühnheit meinerseits«, bezeugt Erasmus selbst, »begannen wir gleichzeitig, ich mit dem Schreiben, Aldus mit dem Drucken.« Währenddessen brachten ihm die literarisch interessierten Freunde der Neuen Akademie, die er in Venedig kennengelernt hatte – Johannes Lascaris, Baptista Egnatius, Marcus Musurus und der junge Hieronymus Aleander, mit dem er bei Asolani Zimmer und Bett teilte – neue ungedruckte griechische Autoren, die wieder Stoff boten für die Erweiterung der *Adagia*. Und keine unbedeutenden Autoren: Platon in Ursprungsfassung, Plutarchs Biografien und seine *Moralia*, Pindar, Pausanias und viele andere. Selbst Unbekannte, die sich für das Werk interessierten, schafften neues Material heran. Mitten im Trubel der Druckerei sah man Erasmus zum Erstaunen seines Verlegers schreibend bei der Arbeit, vielfach aus dem Gedächtnis, und so intensiv beschäftigt, dass er sogar vergaß, sich an den Ohren zu kratzen, wie er es bildhaft ausdrückte. Er war Herr und Meister in der Druckerei. Ein eigener Korrektor war ihm zugeordnet, und bis zu den letzten Probedrucken brachte er seine Textänderungen an. Aldus las die Druckfahnen auch. »Warum?« fragte Erasmus. »Weil ich dabei lerne«, war die Antwort. In diesen Tagen hatte Erasmus zudem mit ersten Koliken seiner quälenden Krankheit zu kämpfen, mit Nierensteinen. Er führte sie auf das Essen bei Asolani zurück und hat sich später gerächt, indem er in den *Colloquia* von dieser Herberge und ihrem Gastwirt ein sehr gehässiges Bild zeichnete. Als die Herausgabe der *Adagia* im September 1508 abgeschlossen war, wollte Aldus weitere Projekte mit Erasmus angehen und ihn bei sich behalten. Bis Dezember arbeitete er weiter an Ausgaben von Plautus, Terentius und der Tragödien des Seneca. In weitreichenden Visionen schwebte ihm die gemeinsame Herausgabe von allem vor, was es noch an unbekannten Schätzen des klassischen Altertums zu entdecken gab, von hebräischen und chaldäischen darüber hinaus.

Erasmus gehörte zu der Generation, die mit dem Aufkommen der jungen Kunst des Buchdrucks aufgewachsen war. Sie war für die Welt jener Tage wie ein neu erworbenes Sinnesorgan. Man fühlte sich mit diesem »fast göttlichen Instrument« reich, mächtig und glücklich. Die ganze Gestalt des Erasmus und die Gesamtheit seines Werks wurden erst möglich durch den Buchdruck. Er selbst ist ihr glorreicher Triumph und zugleich in gewisser Hinsicht ihr Opfer. Was wäre Erasmus ohne Buchdruck gewesen? Die alten Quellen allseits bekannt machen, sie rein herausarbeiten und wiederherstellen – das war immer die Leidenschaft seines Lebens. Die Gewissheit, dass mit dem gedruckten Buch Tausenden der vollkommen gleiche Text verfügbar gemacht werden konnte, war ihm eine Ermutigung, die früheren Generationen gefehlt hatte. Erasmus ist einer der Ersten, die nach ihrer Etablierung als anerkannter Autor stets direkt für die Druckerpresse gearbeitet haben. Es ist seine Stärke und seine Schwäche. Er ist dadurch in der Lage gewesen, einen direkten Einfluss auf die Leser Europas auszuüben wie kein anderer vor ihm. Durch den Buchdruck konnte er ein kulturelles Zentrum im Vollsinn des Wortes werden, ein geistiger Mittelpunkt, ein Maßstab der zeitgenössischen Anschauungen. Man stelle sich einen Augenblick vor, dass etwa Nikolaus von Kues, ein wohl noch bedeutenderer Geist als er, der noch in den allerersten Anfängen des Buchdrucks dessen Durchbruch befördert hat, so von den neuen Möglichkeiten hätte profitieren können wie Erasmus. Die gefährliche Seite dieses technischen Mittels war, dass Erasmus als anerkannte, zentrale Autorität mit dem Buchdruck alles, was ihm an neuen Gedanken in den Sinn kam, sogleich in der Welt verbreiten konnte. Wie viel von seiner späteren geistigen Arbeit ist doch eigentlich Wiederholen, Wiederkäuen, Weitschweifigkeit, unnötiges Verteidigen gegen Angriffe, die bei seiner starken Position an ihm hätten abprallen sollen, oder auch die Auseinandersetzung mit Kleinigkeiten, die er gut auf sich hätte beruhen lassen können. Viele von diesen Texten, die unmittelbar für die Druckerpresse geschrieben wurden, sind im Grunde journalistisch, und wir tun Erasmus unrecht, wenn wir daran den Maßstab zeitloser Geltung anlegen. Das Bewusstsein, mit dem eigenen Wort die ganze Welt direkt erreichen zu können, ist ein Reiz, der unbewussten Einfluss auf die Art hat, in der man sich äußert, und ein Luxus, dessen sich nur die allerhöchsten Geister ungestraft bedienen können.

Die lateinische Sprache war es, die Erasmus den Zugang zur Buchdruckkunst erschloss. Ohne seine unvergleichliche Latinität hätte er seine Position als Autor nicht erlangt. Der Buchdruck hat zweifellos die Nutzung des Lateinischen befördert. Es waren die lateinischen Ausgaben, die zu dieser Zeit den Namen eines Verlegers bekannt machten und Erfolg und Absatz garantierten, denn sie gingen in die ganze Welt. Die besten Herausgeber waren selbst Gelehrte, voller Enthusiasmus für den Humanismus. Gebildete und wohlhabende Persönlichkeiten arbeiteten als Korrektoren bei einem Drucker, bei Dirk Maertens beispielsweise Pieter Gilles, der Antwerpener Stadtsekretär, ein enger Freund von Erasmus und Morus. Die großen Druckereien bildeten auch regional die Brennpunkte des geistigen Austausches. In England blieb die Buchdruckkunst allerdings hinter den aktuellen Entwicklungen zurück. Dies hat sicher nicht wenig dazu beigetragen, dass Erasmus sich dort nie dauerhaft niederließ, trotz zahlreicher Freundschaftsbande und lockender Vorteile.

Irgendwo dauerhaft seinen Platz zu finden, fiel ihm übrigens auch sonst immer sehr schwer. Ende 1508 nahm Erasmus eine Stelle als Rhetoriklehrer beim jungen Alexander Stewart an, einem unehelichen Sohn des schottischen Königs Jakob IV., der trotz seines jugendlichen Alters bereits Erzbischof von St. Andrews war und in Padua studierte. Kriegsgefahr nötigte beide schon bald, aus Oberitalien wegzugehen und nach Siena auszuweichen, wo Erasmus die Genehmigung erhielt, Rom zu besuchen. Dorthin kam er in den ersten Monaten von 1509 nicht mehr als das unbekannte Mönchlein aus nördlichen Gegenden, sondern als gefeierter Autor. Alle Verlockungen der ewigen Stadt boten sich ihm, und nicht zuletzt genoss er sicherlich die Ehrbezeugung und Unterstützung, die ihm einige der Kardinäle und Prälaten zuteilwerden ließen: Giovanni de Medici, der spätere Leo X., Domenico Grimani, Raphael Riario und andere. Man hat ihm anscheinend sogar eine Position an der Kurie angeboten. Aber er musste zurück zu seinem jungen Erzbischof, mit dem er anschließend Rom erneut, aber inkognito besuchte und dann in die Gegend von Neapel reiste. Dort besichtigte er die Sibyllengrotte von Cumae. Von seinen Eindrücken wissen wir nichts, denn aus dieser gesamten Periode ab seiner Abreise aus Padua bis zum Frühjahr 1511, in gewisser Hinsicht sicher die wichtigste Zeit seines Lebens, ist uns kein einziger Brief von Erasmus erhalten geblieben. Hier und da hat er wohl später von den Eindrücken seines Aufenthaltes in Rom berichtet, aber das alles bleibt insgesamt undeutlich. Es ist die Inkubationszeit, in der sich das *Lob der Torheit* vorbereitete, die sich somit unserer näheren Kenntnis entzieht.

Am 21. April 1509 war König Heinrich VII. von England gestorben. Sein Nachfolger war der kleine Prinz, den Erasmus 1499 in Eltham begrüßt hatte. Ihm war sein Gedicht *Lob Großbritanniens* gewidmet, und Erasmus ist selbst wiederum während seines Aufenthaltes in Bologna durch einen lateinischen Brief des Prinzen ausgezeichnet worden, der für ihn ebenso ehrenvoll war wie für den fünfzehn Jahre alten königlichen Latinisten. Nie war die Aussicht auf einen Schirmherrn so günstig wie jetzt, da der vielversprechende Literaturfreund als Heinrich VIII. den Thron bestieg. Dieser Meinung war auch Lord Mountjoy, Erasmus' treuester Mäzen, der ihn mit einem Brief vom 27. Mai 1509 darauf aufmerksam machte. Es sei eine

Freude, schrieb er, wie weise, wie stark, wie rechtschaffen und gerecht der junge Fürst sich verhalte, wie eifrig er sich um Literatur und Literaten bemühe. Mountjoy – oder Ammonius, der das blumige Schriftstück höchstwahrscheinlich ausgearbeitet hat – jubelte geradezu darin. Ein lachender Himmel und Freudentränen sind das Thema des Briefes. Offenbar hatte übrigens Erasmus selbst schon, als die Nachricht vom Tod Heinrichs VII. in Rom bekannt geworden war, bei Mountjoy seine Chancen sondiert, nicht ohne sich über seine Sorgen und seine angeschlagene Gesundheit zu beklagen. »Der Erzbischof von Canterbury«, konnte Mountjoy berichten, »ist nicht nur ständig in deine *Adagia* vertieft und lobt dich über die Maßen, er verspricht auch finanzielle Unterstützung, wenn du zurückkehrst, und sendet bereits fünf Pfund Reisegeld.« Mountjoy verdoppelte die Summe. Ob Erasmus wirklich gezögert hat, bevor er sich entschied, wissen wir nicht. Kardinal Grimani hat nach eigener Aussage vergeblich versucht, ihn zurückzuhalten. Im Juli 1509 verließ er Rom und Italien, um nie mehr zurückzukehren.

Während er zum zweiten Mal über die Alpen ritt – diesmal nicht an der französischen Seite, sondern über den Septimer, also durch die Schweiz –, berührte ihn wieder sein Genius, wie schon drei Jahre vorher auf dem Weg nach Italien. Diesmal kam er nicht in Gestalt der lateinischen Muse, die ihm damals gekonnte und gefühlsbetonte Meditationen über sein bisheriges Leben und fromme Vorsätze für die Zukunft in poetischer Form entlockt hatte. Was jetzt in seinem Geist aufstieg und Gestalt annahm, war etwas viel Subtileres und Bedeutenderes: *Das Lob der Torheit.*

IX. DAS LOB DER TORHEIT – MORIAE ENCOMIUM

Moriae encomium, Das Lob der Torheit, 1509. Als Kunstwerk. Torheit als die Triebfeder alles Lebens, unverzichtbar, heilsam, Ursprung von Staaten und des Heldentums. Torheit hält die Welt zusammen. Alle Lebensenergie ist in der Torheit verkörpert. Mangel an Torheit macht für das Leben ungeeignet. Selbstzufriedenheit ist notwendig. Humbug geht über Wahrheit. Die Wissenschaft ist eine Plage. Satirisches Bild aller geistlichen Berufe. – Zwei Themen laufen im Werk durcheinander. – Die höchste Torheit: Ekstase. – Die Moria betrachten als einen fröhlichen Scherz. – Narren und Verrückte. – Erasmus spricht geringschätzig von seinem Werk. Dessen Wert.

Während des Ritts über die Bergpässe[20] war Erasmus' rastloser Geist, der nun seit Tagen durch keine Arbeit gefordert war, mit allem beschäftigt, was er in den vergangenen Jahren studiert, gelesen und gesehen hatte. Wie sehr war doch die Welt voller Ehrgeiz, Selbstbetrug, Eitelkeit und Arroganz! Er dachte an Thomas Morus, den geistreichsten und weisesten seiner Freunde, den er bald wiedersehen sollte und dessen Name Moros, griechisch für Narr, so wenig zu ihm passte. In Vorfreude auf die frohgelaunten Wortgeplänkel, die er sich wieder vom Umgang mit Morus versprach, entstand in seinem Geist das Meisterstück an Humor und weiser Ironie, das *Lob der Torheit, Moriae encomium*. Die Welt als Schauspiel der allgemeinen Torheit, die Torheit als unverzichtbares Element, das Leben und Zusammenleben möglich macht. Dies alles *Stultitia*, der Torheit selbst (dem wahrhaftigen Gegenbild von Minerva) in den Mund gelegt, die sich in einer Lobrede auf ihre Macht und Nützlichkeit selbst preist. Der Form nach eine »Declamatio«, so wie die des Libanius, von ihm aus dem Griechischen ins Lateinische übertragen. Dem Geist nach ein Anknüpfen an Lukian, dessen Gallus, den er drei Jahre zuvor übersetzt hatte, ihn auf das Thema gebracht haben könnte.

Es müssen außerordentliche Momente geistiger Klarheit gewesen sein in diesem herausragenden Kopf. Alle Einzelheiten der gelesenen Klassiker, die er im vorhergehenden Jahr für seine Neuausgabe der *Adagia* verarbeitet hatte, waren in dem unvergleichlich aufnahmefähigen Gedächtnis noch präsent und noch so viele darüber hinaus. Wie durch ein behagliches Widerkäuen sonderte er aus all den Weisheiten der Alten das Mark für seine Darlegungen.

Er kam in London an, zog bei Morus in Bucklersbury ein und schrieb unter quälenden Nierenschmerzen und ohne seine Bücher zur Hand zu haben in einigen Tagen das vollendete Kunstwerk, das ihm klar vor Augen gestanden haben muss. Stultitia wurde wahrhaftig so geboren wie ihre ernsthafte Schwester Pallas.[21]

Plan und Ausführung der *Moria* sind vollendet, sie ist das Ergebnis eines Augenblicks begnadeter Schöpferkraft. Die Perspektive einer Rednerin, die zu ihrem Publikum spricht, wird meisterhaft in einem einzigen, mühelosen Zug bis zum Schluss durchgehalten. Man sieht, wie sich die Gesichter der Zuhörer plötzlich aufhellen, sobald die Torheit auftritt. Man hört den Applaus, der die Rede unterbricht. Eine reiche Fantasie verbindet sich mit so viel Schlichtheit der Linien und Farben, mit einer derartigen Zurückhaltung, dass ein Bild der vollkommenen Harmonie entsteht, die vor allem das Wesen der Renaissance ausmacht. Trotz der Vielzahl an Stoffen und Gedanken herrscht keine Überschwänglichkeit, sondern eine Mäßigung, ein Ebenmaß, eine Leichtigkeit und Klarheit, die ebenso erheiternd wie entspannend wirken. Um die ästhetische Vollkommenheit dieser Schrift von Erasmus zu erfassen, muss man sie mit Rabelais' Werk vergleichen.

Ohne mich, sagt die Torheit, kann die Welt keinen Augenblick bestehen. »Was tun Sterbliche denn, das nicht voller Torheit ist, das nicht von Toren und bei Toren getan wird?« »Keine Gesellschaft, kein Zusammenleben kann ohne Torheit angenehm oder dauerhaft sein. Das gilt so allgemein, dass weder das Volk den Fürsten einen Augenblick länger ertrüge noch der Herr den Knecht noch das Dienstmädchen die Herrin noch der

Lehrer den Schüler noch der Freund den Freund noch die Frau ihren Mann, würden beide nicht auch einmal fehlgehen, dann wieder einander schmeicheln, dann klug ein Auge zudrücken, dann sich etwas Honig der Torheit um den Mund schmieren.« In diesen Sätzen ist der Kerngedanke der *Moria* auf eine kurze Formel gebracht. Torheit ist hier Lebensweisheit, Gelassenheit und nachsichtiges Urteilen.

Wer im Spiel des Lebens die Masken herunterreißt, wird vom Spielfeld verwiesen. Ist das ganze Leben der Sterblichen denn nicht eine Art Schauspiel, in dem jeder mit einer anderen Maske auftritt und seine Rolle spielt, bis ihn der Regisseur abtreten lässt? Falsch handelt derjenige, der sich den Gegebenheiten nicht fügen will und verlangt, dass das Spiel kein Spiel mehr sein soll. Die wirklich Verständigen sind entweder bereit, mit allen anderen bereitwillig die Augen zu verschließen, oder leichthin Irrwege zu gehen.

Eine unverzichtbare Triebkraft allen menschlichen Handelns ist *Philautia*, die Eigenliebe, der Torheit eigene Schwester. Wer sich selbst nicht behagt, bringt nichts mehr zustande. Nimm diese Würze des Lebens weg, so werden die Worte des Redners gefühllos, des Dichters Schöpfungen werden verlacht, der Maler geht mit seiner Kunst zugrunde.

Die Torheit in Gestalt des Hochmutes, der Eitelkeit und der Ruhmsucht treibt all das an, was in der Welt für hoch und groß angesehen wird. Der Staat mit seinen ehrenvollen Ämtern, Vaterlandsliebe und Nationalstolz, die Pracht der Feierlichkeiten, die Illusion von Stand und Adel: Was ist das anderes als Torheit? Der Ursprung aller Heldentaten ist der Krieg, das Törichteste von allem. Was trieb die drei Mitglieder des römischen Geschlechts Decius, was den Soldaten Marcus Curtius[22] zu ihrer Selbstaufopferung? Eitler Ruhm! Diese Torheit ist es, die Staaten hervorbringt, durch sie bestehen Weltreiche, die Religion und die Justiz.

Das ist kühner und kälter gesagt als bei Machiavelli, freier von Vorurteilen als bei Montaigne. Aber Erasmus will damit nicht identifiziert werden; es ist die Torheit, die es ausspricht! Andauernd lässt er uns im Kreis drehen im Sinne des paradoxen Ausspruchs: Ein Kreter sagte: Alle Kreter sind Lügner.

Die Weisheit verhält sich zur Torheit wie Vernunft zur Emotion. Und in der Welt ist viel mehr Emotion als Vernunft. Torheit hält die Welt zusammen, sie ist die Quelle des Lebens. Ist Liebe denn etwas anderes? Warum heiratet man, wenn nicht aus Torheit, die keine Nachteile sieht? Aller Genuss und Zeitvertreib ist nichts als ein Gewürz der Torheit. Will der Weise Vater werden, muss er erst die Torheit zu Hilfe nehmen. Denn was ist törichter als das Spiel der Fortpflanzung?

Die Torheit verkörpert unbemerkt all das, was Lebenswille und Lebensmut ausmacht. Sie ist die spontane Energie, die jeder braucht. Wer vollkommen vernünftig und ernst ist, kann nicht leben. Je weiter sich jemand von mir, der Torheit, entfernt, umso weniger lebt er. Küssen und herzen wir kleine Kinder nicht allein darum, weil sie noch so herrlich töricht sind? Und was sonst macht die Jugend so gefällig?

Seht nun den wahrhaft Ernsten und Vernünftigen. Bei allem ist er linkisch: beim Essen, beim Tanz, beim Spiel und beim geselligen Gespräch. Muss er etwas kaufen oder aushandeln, geht es sicher schief. Quintilian sagt, dass Lampenfieber den intelligenten Redner verrät, der seine Schwächen kennt. Richtig, aber bestätigt Quintilian damit nicht zugleich öffentlich, dass Weisheit dem einwandfreien Handeln im Weg steht? Und hat Stultitia dann nicht das Recht, für sich selbst Prudentia [also Klugheit] zu beanspruchen, wenn der Weise aus Scham und Scheu nichts anpackt, während der Törichte unbekümmert darauf zugeht?

Hier schürft Erasmus psychologisch sehr tief. In der Tat bremst das Bewusstsein, den Anforderungen nicht zu genügen, unser Handeln und verlangsamt damit als ein großes Trägheitsmoment den Fortschritt in der Welt. Wusste er, dass er selbst gegenüber Menschen und Dingen ein solch linkischer Mensch war, wenn er nicht über seinen Büchern saß?

Torheit ist Frohsinn und Unbekümmertheit, damit unentbehrlich für das Glücklichsein. Ein Mensch, der nur Vernunft ohne Leidenschaft hat, ist versteinert, stumpf und ohne irgendein menschliches Gefühl, ein Gespenst oder Ungeheuer, vor dem alle flüchten. Er ist gefühllos für alle natürlichen Empfindungen, weder für Liebe noch Mitleid ist er zugänglich. Nichts entgeht ihm, nie geht er fehl, alles durchschaut er, alles wägt er sorgfältig ab, nichts vergibt er, allein mit sich selbst ist er zufrieden, er allein ist gesund, allein er ist König und frei. Es ist die entsetzliche Figur des Dogmatikers, die Erasmus vor Augen hat. Welcher Staat, ruft er aus, sollte sich solch einen vollkommen Weisen als Regierung wünschen?

Jemand, der das Elend des Lebens mit weiser Einsicht vollkommen durchschauen würde, nähme sich auf der Stelle das Leben. Allein die Torheit gibt Sicherheit: Fehlgehen, sich irren, unwissend sein ist menschlich. Wie viel besser ist es, in der Ehe blind zu sein für die Fehler des Ehepartners, als durch Eifersucht sich selbst zu schaden und alles zur Tragödie zu machen. Schmeichelei ist eine Tugend. Keine Treue ohne etwas Schmeichelei. Redekunst, Heilkunst und Poesie beruhen auf Schmeichelei. Sie ist der Honig und die Süße in allen Gepflogenheiten der Menschen.

Wieder verkörpert Torheit unbemerkt eine Reihe wertvoller gesellschaftlicher Eigenschaften: Wohlwollen, Freundlichkeit und die Neigung etwas gutzuheißen und zu bewundern. Doch vor allem die Neigung, sich selbst gutzuheißen. Um für andere attraktiv zu sein, muss man damit beginnen, sich selbst etwas zu schmeicheln und sich zu bestätigen. Was wäre die Welt, wenn nicht jeder so stolz wäre auf seinen Stand und seinen Beruf, dass er mit niemandem sein Aussehen, seinen Verstand, seine Familie, sein Land tauschen möchte!

Der Humbug ist das Wahre. Warum sollte man die wirkliche Gelehrsamkeit begehren? Je unfähiger jemand ist, umso angenehmer hat er es und umso mehr wird er bewundert. Man schaue sich doch einmal die Professoren, Dichter und Redner an. Des Menschen Geist ist eben so beschaffen, dass er viel mehr vom Unsinn gepackt wird als von der Wahrheit. Man gehe einmal in die Kirchen: Wird dort über ernste Dinge gepredigt, dösen alle und gähnen gelangweilt. Sobald aber der Redner beginnt, das eine oder andere Altweibergeschichtchen zu erzählen, werden alle wach, richten sich auf und hängen an seinen Lippen.

Getäuscht zu werden, sagen die Philosophen, ist bedauerlich, aber nicht getäuscht zu werden ist das Schlimmste. Wenn es doch menschlich ist, zu irren, warum soll man den Menschen unglücklich nennen, weil er irrt, da er doch so geboren und gemacht ist als das allgemeine Los? Bedauert man den Menschen denn vielleicht auch, weil er nicht fliegen kann oder nicht auf vier Beinen läuft? Ebenso gut könnte man ein Pferd unglücklich nennen, weil es keine Grammatik lernt und keine Kekse frisst. Kein Wesen ist unglücklich, das seiner Natur gemäß lebt. Zu unserem äußersten Verderben wurden die Wissenschaften erdacht. Sie dienen so wenig dem Glück, dass sie sogar dem im Weg stehen, für das sie erfunden wurden. Mithilfe böser Dämonen sind sie mit den anderen Plagen in das menschliche Leben eingedrungen. Die einfachen Menschen des goldenen Zeitalters, die sich allein von der Natur und dem Instinkt leiten ließen, führten schließlich auch ohne Wissenschaft ein glückliches Leben. Wozu sollte man Grammatik benötigt haben, als alle noch in derselben Sprache redeten? Wozu Dialektik, wenn es keinen Streit und keine Meinungsverschiedenheiten gab? Wozu Gesetzeskunde, wenn es keine bösen Gewohnheiten gab, aus denen die guten Gesetze entstanden sind? Die einfachen Menschen waren zu ehrfürchtig, um mit anmaßender Neugier die Geheimnisse der Natur, die Größe, Bewegung und Einflüsse der Sterne, die verborgenen Ursachen der Dinge auszuforschen.

Es ist ein Gedanke, der durch die Antike bereits vorbereitet wurde, den Erasmus hier spielerisch hinwirft und den Rousseau später mit bitterem Ernst verkündet hat: Die Kultur ist eine Plage. Weisheit ist Unglück, aber eingebildete Weisheit ist Glück. Die Grammatiker mit dem Zepter der Weisheit, also die Schulmeister, wären die unglückseligsten aller Menschen, wenn nicht ich, die Torheit, die Unannehmlichkeiten ihres erbärmlichen Berufs durch eine Art süßen Wahn mildern würde. Was für die Schulmeister gilt, trifft genauso auf die Dichter, Rhetoren und Autoren zu: Auch für sie besteht das Glück nur aus Eitelkeit und Wahn. Die Rechtsgelehrten sind nicht besser, und gleich hinter ihnen rangieren die Philosophen. Und danach kommt die große Schar der Geistlichen: die Theologen, Mönche, Bischöfe, Kardinäle, Päpste, im Wechsel nur mit den Fürsten und Höflingen.

In den Kapiteln, in denen er diese Ämter und Berufe Revue passieren lässt, hat sich der Charakter der Satire etwas gewandelt. Im gesamten Werk gehen fortlaufend zwei Themen durcheinander: die heilsame Torheit, die wahre Weisheit ist, und die eingebildete Weisheit, die lauter Torheit ist. Da beide von der Torheit selbst angeschlagen werden, muss man sie umkehren, um die Wahrheit zu erhalten, wenn nicht Torheit … Weisheit wäre. Damit ist klar, dass das Hauptthema das Erstgenannte ist. Davon geht Erasmus aus und dahin kehrt er zurück. Nur im Mittelteil, wo er die menschlichen Leistungen und Ämter in ihrer Torheit vorbeiziehen lässt, tritt das zweite Thema in den Vordergrund. Der Text wird dort zu einer gewöhnlichen Satire auf die törichte Menschheit, wie es so viele gibt, wenn auch wenige ebenso gute. In den anderen Passagen ist die *Moria* etwas viel Tieferes als eine solche Satire.

Ab und zu entgleist die Satire allerdings etwas, nämlich wo Stultitia regelrecht wettert, so wie Erasmus selbst wettern will, etwa gegen Ablass oder einfältigen Wunderglauben und eigennützige Heiligenverehrung, gegen die Spieler, die das Lob der Torheit verdienen, oder gegen den Geist der Regulierungswut und Gleichmacherei oder den Neid der Mönche.

Für die Zeitgenossen lag die Bedeutung der *Laus Stultitae* in nicht geringem Maße in der direkten Satire. Ihre bleibende Bedeutung hat sie da, wo man wirklich zustimmt, dass Torheit Weisheit ist und Weisheit Torheit. Erasmus weiß, wie unfassbar der Grund allen Seins ist: Jedes konsequente Durchdenken der theologischen Lehrsätze führt ins Absurde. Man betrachte nur die theologischen Spitzfindigkeiten der verdorrten Scholastik. Die Apostel hätten sie nicht verstehen können und den späteren Theologen wären sie töricht vorgekommen. Die Heilige Schrift selbst entscheidet sich für die Torheit. »Das Törichte an Gott ist weiser als die Menschen«, sagt Paulus, und »das Törichte der Welt hat Gott erwählt«.

»Denn da die Welt angesichts der Weisheit Gottes auf dem Weg ihrer Weisheit Gott nicht erkannte, beschloss Gott, alle, die glauben, durch die Torheit der Verkündigung zu retten.«[23] An den Einfältigen und Unwissenden hatte Christus Wohlgefallen: an Kindern, Frauen, armen Fischern, ja auch an den Tieren, die am weitesten von der Schlauheit der Füchse entfernt sind: am Esel, den er reiten wollte, an der Taube, am Lamm, den Schafen.

Hinter dem scheinbar lockeren Scherz ist hier etwas sehr Tiefsinniges. »Die christliche Religion scheint doch einige Verwandtschaft zu haben mit einer gewissen Torheit.« Hielt man nicht die Apostel für trunken von süßem Wein? Und sagte der Richter nicht: »Du bist verrückt, Paulus«?[24] – Was nennt man verrückt? Wenn der Geist seine Fesseln zerreißt, aus seinem Kerker entfliehen will und zur Freiheit strebt. Das ist Wahnsinn, aber auch ekstatische Loslösung von der Erdenschwere und höchste Weisheit. Das wahre Glück liegt in der Selbstentäußerung, im Wahn der Verliebten, die Platon die Glücklichsten von allen nennt. Je größer die Liebe ist, umso größer und seliger ist der Wahn. Die himmlische Seligkeit selbst ist die höchste Entrückung, deren Vorerfahrung dem wahren Frommen in seinen Meditationen bereits auf Erden gegeben wird.

Hier bricht Stultitia ihre Rede mit einigen entschuldigenden Worten ab für den Fall, dass sie zu unverschämt und zu redselig gewesen sei, und verlässt das Rednerpult. »So lebt wohl, jubelt, lasst es euch gut gehen und trinkt, ihr erlauchten Eingeweihten der Moria.«

Es war ein unübertroffenes Kunststück, selbst noch in diesen letzten Kapiteln weder den leichten, komischen Ton zu verlieren, noch in offene Profanierung zu verfallen. Das war nur möglich durch einen wahren Seiltanz auf dem Seil des Sophismus. Erasmus bewegt sich in der *Moria* stets auf der Grenze zu sehr tiefen Wahrheiten. Wie begnadet war doch diese Zeit noch, da sie dies alles mit Humor behandeln konnte! Denn es muss so ausdrücklich wie möglich festgehalten werden, dass *Moriae Encomium* echter, fröhlicher Scherz ist. Das Gelächter ist feiner, aber nicht weniger herzhaft als bei Rabelais. »Valete, plaudite, vivite, bibite.« »Das ganze einfache Volk ist überall dermaßen beherrscht von so vielen Arten der Torheit, dass tausend Demokrite nicht ausreichen würden, um darüber zu lachen (und diese würden wieder einen anderen Demokrit nötig haben, um sie auszulachen).«

Wie sollte man die *Moria* zu ernst nehmen können, wo doch ihr wahres Gegenstück, die *Utopia* von Morus, so ernst daherkommt und doch vom Autor selbst und von Erasmus als bloßer Scherz behandelt wird. Die *Moria* scheint zugleich

Morus und Rabelais zu berühren, wo Stultitia von ihrem Vater Plutus spricht, dem Gott des Reichtums, auf dessen Wink hin das Unterste nach oben gekehrt wird, nach dessen Willen sich alle menschlichen Angelegenheiten richten: Krieg und Frieden, Herrschaft und Ratsversammlung, Rechtsprechung und Verträge. Plutus hat *Moria* mit der Nymphe »Jugend« gezeugt, nicht als gebrechlicher, kurzsichtiger Plutus, sondern als ein frischer Gott, voll warmblütiger Jugend und voll des Nektars, als ein anderer Gargantua[25].

Die Figur der Torheit ragt riesenhaft über dem Zeitalter der Renaissance auf. Sie trägt Narrenkappe und Schellen. Man lacht laut und unbekümmert über alles Törichte, egal, welcher Art es ist. Es ist kennzeichnend, dass auch die *Moria*, so verfeinert sie ist, keinen Unterschied macht zwischen Unvernünftigen, Einfältigen, Narren und Verrückten. Holbein hat bei seinen Illustrationen zu den Werken von Erasmus nur eine Darstellung für den Toren: mit Stab und Eselsohren. Erasmus selbst spricht ohne deutlichen Übergang mal von unvernünftigen Leuten, mal von wirklich Verrückten. Sie sind am glücklichsten, lässt er Stultitia sagen: Sie werden nicht beängstigt durch Spuk und Erscheinungen, sie werden nicht gequält durch Ängste vor drohenden Unglücken, sie bringen überall Spaß, Scherz, Spiel und Gelächter. Anscheinend hat er hier den gutmütigen Einfältigen im Blick, der oft in der Tat für einen Narren gehalten wird. Diese Gleichsetzung von Unverstand und Wahnsinn zieht sich auch weiter durch, so wie das Verwirrspiel zwischen dem Komischen und dem einfach Lächerlichen. Das alles ist allerdings geeignet, uns zu zeigen, wie weit wir bereits von Erasmus entfernt sind.

Erasmus selbst hat später stets abwertend von seiner *Moria* gesprochen. Er habe dieses Werk für so bedeutungslos gehalten, sagt er, dass er es nicht einmal herausgeben wollte, aber kein anderes ist dann mit so viel Beifall begrüßt worden. Es sei eine Bagatelle gewesen und ganz und gar nicht zu ihm passend: Morus hätte ihn schreiben lassen, wie man ein Kamel tanzen lässt. Doch diese abschätzigen Äußerungen waren nicht ohne Hintergedanken. Die *Moria* hat ihm nicht nur Erfolg und Befriedigung gebracht. Seine ungewöhnlich reizbaren Zeitgenossen haben ihm sehr übelgenommen, dass bestimmte Passagen die

Ämter und Orden satirisch aufspießten. Dabei hatte er bereits im Vorwort versucht, den Vorwurf der mangelnden Ehrfurcht zu entkräften. Sein lockeres Spiel mit den Texten der Heiligen Schrift war manchem Leser zu gewagt: Er habe über das ewige Leben gespottet, hielt ihm sein Freund Maarten van Dorp vor. Erasmus tat, was er konnte, um die Kritiker davon zu überzeugen, dass der Zweck der *Moria* kein anderer sei, als zur Tugend zu rufen. Er tat damit seinem Werk unrecht: Es ist viel mehr als das, doch er selbst war im Jahre 1515 nicht mehr so, wie er noch 1509 gewesen war. Wiederholt hat er sein geistreichstes Werk noch verteidigen müssen. Hätte er gewusst, dass es so verletzen würde, hätte er es vielleicht zurückgehalten, schreibt er 1517 an einen Bekannten in Löwen. Noch gegen Ende seines Lebens wehrte er mit einer ausführlichen Abhandlung die Anschuldigungen ab, die Alberto Pio von Capri gegen ihn wegen der *Moria* erhob.

Erasmus ist auf das Genre des *Lobs der Torheit* nicht mehr zurückgekommen. Den Traktat *Lingua*, den er 1525 herausgab, könnte man als Versuch betrachten, eine Entsprechung zur *Moria* zu schaffen. Über den Gebrauch und Missbrauch der Zunge heißt die Schrift. In ihrem Auftakt erinnert etwas an den Stil der *Moria*, aber ihr fehlt all das Zauberische, das deren Form und Stil auszeichnet.

Muss man Erasmus bedauern, weil von all seinen in zehn Foliobänden vereinten Schriften eigentlich allein das *Lob der Torheit* noch bekannt ist? Es ist, vielleicht zusammen mit den *Colloquia*, das einzige seiner Werke, das auch heute um seiner selbst willen gelesen wird. Den Rest studiert man lediglich aus historischem Blickwinkel, um seine Person oder seine Zeit zu verstehen. Mir scheint, dass dies so auch vollkommen richtig ist. Das *Lob der Torheit* ist sein bestes Werk gewesen. Andere schrieb er vielleicht gelehrter und frommer, vielleicht sogar mit ebenso viel oder mehr Einfluss auf seine Epoche. Sie haben ihre Zeit gehabt. Unvergänglich sollte allein die *Moriae Encomium* sein. Denn erst, wo der Humor diesen Geist aufhellte, wurde er wirklich tiefsinnig. Im *Lob der Torheit* gab Erasmus der Welt etwas, das kein anderer als er ihr hätte geben können.

X. DRITTER AUFENTHALT IN ENGLAND UND DIE ERSTE FRIEDENSSCHRIFT

Dritter Aufenthalt in England, 1509–1514. Über zwei Jahre seines Lebens keinerlei Bericht: Sommer 1509 bis Frühjahr 1511. – Erasmus in Cambridge. Beziehung zu Badius, dem Pariser Herausgeber. Ein Irrtum zugunsten von Johannes Froben in Basel. Erasmus verlässt England, 1514. Julius exclusus. Brief gegen den Krieg.

Für eine lange Zeit, nachdem Erasmus im Frühsommer 1509 von Italien kommend im Haus von Morus untergetaucht war und dort in ein paar Tagen das *Lob der Torheit* niedergeschrieben hat, fehlt jede Spur von seinem Leben. Erst zwei Jahre später, auf dem Weg nach Paris, um dort das Buch bei Gilles Gourmont drucken zu lassen, taucht er wieder auf. Von den Briefen, die er in dieser Zeit schrieb und erhielt, ist kein einziger erhalten geblieben. Vielleicht ist es die glücklichste Zeit seines Lebens gewesen, denn er verbrachte sie entweder mit seinem bewährten Schirmherren Mountjoy oder im Haus von Morus, in dessen geistig hochstehendem Kreis, der ganz nach Erasmus' Geschmack war. In diesem Kreis verkehrte auch der Freund, den er während seines vorherigen Aufenthalts in England gewonnen hatte und der vielleicht mehr als irgendjemand sonst sein Geistesverwandter war: Andreas Ammonius. Wahrscheinlich hat Erasmus in diesen Monaten ungestört studieren können, worauf auch immer sich seine Interessen richteten, ohne Sorge für die nächste Zukunft und noch nicht beschwert durch den Ruhm, der ihm später ebenso viel Last wie Freude sein sollte.

Die Zukunft blieb noch unsicher genug. Sobald er nicht mehr im Schutz von Morus' Gastfreundschaft lebt, beginnen wieder die Probleme und Klagen. Die andauernde Mittellosigkeit, Unsicherheit und Abhängigkeit waren für diesen Geist, der mehr als alles andere seine Freiheit brauchte, besonders bitter. In Paris vereinbarte er mit Badius eine überarbeitete Neuausgabe der *Adagia*, obwohl die bei Aldus erschienene noch zu einem günstigen Preis zu kaufen war. Die *Moria*, kaum bei Gourmond erschienen, wurde bereits im August 1511 in Straßburg nachgeduckt, zwar mit einem höflichen Brief von Jacob Wimpflingen an Erasmus, aber offenbar ohne dass dieser davon Kenntnis hatte. Erasmus war da bereits zurück in England, war in London am Englischen Schweißfieber schwer erkrankt darniedergelegen und hatte sich nach seiner Genesung an das Queens College in Cambridge begeben, wo er sich bereits früher aufgehalten hatte. Von dort schreibt er am 24. August 1511 an Colet im Ton wahren Galgenhumors. Die Reise nach London sei voller Verwicklungen gewesen: ein hinkendes Pferd, kein Reiseproviant, Regen und Gewitter. »Aber fast freut es mich, ich sehe es als Hinweis auf die christliche Armut.« Eine Möglichkeit, Geld zu verdienen, sieht er nicht; alles, was er bei seinen Förderern locker machen könne, müsse er wieder ausgeben, er, der unter einem zornigen Merkur geboren sei.

Das klingt vielleicht etwas schwermütiger als es gemeint ist, aber anlässlich der Widmung seiner Übersetzung des Jesaja-Kommentars von Basilius an den Bischof von Rochester, schreibt er bereits ein paar Wochen später: »Oh Bettlerschaft! Du lachst darüber, ich weiß es wohl. Aber ich hasse mich selbst dafür und bin fest entschlossen, den einen oder anderen Glücksgriff zu tun, um mich von dieser Bettelei zu befreien, oder ganz Diogenes nachzufolgen.« Colet, der selbst niemals Geldsorgen gekannt hat, verstand Erasmus' launige Einfälle nicht recht. Er antwortete darauf mit Ironie und indirektem Tadel, auf die Erasmus mit vorgespieltem Unverständnis reagierte. Es scheint rätselhaft zu sein, spottet er: »Mitten im Überfluss bin ich notleidend«, »Me simul et in media copia et in summa versari inopia.« Das bezog sich auf die Arbeiten für Badius zur Druckvorbereitung der Schrift *De Copia verborum ac rerum*, die mit einer Widmung für Colet versehen war. »Ich frage dich, wer kann schamloser oder verachtenswerter sein als ich, der bereits so lange in England öffentlich bettelt?« Gegenüber Ammonius bedauert er, dass er Rom und Italien verlassen hat. Welches Glück hätte ihm da nicht gewunken! Später wird er dann wieder beklagen, dass er nicht auf Dauer in England geblieben ist. Hätte er doch seine Chancen wahrgenommen! – War Erasmus nicht viel eher einer der Menschen, denen kein Glück helfen kann? Das Grübeln hielt an, und der Ton wurde bitterer: »Ich bereite zum ersten Januar einige Köder vor, aber das wird wohl auch wieder vergebens sein«, schreibt er an Ammonius, nach den Übersetzungen von Lukian und Plutarch auf neue abzielend.

In Cambridge hielt Erasmus Vorlesungen über Theologie und Griechisch, mit denen er anscheinend wenig Erfolg hatte und noch weniger Einnahmen erzielte. Allerdings war ihm nun endlich die lang ersehnte Pfründe zugefallen. Im März 1512 erhielt er die Pfarrei von Aldington in Kent, von der er zwar umgehend beurlaubt wurde, aber nach Anweisung des Erzbischofs William Warham, seines Schirmherrn, eine jährliche Pension von zwanzig Pfund einziehen konnte. Der Bischof betont ausdrücklich, dass er diese Gunst entgegen seiner sonstigen Gewohnheit verleiht, weil Erasmus »als eine Leuchte der Gelehrtheit in der lateinischen und griechischen Literatur aus Liebe zu England verschmäht hat, in Italien oder Deutschland zu leben, um hier mit seinen Freunden den Rest seines Lebens zu verbringen.« Man sieht daran, wie die Nationen bereits beginnen, sich Erasmus gegenseitig streitig zu machen.

Die Pfründe enthob ihn nicht all seiner Sorgen. Der Umgang und die Korrespondenz mit Colet litten unter der Oberfläche des Scherzes und des Wohlwollens ein wenig durch die Geldangelegenheiten. Die ständige Suche nach Hilfsquellen mit immer neuen Werken und Neuausgaben alter Werke blieb für Erasmus eine harte Notwendigkeit. Die großen Werke nach seinem Herzen, mit denen er in Cambridge unermüdlich beschäftigt war, nachdem sie ihm so lange vorgeschwebt waren, versprachen keinen kurzfristigen Vorteil. So sehr ging ihm seine Hingabe an die ernste theologische Beschäftigung über alles, dass er in dieser schwierigen Zeit weiter sein Bestes dafür gab. Er saß an der Vorbereitung einer großen Ausgabe der Werke von Hieronymus und an der textkritischen Bearbeitung des Neuen Testaments, dabei von Colet geistig inspiriert, ermutigt und gefördert.

Für seinen Lebensunterhalt mussten andere Werke herhalten. Er hatte nun ausreichend davon, und sie waren bei den Druckern begehrt genug. Allerdings war der Vorteil, den ein Autor daraus ziehen konnte, nicht groß. Nachdem er seinen venezianischen Drucker Aldus verlassen hatte, war Erasmus mit seinen Werken zu dem Verleger zurückgekehrt, der bereits 1505 für ihn tätig gewesen war: Joost Badius, der Brabanter, der in Paris die »Asse'sche Presse«, »Prelum Ascensianum« (nach seinem Geburtsort Asse) gegründet hatte. Er war selbst Gelehrter und wetteiferte als Universitätsdrucker mit Aldus darum, wer die am besten ausgestatteten Klassikerausgaben herausgab. Wie gesagt, sollte Erasmus für ihn die *Adagia* neu bearbeiten. Warum die *Moria* nicht bei Badius, sondern bei Gourmond erschien, wissen wir nicht. Vielleicht konnte Badius sich nicht sogleich dafür erwärmen. Von der *Adagia* versprach er sich umso mehr, doch das war ein Werk für einen langen Atem, und zudem musste er noch auf die Korrekturen und auf das Vorwort von Erasmus warten. Badius fühlte sich sicher, denn jeder wusste, dass er den Druck des Werks vorbereitete. Doch dann erreichten ihn Gerüchte, nach denen man in Deutschland dabei war, die Aldus'sche Ausgabe nachzudrucken. Bei der Fertigstellung sei also Eile geboten, schrieb er Erasmus im Mai 1512. Badius hatte inzwischen noch viel mehr von Erasmus in Vorbereitung oder in Erwägung: *De Copia* erschien bei ihm kurz darauf, ebenso die bereits fünfte Auflage der *Moria* und die Dialoge von Lukian. Übersetzungen von Werken des Euripides und Senecas sollten im Anschluss folgen. Er hoffte auch noch auf Briefe von Hieronymus. Für die *Adagia* war ein Honorar von 15 Gulden vereinbart, für die Briefe von Hieronymus wollte Badius dieselbe Summe geben und noch einmal genauso viel für die weiteren gesendeten Texte. »Ach, wirst du sagen«, schrieb ihm Badius, »was für ein geringer Verdienst! Ich gebe zu, dass ich durch keinerlei Belohnung deinem Verstand und Fleiß, deinem Wissen und deiner Arbeit gerecht werden kann, aber die schönste Belohnung werden dir die Götter und deine eigene Tugend schenken. Du hast dir bereits über die Maßen Verdienste um die griechische und die lateinische Literatur erworben, so wirst du nun der heiligen und göttlichen verdienstvoll sein und dem bescheidenen Badius helfen, der so viele hungrige Mäuler stopfen muss und neben seinem täglichen Geschäft keinen Verdienst hat.« Erasmus wird beim Lesen des Briefes eher etwas säuerlich gelächelt haben. Aber er nahm das Angebot gerne an. Er versprach, alles druckfertig zu machen, und stellte am 5. Januar 1513 in London das Vorwort für die überarbeitete *Adagia* fertig, auf das Badius wartete. Doch dann ereignete sich etwas sehr Eigenartiges. Ein Agent, der zwischen Autoren und Herausgebern in Deutschland und Frankreich vermittelte, ein gewisser Franz Berckman aus Köln, sollte im Auftrag von Erasmus das überarbeitete Exemplar der *Adagia* mit dem Vorwort Badius übergeben. Aber statt nach Paris brachte er es nach Basel zu Johannes Froben, der eben erst die venezianische Ausgabe ohne Genehmigung nachgedruckt hatte! Erasmus gab sich empört wegen dieses Irrtums oder dieser Treulosigkeit, aber es ist doch allzu deutlich, dass er nicht unglücklich darüber war. Ein halbes Jahr später zog er selbst mit Sack und Pack nach Basel, um mit demselben Froben die enge und herzliche Verbindung einzugehen, die beider Namen bleibend verknüpft hat. Beatus Rhenanus machte später kein Hehl daraus, dass Erasmus das Geschäft von Froben, damals noch Amerbach und Froben, attraktiv fand, als er vom Nachdruck der *Adagia* hörte.

Ohne sichere Beweise seiner Mitschuld wollen wir Erasmus nicht der Treulosigkeit gegenüber Badius beschuldigen, doch seine Haltung gibt zu denken. Wir wollen jedoch des würdevollen Tons gedenken, mit dem Badius, der selbst die Autorenrechte für die damalige Zeit ungewöhnlich streng beachtete, auf Berckman antwortete, als der ihm später eine Art Erklärung des Vorfalls anbot. Er werde sich damit zufriedengeben, obwohl Erasmus ihm seitdem noch mehr geschadet habe, unter anderem mit einer neuen Ausgabe von *De Copia* in Straßburg. »Wenn es jedoch mit deinen Interessen und deiner Ehre in Einklang ist, werde ich es hinnehmen, und zwar mit Gleichmut.« Es kam zu keinem Abbruch der Beziehungen. Man muss bei all dem berücksichtigen, dass die Herausgabe von Büchern damals noch ein vollständig neues Geschäftsmodell war und daher wie üblich gekennzeichnet durch Unsicherheit, Regellosigkeit und den Mangel einer festgelegten Berufsethik.

Der Aufenthalt in Cambridge wurde für Erasmus mehr und mehr verdrießlich. »Schon seit einigen Monaten«, schreibt er im November 1513 an Ammonius, »führen wir hier ein wahres Schneckenleben, zu Hause sitzend und uns abrackernd mit unseren Büchern. Es herrscht hier eine große Einsamkeit. Die meisten sind weg aus Angst vor der Pest, doch auch, wenn alle hier sind, ist es einsam.« Die Kosten für den Lebensunterhalt seien untragbar, und er verdiene nichts. Gelänge es ihm diesen Winter nicht, sich ein Nest zu bauen, würde er gewiss wegfliegen, unsicher, wohin. »Wenn auch zu keinem anderen Zweck, als anderswo zu sterben.«

Zu den beklemmenden Umständen mit immer neuen Pestausbrüchen und Anfällen seines Nierenleidens kam noch der Kriegszustand, der Erasmus zutiefst wesensfremd war, ihn bedrückte und beängstigte. Nach langer Vorbereitung war eine englische Heeresmacht im Frühjahr 1513 in Frankreich eingefallen und hatte große Erfolge erzielt. Im Verbund mit dem Heer Kaiser Maximilians hatten König Heinrichs Truppen die Franzosen bei Guinegate besiegt und erst Thérouanne, dann Tournay zur Kapitulation gezwungen. Währenddessen drangen die Schotten in England ein, wurden jedoch umgehend bei Flodden so vernichtend geschlagen wie nie zuvor. Der schottische König fiel, und mit ihm sein unehelicher Sohn, Erzbischof Alexander von St. Andrews, der Erasmus' Schüler und Reisegefährte in Italien war. Mit Kriegsruhm umkränzt, kehrte Heinrich VIII. im November zurück, um mit seinem Parlament zusammenzukommen. Erasmus teilte nicht die allgemeine Freude und leidenschaftliche Bewunderung. »Wir sitzen hier abgeschlossen wegen der Pest, sind bedroht durch Räuber und trinken Fusel von Wein (wegen des fehlenden Importes aus Frankreich), aber *Io Triumphe*![26] Wir sind Sieger über die Welt!« Der tiefe Widerwille gegen das Kriegsgeschrei und alles, was es zur Folge hatte, weckte bei Erasmus seine satirische Ader. Zwar schmeichelte er mit einem Epigramm auf die Flucht der Franzosen bei Guinegate dem englischen Nationalstolz, aber bald wurde er tiefgründiger. Er erinnerte sich daran, wie ihn der Krieg in Italien bei seinen Reisen behindert hatte und wie schockiert er beim Einzug des Eroberer-Papstes Julius II. in Bologna war.

»Der Oberpriester Julius führt Krieg, ist siegreich, triumphiert und spielt wahrhaftig den Julius [Cäsar]«, hatte er damals geschrieben. Papst Julius war für ihn die Ursache all der Kriege gewesen, die seitdem Europa heimsuchten.

Anfang des Jahres 1513 war dieser Papst nun gestorben. Klammheimlich, inmitten seiner Arbeiten am Neuen Testament und am Hieronymus, schrieb Erasmus seine meisterhafte Satire *Julius exclusus e coelis*, mit der er Rache nahm für das Unglück, das dieser Papst über seine Zeit gebracht hatte. Der Papst erscheint darin mit all seiner Pracht am Tor zum himmlischen Paradies, um sich zu rechtfertigen, wird aber abgewiesen. Das Thema war nicht neu für ihn, denn hatte er nicht etwas Ähnliches bereits mit der Kains-Fabel geschaffen, die damals das Festmahl bei Colet erheiterte? Das war jedoch ein unschuldiger Scherz, den seine frommen Tischgenossen gerne hörten. Auch die Verspottung des verstorbenen Papstes würden viele gerne hören, aber damit musste Erasmus vorsichtig sein. Man durfte sich über die Torheit der ganzen Welt lustig machen, aber nicht über die weltlichen Neigungen eines soeben verstorbenen Papstes. So hat Erasmus zwar das Seine dazu beigetragen, das kleine Werk in Abschriften zu verbreiten, aber lebenslang alle Anstrengungen unternommen, um nicht als dessen Autor bekannt zu werden. Als es dann gedruckt allgemein verbreitet war und man glaubte, ihn als Urheber zu erkennen, hat er die Autorschaft stets sorgfältig abgestritten, wobei er Formulierungen benutzte, die eine ausdrückliche Ableugnung vermieden. Die erste Auflage des Julius-Dialogs erschien wahrscheinlich 1518 in Basel bei Cratander, also nicht bei Froben, wo er üblicherweise publizierte.

Der Julius-Dialog schien Erasmus noch nicht ausreichend zu sein als Zeugnis gegen den Krieg. Im März 1514, nachdem er von Cambridge nach London umgezogen war, klagte er in einem Brief an seinen früheren Schirmherren, Antonius von Bergen, den Abt von St. Bertin, ausführlich über die Übel des Krieges. Dabei geht er von seinen persönlichen Erfahrungen während des Kriegszustandes aus. Der Krieg habe die Stimmung in England plötzlich gewandelt. Die Preise würden steigen, und die Freigiebigkeit nehme ab. Wegen des Mangels an Wein müsse er

Fusel trinken, der seine Nierensteine verschlimmere. Man sei auf der Insel isolierter als anderswo, selbst die Post gehe nicht mehr ab. Gerne würde er in sein Vaterland zurückkehren. – Dann geht er über zu einer wohlformulierten und treffenden Anklage gegen den himmelschreienden Wahnsinn des Krieges: Wir sind schlimmer als die Tiere, bei denen nur die wilden kämpfen. Und die kämpfen nur mit ihren natürlichen Waffen, nicht mit durch teuflische List erdachten Maschinen. Sie kämpfen nur für ihre Jungen oder um Nahrung, unsere Kriege dagegen haben ihren Ursprung in Ehrgeiz, Wut, Begehrlichkeit oder ähnlichen Verirrungen der Seele. Kein Krieg verläuft so glücklich, dass er nicht mehr Böses als Gutes hervorbringt. Niemand, der Krieg führt, schadet dem Feind, ohne zuerst Unheil über die Seinen zu bringen.

»Aber, so wirst du sagen, dem Recht der Fürsten muss Genüge getan werden. – Es steht mir nicht zu, respektlos über die Angelegenheiten der Fürsten zu sprechen. Doch eines weiß ich: dass oft höchstes Recht höchstes Unrecht ist, und dass es Fürsten gibt, die erst nach ihrer Willkür handeln und hinterher in irgendeinem Rechtsanspruch die Rechtfertigungen dafür suchen, um ihre Absichten zu verschleiern.« Wie soll bei so vielen Abkommen und Verträgen jemals ein Mangel an Kriegsgründen sein? Warum muss so viel Blut wegen der Streitigkeiten über die Zugehörigkeit eines Gebietes vergossen werden? Es gibt doch Päpste, Bischöfe und verständige, ehrliche Männer, die sich solch nichtiger Angelegenheiten annehmen könnten. – Damit kommt er auf Papst Julius zurück. Kann Papst Leo nicht den Sturm besänftigen, den Julius entfesselt hat?

Dies war die erste von Erasmus' Friedensschriften. Er arbeitete den Brief aus zum *Adagium Dulce bellum inexpertis. Der Krieg ist süß für diejenigen, die ihn nicht erfahren haben.* Der Text erschien in der 1515 von Froben herausgegebenen Ausgabe der *Adagia* und auch als separate Schrift. Wir werden Erasmus' Schriften zu diesem Thema später noch im Zusammenhang betrachten.

Obwohl der Sommer 1514 den Frieden zwischen England und Frankreich bringen sollte, war Erasmus nun entschlossen, England zu verlassen. Seine Koffer sandte er voraus nach Antwerpen zu seinem Freund Pieter Gilles und bereitete sich auf die Abreise vor, um im Anschluss an einen kurzen Besuch bei Mountjoy, der auf Schloss Hammes bei Calais Vogt war, in die Niederlande zu gehen. Kurz bevor er London verließ, hatte er in Ammonius' Haus an der Themse eine merkwürdige Begegnung mit dem päpstlichen Gesandten, Graf Canossa, der sich in England für den Frieden einsetzte. Ammonius ließ Erasmus im Glauben, sein Gast sei ein Kaufmann. Nach dem Essen fragte der Italiener vorsichtig forschend, ob Erasmus nicht nach Rom zurückkehren wolle, wo er der Erste sein könnte, statt allein unter einem barbarischen Volk zu leben. Erasmus antworte, er lebe in einem Land, das die vortrefflichsten Gelehrten habe, unter denen er mit dem letzten Platz zufrieden sei. – Dieses Kompliment war sein Abschiedsgruß an England, dem er so viel Gutes zu verdanken hatte. Einige Tage später, Anfang Juli 1514, war er bereits auf der anderen Seite des Ärmelkanals. Noch dreimal war er zu kurzen Besuchen in England, gewohnt hat er dort nicht mehr.

XI. DURCHBRUCH ZUR BERÜHMTHEIT: GEISTIGER UND POLITISCHER EINFLUSS

Auf dem Weg zu Erfolg und Erfüllung. Sein Prior ruft ihn zurück nach Steyn. Er weigert sich. – Erster Aufenthalt in Basel: 1514–1516. In Deutschland wird er herzlich empfangen. Johannes Froben. Herausgabe des Hieronymus und des Neuen Testamentes. – Erasmus wird Ratsherr beim jungen Karl. Institutio principis christiani, 1515. – Er wird von der Pflicht zum Klosterleben entbunden, 1517. – Berühmtheit. Erasmus als geistiger Mittelpunkt. Sein Briefwechsel. Der literarische Brief. – Hochgespannte Erwartungen.

Wie es für Erasmus typisch war, hatte er die Umstände seines Wegzuges aus England in geheimnisvoller Unklarheit gelassen. Es hieß, er würde nach Rom gehen, um ein Gelübde zu erfüllen. Wahrscheinlich hatte er längst beschlossen, sein Glück in den Niederlanden zu versuchen. Nicht in Holland, dahin zog es ihn nicht mehr, sondern in der Nähe des fürstlichen Hofes, also in Brabant. Doch das erste Ziel seiner Reise war Basel, um bei Froben selbst der Drucklegung seiner zahlreichen neuen und alten Werke beizuwohnen, die er mitbrachte. Darunter war Material für sein Lieblingsprojekt, eine kritische Ausgabe des Neuen Testaments und des Hieronymus, womit er sein Lebensziel, die Erneuerung der Theologie, zu erreichen hoffte. Es war also gewissermaßen eine Reise direkt auf sein Lebensziel zu. Man kann sich seine Angst vorstellen, als er bei seiner Überfahrt den Koffer mit den Handschriften vermisste, und damit die Früchte so vieler Jahre harter Arbeit verloren schienen. Der Schmerz war so groß, schreibt er, wie ihn nur Eltern beim Verlust ihrer Kinder fühlen können. Allerdings fand er seine geistigen Kinder nach der Ankunft wohlbehalten wieder: Der Koffer war auf ein anderes Schiff verladen worden. Er sah darin böse Absicht der Schiffsleute, die auf diese Weise stehlen oder Geld fordern könnten.

Auf Schloss Hammes bei Calais hielt er sich einige Tage als Gast von Mountjoy auf. Dort fand er am 7. Juli einen Brief seines Klosteroberen vor, der schon am 18. April datiert worden war. Der Prior von Steyn, sein alter Freund Servatius Rogerus, rief ihn nach langen Jahren der Abwesenheit zurück ins Kloster. Der Brief war bereits durch die Hände mehrerer indiskreter Personen gegangen, bevor er Erasmus durch puren Zufall erreichte.

Es war ein schwerer Schlag, der ihn inmitten seiner hochfliegendsten Ambitionen traf. Erasmus dachte einen Tag nach und antwortete dann, dass er sich weigern würde. Der Brief, in dem er sich gegenüber seinem alten Freund rechtfertigten musste, war zugleich eine viel tiefere und aufrechtere Selbstbesinnung als das Gedicht *Carmen alpestre* an einem anderen Wendepunkt seines Lebens. Das Lächeln war ihm vergangen.

Er ruft Gott als Zeugen dafür an, dass er in seinem Leben nur das Beste anstreben wolle. Doch ins Kloster zurückkehren? Er erinnert Servatius an die Umstände seines Klostereintritts, so wie er sie in der Rückschau sah: den Zwang seiner Verwandten und die eigene falsche Scham. Er führt ihm vor Augen, wie schlecht er mit dem Klosterleben umgehen konnte, wie es seinem Freiheitssinn widerstrebte, wie es seiner Gesundheit schaden würde, sollte er es wiederaufnehmen. Hatte er denn in der Welt weniger sittlich gelebt? Im Gegenteil, denn die Literatur habe ihn von vielen Lastern weit entfernt gehalten. Sein ruheloses Leben könne doch nicht schändlich sein, wenn er sich dabei ehrfurchtsvoll auf das Vorbild von Solon, Pythagoras, Paulus und seines geliebten Hieronymus berufen dürfe. Hatte er sich nicht überall die Anerkennung seiner Freunde und Schirmherren erworben? Er zählt sie auf: Kardinäle, Erzbischöfe, Bischöfe, Mountjoy, die Universitäten von Oxford und Cambridge und schließlich John Colet. War denn etwas gegen seine Werke zu sagen: das *Enchiridion*, die *Adagia* (die *Moria* nannte er nicht)? Das Beste müsse noch folgen: Hieronymus und das Neue Testament. Mit mehreren Gründen könne er rechtfertigen, dass er seit seinem Aufenthalt in Italien das Ordenskleid abgelegt hatte und nur noch die übliche Priesterkleidung trug.[27] Das Fazit war: Ich komme nicht zurück nach Holland. »Ich weiß, dass ich die Luft und das Essen dort nicht vertragen würde. Alle Augen wären auf mich gerichtet. Ich käme als altersgrauer Mann von schwacher Gesundheit dorthin zurück, wo ich als Jüngling weggegangen bin. Ich wäre der Verachtung auch der Geringsten ausgesetzt, ich, der doch gewohnt ist, auch durch die Höchsten geehrt zu werden.« »Man kann«, schließt er, »einem Brief nicht alles anvertrauen. Ich gehe nun nach Basel und von dort aus vielleicht nach Rom, aber nach meiner Rückkehr werde ich versuchen, dich zu besuchen [...]. Ich habe von Sasboud und seiner Frau gehört, dass Willem, Franz und Andreas[28] gestorben sind. Grüß Herrn Hendrik herzlich zurück und die anderen, die mit dir wohnen: Ich bin ihnen zugeneigt, wie es sich für mich gehört. Denn die alten Tragödien schreibe ich meinen Verirrungen zu oder, wenn du willst, meinem Schicksal [...]. Lass nicht nach, mich in deinen Gebeten Christus anzubefehlen. Wüsste ich sicher, dass es ihm wohlgefälliger wäre, wenn ich zurückkehrte, um mit dir zusammenzuwohnen, würde ich mich noch heute auf die Reise machen. Leb wohl! Einst mein liebster Kamerad, nun mein ehrwürdiger Vater.«

Mit dieser Weigerung folgte Erasmus seiner Berufung und seinen tiefsten Überzeugungen, im Bewusstsein der ihm eigenen Fähigkeiten. Er war auf einen glanzvolleren Platz berufen, als es das triste Kloster bei Gouda war. Doch unter diesem vorgeschobenen Hauptmotiv verborgen gab es noch alte quälende Stachel in seiner Seele: Regungen von Widerwillen und Scham. Entgegen der Aufforderung seines Klosteroberen also reiste Erasmus durch die südlichen Niederlande, wo er verschiedene Freunde und Schirmherren aufsuchte und die Verbindung zur Universität Löwen erneuerte, dann weiter an den Rhein, und erreichte Basel in der zweiten Augusthälfte 1514. Dort erwarteten ihn die Freuden des Ruhms, wie sie ihm noch nie zuteilgeworden waren. Die deutschen Humanisten begrüßten ihn mit Briefen, Empfängen und Festessen als das Licht der Welt. Sie waren pathetischer und leidenschaftlicher, als Erasmus es bei den Literaten von Frankreich, England und Italien erfahren hatte, von seinen Landsleuten ganz zu schweigen. Sie bejubelten ihn als Deutschen und die Zierde Deutschlands. Bei seinem ersten Zusammentreffen mit Froben gönnte Erasmus sich den Spaß einer scherzhaften Maskerade: Er gab sich als Freund und Beauftragter von sich selbst aus, um die Freude, erkannt zu werden, in vollen Zügen zu genießen. Die deutsche Umgebung sagte ihm wohl zu: »*Mein* Germanien, dass ich dich zu meinem Bedauern und meiner Beschämung so spät kennengelernt habe.«

Alsbald war die Arbeit, für die er gekommen war, in vollem Gange. Wieder fühlte sich Erasmus in seinem Element, so wie sechs Jahre zuvor in Venedig: hart arbeitend in einer Großdruckerei, umgeben von gelehrten Männern, die ihn in den seltenen freien Augenblicken, die er sich gönnte, mit Ehrerbietung und Freundlichkeiten überhäuften. »Es ist mir ganz so, als ob ich in einem allerangenehmsten Museion verkehrte: so viele Gelehrte und so hervorragende Gelehrte!« Einige Übersetzungen von kleineren Schriften Plutarchs gab Frobens Druckerei noch im August heraus. Die *Adagia* gingen mit Verbesserungen, Ergänzungen und dem ursprünglich für Badius bestimmten Vorwort wieder in den Druck. Gleichzeitig mit Froben war auch Dirk Maertens in Löwen für ihn tätig. Bei seiner Durchreise hatte Erasmus ihm eine Sammlung einfacher lateinischer Texte anvertraut. Und Matthias Schürer in Straßburg bereite für ihn den Druck der *Parabolae sive Similia* vor. Für Froben war noch ein Seneca im Entstehen und ein Werk über lateinische Satzkonstruktionen, die 1515 erschienen. Aber das Wichtigste war und blieb: Hieronymus und das Neue Testament.

Die Werke von Hieronymus hatte Erasmus schon in seiner Jugend geliebt, vor allem die Briefe. Eine verbesserte Ausgabe des großen Kirchenvaters schwebte ihm schon mindestens seit 1500 vor. Mit Unterbrechungen hatte er immer daran gearbeitet. 1513 schreibt er an Ammonius: »Mein Eifer, das Werk des Hieronymus zu berichtigen und mit Anmerkungen zu versehen, ist so groß, dass ich mir vorkomme, als sei ich durch eine Gottheit entflammt. Durch Vergleich vieler alter Handschriften habe ich es bereits fast vollständig korrigiert. Das verursacht mir unglaublich hohe Kosten.« Bereits 1512 gab es Verhandlungen mit Badius über eine Herausgabe der Briefe von Hieronymus. Der Kompagnon von Froben, Johannes Amerbach, der bereits vor Erasmus' Ankunft verstorben war, hatte schon seit Jahren eine Hieronymus-Ausgabe in Planung gehabt. Verschiedene Gelehrte, unter anderem Reuchlin, waren schon damit befasst gewesen, als Erasmus sich mit seinem gesamten Material anbot. Er wurde der eigentliche Herausgeber. Von den neun Bänden, in denen das Werk 1516 bei Froben erschien, waren die ersten vier eine Ausgabe der von Erasmus bearbeiteten Briefe, die anderen hatte er korrigiert und eingeleitet.

Noch mehr, falls überhaupt möglich, lagen ihm seine Arbeiten über das Neue Testament am Herzen. Während sie voranschritten, änderte sich ihre Richtung mehr und mehr. Nachdem Vallas *Annotationes* seine Aufmerksamkeit auf die Textkritik der Vulgata gerichtet hatten, war von ihm eine Übersetzung des Neuen Testaments aus dem Griechischen angefertigt worden, die stark von der Vulgata abwich. Wahrscheinlich geschah das auf Drängen von Colet, als er sich von 1505 bis 1506 zum zweiten Mal in England aufhielt. Außer Colet kannten sie wahrscheinlich nur wenige. Später meinte Erasmus, dass auch eine neue, mit seinen Anmerkungen versehene Ausgabe des griechischen Textes selbst notwendig war. Darüber hatte er bereits kurz nach seiner Ankunft in Basel mit Froben eine vorläufige Vereinbarung getroffen. Später hielt er es dann doch für besser, die Ausgabe in Italien drucken zu lassen. Er war bereits entschlossen, zu diesem Zweck dorthin zu gehen, als er durch ein neues Angebot von Froben umgestimmt wurde, sodass er statt nach Italien im Frühjahr 1515 zu einem kurzen Besuch nach England reiste, wahrscheinlich unter anderem, um seine dort zurückgelassene Übersetzung des Neuen Testaments zu holen. Im Sommer war er zurück in Basel und begann mit der Arbeit in Frobens Druckerei. Anfang 1516 erschien unter dem Titel *Novum Instrumentum* der korrigierte griechische Text des Neuen Testaments, mit Anmerkungen und einer lateinischen Übersetzung, in der er all die gravierenden Abweichungen der Vulgata bereinigt hatte.

Man kann sagen, dass Erasmus mit der Herausgabe des Hieronymus und des Neuen Testaments, dieser beiden so wichtigen und im zweiten Falle auch gewagten Werke, sich zum Zentrum der wissenschaftlichen Theologie gemacht hatte. Zugleich war er Zentrum und Maßstab der klassischen Gelehrtheit und des literarischen Geschmacks. In allen Ländern wuchs sein Ansehen stetig, und seine Korrespondenz nahm einen erstaunlichen Umfang an.

Seine geistige Entwicklung ist vollendet, aber seine materielle Existenz bleibt unsicher. Die Jahre von 1515 bis 1517 sind die unruhigsten seines Lebens, in denen er fortwährend jeder sich zeigenden Chance nachjagt: ein Amt als Kanoniker in Tournay, eine Pfründe in England, ein Bistum in Sizilien – immer halb scherzhaft den früher verpassten Gelegenheiten nachtrauernd, klagend über seine »Ehefrau, die verwünschte Armut, die er immer noch nicht loswerden kann«. War er eigentlich nicht eher ein Opfer seiner eigenen Ruhelosigkeit als der Ungunst des Schicksals? Er ist nun fünfzig Jahre alt und nach eigener Aussage immer noch dabei zu säen, ohne die Ernte in Aussicht zu haben. Das jedoch trifft nur auf seine persönlichen Lebensumstände zu, nicht auf sein Lebenswerk.

Im Laufe des Jahres 1515 hatte ihm ein vielversprechender neuer Schirmherr, Jean le Souvage, Kanzler von Brabant, den Titel eines Ratsherrn beim jungen Fürsten Karl V. verschafft. Anfang 1516 wurde ihm dieser reine Ehrentitel verliehen, der mit einer jährlichen Pension von zweihundert Gulden verbunden war, die allerdings nur unregelmäßig ausgezahlt wurde. Um sich des Titels eines Ratsherrn beim Fürsten würdig zu erweisen, schrieb Erasmus den Traktat *Institutio principis christiani*, der sich mit der Erziehung eines Fürsten befasst. In Übereinstimmung mit seiner Natur und Neigung bewegt er sich damit mehr im Moralischen als im Politischen. So steht der Traktat in starkem Gegensatz zu einem anderen, einige Jahre früher geschriebenen Werk, dem Fürstenbuch *Il Principe* von Machiavelli. Erasmus' politische Ansichten werden wir jedoch besser an späterer Stelle im Zusammenhang behandeln.

Die Arbeit in Basel war vorläufig getan. Im Frühjahr 1516 kehrte Erasmus zurück in die Niederlande. In Brüssel sprach er den Kanzler, der ihm neben der Pension des Fürsten noch eine Pfründe in Kortrijk verschaffte, die er, wie vorher seine englische, in Geld ausbezahlt erhielt. In Antwerpen hatte er einen seiner besten Freunde, die ihn sein ganzes Leben unterstützt haben: Pieter Gilles, den jungen Stadtsekretär, bei dem er stets logierte, wenn er nach Antwerpen kam. In der *Utopia* von Thomas Morus figuriert Gilles als der Gastgeber, in dessen Garten der Seemann von seinen Erfahrungen berichtet.[29] Just in diesen Tagen war Gilles bei Dirk Maertens in Löwen, um beim ersten Druck der *Utopia* zu helfen. Später wird Quentin Massys ihn zusammen mit Erasmus malen, auf zwei Tafeln eines Diptychons vereint, als Geschenk für Morus. Für uns ist es ein sprechendes Sinnbild für eine der besten Erfahrungen im Leben von Erasmus: die Freundschaft dieser drei.

Im Sommer 1516 unternahm Erasmus erneut eine kurze Reise nach England. Er wohnte bei Morus, traf Colet, Warham, Fisher und die anderen Freunde. Aber diesmal ging es ihm nicht in erster Linie darum, seine Freude zu besuchen. Eine dringende und delikate Angelegenheit hatte ihn zu dieser Reise veranlasst. Da ihm nun Pfründe und kirchliche Ämter reichlich zufielen, war es wichtiger als je zuvor, alle Hindernisse für eine freie kirchliche Laufbahn beiseitezuräumen. Er hatte eine Dispens von Papst Julius II., die ihm erlaubte, englische Pfründe anzunehmen, und eine andere, die ihn von der Pflicht, das Ordenskleid zu tragen, entband. Doch beide waren auf bestimmte Zwecke begrenzt und damit unzureichend. Die brennende Ungeduld, mit der er seine endgültige Entlassung aus dem Orden betrieb, lässt uns mit Allen vermuten, dass ihm die Angst, nach Steyn zurückgerufen zu werden, ständig im Nacken saß, seit er sich 1514 geweigert hatte, der Aufforderung von Servatius zu folgen. Es gab nichts, was er so sehr fürchtete und verabscheute. Mit seinem vertrauten Freund Ammonius verfasste er ein sehr ausführliches Schreiben an die apostolische Kanzlei, worin er seine eigene Lebensgeschichte als die eines gewissen Florentius darstellt: seinen erzwungenen Klostereintritt, die erfahrenen Bitternisse des Mönchslebens und die Umstände, die ihn zum Ablegen des Ordenskleides veranlasst hatten. Sie wird lebendig und romantisierend erzählt als eine zu Herzen gehende Rechtfertigung. Der Brief, so, wie wir ihn kennen, beinhaltet keinen direkten Antrag. Eine Hinzufügung am Schluss ist in geheimer Zahlenschrift verfasst, deren Schüssel Erasmus in einem anderen Brief mitteilte, mit unsichtbarer Tinte geschrieben. Darin wird die Kanzlei ersucht, die durch seine uneheliche Geburt gegebenen Hemmnisse für eine weitere Laufbahn aufzuheben. Der Adressat, ein apostolischer Sekretär namens Lambertus Grunnius, war höchstwahrscheinlich erfunden.[30] So viel Geheimniskrämerei und Erfindungsreichtum setzte Erasmus ein, wenn es um seine vitalen Interessen ging.

Der Bischof von Worcester, Silvestro Gigli, der gerade als englischer Gesandter zum Laterankonzil aufbrach, nahm den Brief mit und wollte sich der Sache annehmen. In den Niederlanden, wohin er Ende August zurückgekehrt war, wartete Erasmus mit Spannung auf das Ergebnis seiner Bemühungen. Der Bescheid kam im Januar 1517. Mit zwei vom späteren Kardinal Sadolet unterzeichneten Briefen wurde Erasmus durch Papst Leo X. von allen Vorwürfen, gegen kirchliches Recht verstoßen zu haben, entlastet und von der Pflicht, das Ordenskleid zu tragen, entbunden. Der Papst gestattete ihm, außerhalb des Klosters zu leben und kirchliche Pfründe zu behalten, ohne jegliche Einschränkung durch seine uneheliche Geburt.

Das verdankte er nun bereits seinem großen Ruhm. Der Papst hatte darüber hinaus die Widmung des Neuen Testaments akzeptiert und ebenfalls durch Sadolet übermitteln lassen, dass er das Werk von Erasmus sehr schätze. Rom selbst schien sein Bestreben in jeder Hinsicht zu unterstützen.

Die Umstände sprechen dafür, dass Erasmus nun auf Dauer in den Niederlanden bleiben wollte. Löwen wäre der geeignete Ort dafür gewesen, das Zentrum der Studien, wo er bereits einmal zwei Jahre verbracht hatte. Doch nach Löwen zog ihn nichts mehr. Dort war das Bollwerk der konservativen Theologie. Im Namen der theologischen Fakultät zu Löwen hatte Professor Maarten van Dorp aus Naaldwijk Erasmus mit einem Brief wegen der Frechheiten im *Lob der Torheit* gerügt, insbesondere wegen seines Spotts über die Theologen. Zugleich wurde ihm darin seine Vermessenheit vorgeworfen, den Text des Neuen Testaments verbessern zu wollen. Erasmus hatte sich ausführlich verteidigt. Nun aber tobte die Auseinandersetzung auf einem umfassenderen Gebiet. Der Kampfruf der gelehrten Welt lautete: für oder gegen Reuchlin. Soeben waren die Autoren der *Epistolae obscurorum virorum* auf spektakuläre Weise für Reuchlin[31] eingetreten. In Löwen betrachtet man Erasmus genauso misstrauisch, wie er Maarten van Dorp und den anderen Löwener Theologen misstraute. Den Rest des Jahres 1516 und die erste Hälfte von 1517 verbrachte er in Antwerpen, Brüssel (Anderlecht[32]) und Gent, oftmals im Haus von Pieter Gilles. Im Februar 1517 kamen verlockende Angebote aus Frankreich. Budaeus, der große Kenner der Antike, Guillaume Cop, sein alter Freund, und Etienne Poncher, der Bischof von Paris, schrieben ihm, dass der junge König Franz I. ihn mit reichen Pfründen beschenken würde, wenn er nach Paris käme. Erasmus, der immer ängstlich davor zurückscheute, sich zu binden, antwortete lediglich höflich und ausweichend, folgte dem Ruf aber nicht.

Inzwischen erreichte ihn der Brief mit der päpstlichen Absolution. Daraufhin musste er noch einmal nach England, wohl nicht ahnend, dass er zum letzten Mal englischen Boden betreten würde. Am 9. April 1517 fand im Haus von Ammonius in Westminster die Zeremonie statt, die ihn endgültig von den Zwängen entband, unter denen er seit seiner Jugend gelitten hatte. Er war frei.

Von allen Seiten kamen nun Einladungen oder auch nur windige Angebote zuhauf. Mountjoy und Wolsey sprachen von hohen kirchlichen Würden in England. Budaeus drängte ihn weiter zu einem Umzug nach Frankreich. Kardinal Ximenes wollte ihn nach Spanien an die Universität Alcalá holen. Der Herzog von Sachsen bot ihm einen Lehrstuhl in Leipzig an.

Willibald Pirckheimer rühmte die Vorzüge der freien Reichsstadt Nürnberg. Erasmus, der inzwischen wieder überladen war mit seinen Aufgaben als Autor und Herausgeber, schlug wie gewöhnlich kein Angebot ausdrücklich aus, nahm aber auch keines an. Er wollte immer alle Eisen zugleich im Feuer behalten. Im Frühsommer 1517 hielt er sich am Hof des jungen Karl auf, der dabei war, die Niederlande zu verlassen, um nach Spanien zu gehen. Erasmus hätte mitgehen können, mit glänzenden Aussichten. Doch auch das schlug er aus. Ein Wechsel nach Spanien hätte für ihn auf lange Zeit den Abbruch seines unmittelbaren Kontaktes mit den großen Zentren des Buchdrucks in Basel, Löwen, Straßburg und Paris bedeutet, und das wiederum eine Unterbrechung seines mit aller Kraft betriebenen Lebenswerkes. Als der Fürst sich Anfang Juli nach Middelburg begab, um sich nach Spanien einzuschiffen, ging Erasmus nach Löwen.

Letztlich wurde also doch das akademische Milieu, das ihm so gar nicht zusagte, sein neues Umfeld, wo er Lehrverpflichtungen haben würde, wo ihm die jungen Latinisten hinterherlaufen würden, damit er ihre Gedichte und Briefe korrigierte, wo ihm all die Theologen, denen er misstraute, auf die Finger schauen würden. – Aber es sollte ja nur für einige Monate sein.

»Wir sind nach Löwen umgezogen«, schreibt er an den Erzbischof von Canterbury, »bis wir bestimmt haben, welcher Wohnort am besten sein wird für das Alter, das bereits mit Nachdruck anklopft.«

Vier Jahre sollte er schließlich in Löwen zubringen, von 1517–1521. Sein Leben kam damit etwas zur Ruhe, allerdings eher durch die äußeren Umstände als durch eine innere Beruhigung. All die Jahre blieb er hin- und hergerissen, wohin er sich wenden sollte, nach England, nach Deutschland oder nach Frankreich, um endlich die herausgehobene Position zu finden, nach der er immer verlangt hatte, die er aber nie ergreifen wollte.

Die Jahre von 1516 bis 1518 kann man als Höhepunkt von Erasmus' Laufbahn bezeichnen. In dieser Zeit entsteht gleichsam ein ihn umgebender Chor der Zustimmung. Nach der allgemeinen Erwartung seiner Zeitgenossen schien etwas Großes bevorzustehen, und mehr und mehr richteten sich die Augen auf Erasmus: Er würde der Mann sein! In Brüssel laufen ihm Spanier, Italiener und Deutsche die Türen ein, um ihn gesprochen zu haben. Vor allem die Spanier findet er mit ihrem vornehmen Getue lästig. Am überschwänglichsten von allen waren die deutschen Humanisten, die ihn in ihren Briefen mit Lobpreisungen überschütteten. Das hatte bereits 1514 während seiner ersten Reise nach Basel begonnen. »Großer Rotterdamer, Zierde Germaniens, Zierde der Welt«, gehörte noch zu den gemäßigten. Stadträte erwarteten ihn, Ehrengeschenke in Form von Wein und Festessen wurden für ihn alltäglich. Niemand aber äußerte sich so übertrieben wie der Jurist Ulrich Zasius aus Freiburg. Man zeige auf ihn mit dem Finger, behauptet er, weil er der Mann sei, der einen Brief von Erasmus erhalten hat.

»Dreimal größter Held, du großer Jupiter«, geht ihm leicht von den Lippen. Zwingli schreibt 1516, die Schweizer hielten es für einen großen Ruhm, Erasmus gesehen zu haben. Ich weiß und lehre nichts anderes mehr als Erasmus, heißt es bei Wolfgang Capito. Ulrich von Hutten und Heinrich Glareanus sehen sich beide schon neben Erasmus, wie Alkibiades an der Seite von Sokrates war. Ludwig Ber, ein angesehener Theologe aus Basel, bietet ihm alles, was er geben kann. Und Beatus Rhenanus würde ihm ein Leben ernsthafter Bewunderung und hilfreicher Zuneigung weihen, was mehr wert sei als überschwängliche Lobreden. Diese deutsche Begeisterung für Erasmus hat einen Zug nationaler Erregung: Es ist diese Stimmung, in die Luther alsbald sein Wort sprechen wird.

Doch auch andere Nationen stimmten in dieses Lob ein, wenn auch etwas später und nüchterner. Colet und Tunstall versprechen ihm Unsterblichkeit, Etienne Poncher erhebt ihn über die gefeierten italienischen Humanisten, Germain de Brie erklärt, dass die französischen Gelehrten nur noch Erasmus lesen, Budaeus, dass sein Name in der ganzen westlichen Christenheit widerhallt.

Sein wachsender Ruhm zeigte sich auch in allerlei Randerscheinungen: Fast jedes Jahr wieder verbreitete sich das Gerücht, er sei gestorben – bösartig ausgestreut, meinte er selbst. Sodann schrieb man ihm allerlei Schriften zu, an denen er keinerlei Anteil hatte, so unter anderem die *Epistolae obscurorum virorum* [also die umstrittenen, anonym erschienenen Dunkelmännerbriefe]. Er erhielt zahlreiche, teils absonderliche Geschenke und Einladungen, denen er sich irgendwie entziehen musste.

Vor allem aber wuchs seine Korrespondenz ins Unermessliche. Die Zeit war lange vorbei, in der er Morus bitten musste, ihm Korrespondenten zu vermitteln. Sie strömten ihm nun von allen Seiten zu, um Antwort geradezu flehend. Ein früherer Schüler etwa klagt unter Tränen, dass er keinen einzigen Brief von Erasmus vorweisen könne. Gelehrte Männer holten ehrerbietig die Empfehlung eines Freundes von Erasmus ein, bevor sie wagten, ihm zu schreiben. Erasmus war von heroischem Entgegenkommen und bestrebt, alles zu beantworten, obwohl er unter dem täglichen Anstrom an Briefen kaum dazu kam, sie zu lesen. »Wenn ich sie nicht beantworte, erscheine ich als herzlos«, sagt Erasmus selbst, und das wollte er auf keinen Fall. Man muss das Briefeschreiben jener Zeit etwa in der Rolle sehen, die heute Zeitungen haben oder eher noch literarische Monatszeitschriften, die ziemlich direkt aus der Gelehrtenkorrespondenz hervorgegangen sind. Es war eine Kunst wie im Altertum, das man in diesem Fall vielleicht gelungener und mit mehr Gewinn nachahmte als auf anderen Gebieten. Bereits vor dem Jahr 1500 hatte Erasmus in Paris diese Kunst im Traktat *De conscribendis epistolis* beschrieben, der erst 1522 gedruckt werden sollte. Man schrieb in der Regel im Hinblick auf eine spätere Veröffentlichung für einen weiteren Kreis oder jedenfalls mit dem Bewusstsein, dass der Empfänger den Brief anderen Personen zeigen würde. Ein schön geschriebener lateinischer Brief war ein Kleinod, um das man beneidet wurde. Erasmus schreibt an Budaeus: »Tunstall hat deinen Brief an mich verschlungen und wohl drei- oder vielmal erneut gelesen. Ich musste ihn buchstäblich aus seinen Händen reißen.« Unglücklicherweise wurde bei den Wechselfällen des Lebens auf dem Weg eines Briefes nicht immer beachtet, ob der Schreiber ihn als öffentlich, halböffentlich oder streng geheim behandelt wissen wollte. Oft ging ein Brief durch allerlei Hände, bevor er den Adressaten erreichte, wie bei dem Schreiben von Servatius an Erasmus im Jahre 1514. »Sei doch vorsichtig mit Briefen«, schreibt er mehr als einmal, »unsere Gegner lauern darauf, sie abzufangen.« Und doch ist er selbst mit der ihm eigenen übereilten Art sehr unbedacht bei dem, was er seinen Briefen anvertraut. Von Jugend an hat er seine Briefe sorgfältig bewahrt, trotzdem ließ sich bei seinem rastlosen Leben natürlich nicht verhindern, dass viele verloren gingen. Der Natur der Sache nach hatte Erasmus nicht in der Hand, was davon an die Öffentlichkeit gelangte. Ein Bündel seiner handschriftlichen Briefe ließ ihm ein Freund bereits 1509 zukommen. Man hatte sie ihm in Rom zum Kauf angeboten. Erasmus ließ sie auf der Stelle verbrennen. Ab 1515 nahm er die Veröffentlichung seiner Briefe selbst in die Hand, erst nur einige wichtige, dann 1516 eine Auswahl von Freundesbriefen an ihn, schließlich stets größere Zusammenstellungen, bis gegen Ende seines Lebens fast jährlich neue Briefsammlungen erschienen. Kaum etwas anderes war im Buchhandel mehr gefragt als Erasmus' Briefe. Und das war kein Wunder, denn es waren Vorbilder eines ausgezeichneten Stils, in geschmackvollem Latein geschrieben, voller geistreicher Wendungen und eleganter Gelehrsamkeit.

Diese Briefkunst hatte etwas Doppelgesichtiges. Die halb private und halb öffentliche Natur der Briefe war nicht selten kompromittierend. Was man einem Freund unter vier Augen durchaus sagen konnte, verletzte möglicherweise viele andere, die es lasen. Erasmus, der selbst nie wahrnahm, wie verletzend er sich ausdrückte, gab oft Anlass für Missverständnisse und Entfremdung. Die Gepflogenheiten hatten sich noch nicht an die neue Kunst des Buchdrucks angepasst, mit der das geschriebene Wort nun tausendfältig mehr Öffentlichkeit bekam. Erst langsam unterschied man unter dem Einfluss dieser neuen Technik das öffentliche, für die Druckerpresse bestimmte Wort vom privaten, handschriftlichen, das nur an eine bestimmte Person gerichtet ist.

Durch Erasmus' zunehmende Berühmtheit wuchs auch das Interesse an seinen frühen Schriften. Der große Erfolg des *Enchiridion militis christiani* stellte sich eigentlich erst um 1515 ein, als die Zeiten viel reifer dafür waren als elf Jahre zuvor. Man umarme die *Moria* als die höchste Weisheit, schreibt ihm John Watson 1516. Im selben Jahr wird zum ersten Mal das Wort benutzt, das besser als alles andere zeigt, wie sehr Erasmus eine zentrale Autorität geworden war: »Erasmiani«. So nennen sich nach Johannes Sapidus seine deutschen Freunde. Rund ein Jahr später benutzt Doktor Johannes Eck das Wort noch in ganz wohlwollendem Sinne als einen geläufigen Ausdruck:

»Alle Gelehrten in Deutschland sind Erasmianer«, sagt er. Erasmus mag das Wort nicht. »Ich finde an mir selbst nichts«, antwortete er, »das Grund sein könnte, sich zu wünschen, ein ›Erasmicus‹ zu sein, und ich hasse alle solche Parteinamen. Wir alle gehören Christus, und zu seinem Ruhm rackern wir uns ab, jeder für seinen Anteil.« Doch er weiß sehr wohl, dass es jetzt heißt: für oder gegen ihn. Aus dem glänzenden Latinisten mit herausragender Begabung seiner jungen Jahre war eine Autorität in Angelegenheiten des Geistes geworden, zu der die

Welt aufblickte. Er musste sich wahrlich als Verstand, Herz und Gewissen seiner Zeit fühlen. Es konnte ihm so vorkommen, als sei er berufen, das große erlösende Wort zu sprechen, oder vielleicht, dass er es bereits gesprochen hatte. Aus dem Vorwort zur Ausgabe des Neuen Testaments von Erasmus spricht die Zuversicht, dass echtes Wissen und christliche Milde in naher Zukunft den Sieg davontragen werden.

Wie hell schien die Zukunft in diesen Jahren doch noch zu sein! Wiederholt fließt in dieser Periode aus Erasmus' Feder das beglückende Motiv vom bevorstehenden Anbrechen eines goldenen Zeitalters. Der ewige Friede stehe vor der Tür. Die höchsten Fürsten der Christenheit, Franz I. von Frankreich, König Karl von Spanien, Heinrich VIII. von England und Kaiser Maximilian hätten den Frieden durch engste Verbindungen gesichert. Rechtschaffenheit und christliche Frömmigkeit würden aufblühen, zusammen mit dem Wiedererstehen der reinen Literatur und Wissenschaft. Die berühmten Geister stünden wie auf ein Zeichen gemeinsam auf, um die höchste Kultur wiederherzustellen. Man dürfe das Zeitalter beglückwünschen, es werde ein goldenes sein.

Nicht lange hört man von Erasmus diese Töne, zuletzt noch einmal 1519, seitdem macht der Traum vom universellen Glück Platz für die übliche Klage über die Schlechtigkeit der Zeiten, die fast allgegenwärtig ist.

XII. ERASMUS' GEISTIGE AUSRICHTUNG

EXIMII DOCTORIS HIERONYMI STRIDONENSIS VITA EX IPSIVS POTISSIMVM LITTERIS CONTEXTA PER DESYDERIVM ERASMVM ROTERODAMVM.

EQuidem haud sum nescius, ueterum permultos in hac fuisse sententia, ut pium & officiosum esse ducerent, in commodum publicum, apte confictis narrationibus abuti: nempe uel ad uitam recte pieq; instituendam, uel ad erigendos & inflammandos ad honesti studium cessantium animos, uel ad fulciendam quorundam imbecillitatem, uel ad territandos impios, quos neq; ratio corrigit, neq; mouet charitas, uel ad illustrandam miraculis sanctorum hominum gloriam. Atq; hoc fuci genus, nec Platoni displicuit, nec Origeni; nec horũ dogma secutis. Certe obijcit hoc Hieronymus Ruffino, atq; hic uicissim in Hieronymum regerit, malens alterum eodem conspurcare luto, q̃ in se coniectum lutum abstergere. Est quidem mira quædam uulgi credulitas, imo nescio quid penitus insitum animis mortalium, ut ficta lubentius audiant q̃ gesta: & cõmenticijs supraq; ueri fidem fabulis, libẽtius assentiantur q̃ ueris: adeo ut olim uiri prudentes quicquid uehementer commendatum esse uellent multitudini, id fabulosis miraculis celebrarent: uelut numinum religionem, origines urbium aut gentium, exordia nobilium familiarum, exempla clarissimorum principum. Hoc igitur imperitorum affectu, ad ipsorum abuti commodum, permittebant illi, sed non nisi sapienti uiro, propterea quod huius rei fructus omnis pereat, si semel suboleat artificium mentiendi. Verũ hac quidem in parte haud grauatim in Augustini sententiam pedibus eo, non solum ob eam causam, quã ille sane grauẽ adducit, ne si semel in christianorũ litteris suborta fuerit mendacij suspicio, fiat ut nec his habeatur fides, quorũ authoritatem modis omnib⁹ indubitatã & incõuulsam esse oportet, sed multo magis quod

IO. FROBE. TYPIS EXCVDEBAT.
ΜΩΜΗΣΕΤΑΙ ΤΙΣ ΘΑΣΣΟΝ Η ΜΙΜΗΣΕΤΑΙ.

Hieronymus-Druck

Erasmus' geistige Ausrichtung. Ethische und ästhetische Neigungen. Abneigung gegenüber allem Unvernünftigen, Sinnlosen und Schwerfälligen. Bild des Altertums erhellt durch den christlichen Glauben. Wiedergeburt der bonae literae. Das Lebensideal edler Harmonie und glücklicher Weisheit. Bevorzugung des Angemessenen und Gemäßigten. – Sein Intellekt ist weder philosophisch noch historisch ausgerichtet, sondern philologisch und moralistisch. Freiheit, Klarheit, Reinheit und Einfachheit. Vertrauen auf das Natürliche. Pädagogische und gesellschaftliche Ideen.

Wodurch eigentlich hat Erasmus der Mann sein können, von dem seine Zeitgenossen das Heil erwarteten und an dessen Lippen sie hingen, um das erlösende Wort zu empfangen? Sie sahen in ihm den Vorreiter einer neuen Geistesfreiheit, einer neuen Klarheit, Reinheit und Einfachheit des Wissens und einer neuen Harmonie gesunden und guten Lebens. Er war für sie so etwas wie der Herr über soeben erst entdeckte, unbekannte Reichtümer, die er nur bereitzustellen und auszuteilen brauchte. Die geistige Haltung des großen Rotterdamers wollen wir im Folgenden etwas eingehender ausloten.

Im negativen Sinne kann man sie bestimmen als tiefe Abscheu vor allem, was unvernünftig, fade, schwerfällig oder rein auf Äußerlichkeiten bezogen ist. Die Jahrhunderte der mittelalterlichen Kultur hatten die Welt des Geistes überladen mit Vorstellungen, Begriffen, Methoden und Traditionen, die nur noch wie erkaltete Schlacke waren. Sooft Erasmus an die lächerlichen Lehrbücher denkt, mit denen man ihm in seiner Jugend Latein beibrachte, steigt in ihm der Widerwille auf, und er verwünscht sie: Mammetrectus, Brachylogus, Ebrardus und wie sie alle heißen. Ein Haufen Gerümpel, den man aufräumen muss. Doch die Ablehnung dessen, was nutzlos und seelenlos geworden war, umfasste noch viel mehr. Er sah das gesellschaftliche Leben und vor allem das religiöse Leben bestimmt von Praktiken, Zeremonien, Konventionen und Vorstellungen, die den Verstand beleidigten und der Tugend und Frömmigkeit schadeten, statt sie zu fördern. Er verwirft sie nicht unbesehen alle zusammen. Ihm missfällt nur, dass dabei oft das Verständnis und die innere Beteiligung fehlen. Aber für einen Geist, der so empfänglich ist für das Törichte und Lächerliche der Dinge, der mit solch einem Bedürfnis nach gediegener Wohlanständigkeit und innerer Würde ausgestattet ist, zeigt sich doch im ganzen Bereich der Zeremonien und Traditionen ein nutzloses, ja schädliches Theater menschlicher Dummheit und Selbstsucht. Als Intellektualist, der er ist, mit seiner Verachtung für die Unwissenheit, verkennt er hier aber doch, welche intuitive Frömmigkeit, die sich verbal gar nicht ausdrücken lässt, mit der religiösen Praxis einhergehen kann.

Als ob man in eine Galerie mit Bildern von Breughel schauen würde, zieht durch seine Traktate, Briefe und vor allem Dialoge immer wieder ein Aufzug von unwissenden, gierigen Mönchen, die mit Scheinheiligkeit und Humbug den gutgläubigen Menschen etwas vorgaukeln und dabei ihrem eigenen Bauch dienen. Als ein festes Motiv (wie es viele bei Erasmus gibt) kommt er immer wieder auf den Aberglauben zurück, nach dem man selig wird, wenn man in der Kutte eines Franziskaners oder Dominikaners stirbt.

Fastenzeiten, vorgeschriebene Gebete und das Einhalten von Ruhetagen muss man nicht gänzlich aufgeben, aber sie sind nicht mehr gottgefällig, wenn man all sein Vertrauen darauf setzt und die Barmherzigkeit vergisst. Dasselbe gilt für die Beichte, den Ablass und viele Segenssprüche. Wallfahrten haben keinen Wert. Die Verehrung der Heiligen und ihrer Reliquien ist voller Aberglauben, Torheit und Werkheiligkeit. Das Volk meint, dass man den ganzen Tag allein dadurch vor Unglücken bewahrt wird, wenn man morgens ein Bildnis des heiligen Christophorus betrachtet hat. »Wir küssen die Schuhe der Heiligen und ihre schmutzigen Schweißtücher, ihre heiligsten und wirksamsten Reliquien aber, nämlich ihre Bücher, lassen wir achtlos liegen.«

Erasmus' Abscheu vor allem, was zu seiner Zeit als alt und abgelebt galt, ging noch weiter. Seine Ablehnung galt dem gesamten Gedankensystem der mittelalterlichen Theologie und Philosophie. In der syllogistischen Methode fand er nur Spitzfindigkeit und dürre Vernünftelei. Symbolik und Allegorie waren ihm vollkommen fremd und gleichgültig, obwohl er sich einmal selbst an Allegorien versucht hat. Für die Mystik ist er nie aufnahmefähig gewesen.

Was ihm hier eine Wertschätzung unmöglich machte, waren sowohl Schwächen seines eigenen Intellekts als auch tatsächliche Erscheinungsformen des Systems, das er verwarf. Es fiel ihm leicht, sich über Missbrauch religiöser Zeremonien und Praktiken, über Aberglauben und Werkheiligkeit kritisch zu erheben, sei es mit edelmütiger Entrüstung im *Enchiridion*, sei es mit dem verletzenden Spott der *Colloquia*. Doch wo er die gesamte Scholastik in Bausch und Bogen ablehnt, gibt er ein schwaches Bild ab, denn er hat sie weder durchdacht noch begriffen. Die hochmütige Ironie, mit der er von ihr spricht, hatte nur eingeschränkte Berechtigung. Über die konservativen Theologen seiner Zeit stets von oben herab als »magistri nostri« zu sprechen war einfach, widerlegte aber in keiner Weise ihren Standpunkt. Der Spott war eine gefährliche Waffe. Ohne dass der Spötter es beabsichtigte, traf er die Guten wie die Schlechten, die Sache und die Person, er verletzte, ohne wiederaufzurichten. Der Individualist Erasmus hat nie verstanden, was es bedeutete, den Ruf eines Amtes, eines Ordens oder einer Institution zu beschädigen. Vor allem, wenn die Institution die heiligste von allen war, die Kirche selbst.

Von der Kirche hatte Erasmus keine eindeutig katholische Auffassung mehr. Am grandiosen Gebäude der mittelalterlich-christlichen Kultur mit ihrem mystischen Fundament, ihrem streng hierarchischen Aufbau und ihrer herrlich ausgewogenen Symmetrie sah er fast nur noch überbordende Äußerlichkeiten und übermäßigen Prunk. Statt nach einer von der Kirche umfangenen Welt, wie sie Thomas von Aquin und Dante visionär beschrieben hatten, sah Erasmus aus nach einer Welt voller Zauber und Erhabenem, in die er seine Zeitgenossen führen wollte.

Es war die Welt der Antike, allerdings durchlichtet vom christlichen Glauben. Es war eine Welt, die so noch nie bestanden hatte, denn von den historischen Realitäten zur Zeit Konstantins und der Kirchenväter hatte sie nichts, weder vom Rückgang der Latinität und vom Verflachen des Hellenismus noch von der aufziehenden Barbarei und dem entstehenden Byzantinismus. Die Welt, wie Erasmus sie sich vorstellte, war eine Verbindung der reinen Klassizität (das heißt vor allem Cicero, Horaz und Plutarch, denn die Blütezeit des griechischen Geistes ist ihm doch eigentlich fremd geblieben) mit dem reinsten, biblischen Christentum. Konnte beides zusammen eine Einheit bilden? Eigentlich nicht. Wie wir es bei der Betrachtung seines Werdeganges bereits gesehen haben, tritt in Erasmus' Gedankenwelt abwechselnd das Heidnisch-Antike und das Christliche in den Vordergrund, doch das Webmuster seines Geistes ist christlich. Sein Klassizismus dient ihm nur als Form, und er übernimmt aus der Antike lediglich die Elemente, die seiner ethischen Orientierung entsprechend mit dem christlichen Ideal übereinstimmen.

Damit war Erasmus doch neu und befruchtend für seine Zeit, obwohl der Humanismus schon ein Jahrhundert vor ihm wirksam war. Bereits Petrarca, dem Vater des Humanismus, hatte die Verbindung von Antike und christlichem Geist vor Augen gestanden, seinen Nachfolgern aber, die durch den unwiderstehlichen Glanz der antiken Formschönheit verzaubert waren, ist sie wieder aus dem Blick gekommen. Erasmus erst hat die Verbindung hergestellt.

Was die reine Latinität und der klassische Geist für Erasmus bedeutet haben, können wir heute nicht mehr nachempfinden, weil ihre Beherrschung für uns nicht mehr wie für ihn mühevolle Eroberung und herrlichen Triumpf bedeuten. Dafür muss man in einer harten Schule den Hass gegen Barbarei entwickelt haben, der Erasmus schon in seinen ersten Schriftstellerjahren zu den *Antibarbari* angeregt hat. Das Schimpfwort für alles, was alt und unkultiviert ist, lautet bereits: Gotisch, Goten. Die Bezeichnung »barbarisch« umfasste für Erasmus überwiegend das, was wir am Geist des Mittelalters am meisten wertschätzen. Er war von einer stark dualistischen Auffassung geprägt, nach der alte und neue Kultur gegeneinander im Kampf sind. Er sah bei den Verfechtern der Tradition nichts als Obskurantismus, starres Festhalten am Alten, und Unkenntnis der *bonae literae*, denn das ist die gute Sache, für die er und die Seinen kämpfen. Sie bedeutet die gesamte klassische Literatur, Wissenschaft und Kultur, die im Gegensatz zum mittelalterlichen Denken gesundes und heilsames Wissen verkörpere.

Vom Durchbruch dieser höheren Kultur formte sich Erasmus bereits ein Bild, das die Geschichte der Renaissance bleibend bestimmen sollte. Es ist ein Wiederaufblühen gewesen, das zwei oder drei Jahrhunderte vor seiner Zeit begonnen hatte und außer der Literatur auch alle bildenden Künste mit erfasste. Neben den Worten »restitutio« und »reflorescentia« kommt bei ihm auch wiederholt »renascentia« vor. »Die Welt kommt zu Bewusstsein, als ob sie aus einem tiefen Schlaf erwache. Es widersetzen sich aber noch einige hartnäckig, um mit Händen und Füßen krampfhaft ihre alte Ignoranz festzuhalten. Sie fürchten, als Unwissende dazustehen, wenn die gute Literatur wiedergeboren und die Welt klug wird.« Sie wüssten nicht, wie fromm die Alten sein konnten, welche Heiligkeit Sokrates, Vergil, Horaz oder Plutarchs *Moralia* eigne, wie reich die Geschichte der Antike sei an Vorbildern für Verträglichkeit und echte Tugend. Man dürfe nicht profan nennen, was fromm ist und zur Sittlichkeit hinführt. Es gebe keine wertvollere Lebenslehre als Ciceros *De senectute*.

Um den Zauber zu verstehen, den Erasmus' Geisteswelt auf seine Zeitgenossen ausgeübt hat, geht man am besten von dem Lebensideal aus, das ihm als schöner Traum vor Augen stand. Es war nicht auf ihn allein beschränkt. Die ganze Renaissance beseelt der Wunsch nach einer stillen, glücklichen und dabei ernsten Konversation mit guten Freunden in einem Haus unter dem kühlenden Schatten von Bäumen. Heitere Gelassenheit und Harmonie. Die ganze Epoche verlangte nach Erfüllung in Einfachheit, Aufrichtigkeit, Wahrheit und Natur. Ihre Vorstellungen sind immer vom antiken Wesen durchdrungen, obwohl sie in ihrem Kern viel enger an die mittelalterlichen Ideale anknüpft, als es damals bewusst war. Im Kreis der Medici finden wir diesen Geist in der Idylle des Landhauses Careggi, bei Rabelais in der Imagination der Abtei Thélème, sie spricht aus Morus' *Utopia* und den Essays von Montaigne. In Erasmus' Schriften kommt das ersehnte Ideal immer wieder vor in der Form eines Spazierganges mit Freunden, gefolgt von einem gemeinsamen Essen in einem Landhaus. Man findet es als einleitendes Hintergrundbild in den *Antibarbari*, in vielen Beschreibungen der Gastessen bei Colet und in zahlreichen »Conviva« der Dialoge. Vor allem im *Convivium religiosum* hat Erasmus seinem Traum ausführlich Gestalt gegeben. Es wäre der Mühe wert, die Darstellung des idealen Landhauses darin einerseits mit Thélème zu vergleichen und andererseits mit dem zauberischen Entwurf eines Lustgartens, wie ihn Bernard Palissy[33] beschreibt. Hofwijck ist eine direkte Verkörperung dieses Wunschbildes von Erasmus.[34] Die holländischen Landsitze und Gartenhäuser, die so sehr der niederländischen Volksart entsprachen, sind die Einlösung eines rein erasmischen Ideals.

»Mein ist mein schlichtes Landhaus«, sagt der Gastgeber im *Convivium religiosum*, »ein Nestlein, angenehmer als alle Paläste, und wenn König der ist, der frei nach seinem eigenen Sinn lebt, dann bin ich hier gewiss König.«

Den wahren Lebensgenuss findet man in Tugend und Frömmigkeit. Wenn diejenigen, die gut leben, Epikureer sind, dann ist es in Wahrheit niemand mehr als derjenige, der heilig und fromm lebt. Das Ideal der Lebensfreude ist auch insofern vollkommen idyllisch, als es die Loslösung von den irdischen Dingen und allem Unsauberen verlangt. Erasmus spricht stets mit Geringschätzung vom Handel, von Rechtskunde und Politik. Es sei Torheit, sich für alles und jedes in der Welt zu interessieren, und sich zu brüsten mit der Kenntnis des Marktes, der Pläne des Königs von England, der Neuigkeiten aus Rom, der Zustände in Dänemark. Der kluge Greis aus dem *Colloquium senile* hat ein gemütliches Ehrenamt und ungefährdete Mittelmäßigkeit, er verurteilt niemanden und nichts, aber lacht allen zu. Ungestört für sich selbst sein zu können, umgeben von Büchern, das ist das Erstrebenswerteste.

Dem Ideal heiterer Gelassenheit und Harmonie hefteten sich auch zahlreiche ästhetische Werte an, etwa Erasmus' Hang zur Wohlanständigkeit, sein großes Bedürfnis nach freundlich-höflichem Umgang, seine Freude an gefälligen und ansprechenden Begegnungen, an kultivierten und entspannten Umgangsformen. Eng verbunden damit sind einige seiner intellektuellen Neigungen. Er hasst das Heftige und Extravagante. Darum missfallen ihm die Chöre in den antiken Dramen. Das Verdienst seiner Verse sieht er darin, dass sie Erregung ersparen und jegliches Pathos vermeiden, denn »darin gibt es absolut keinen Sturm, keinen über seine Ufer tretenden Gebirgsfluss, keinerlei Übertreibung. Die Worte sind von vollkommener Schlichtheit. Meine Verse wollen lieber im Maß bleiben als darüber hinaus zu gehen, lieber an der Küste entlangsteuern als in See zu stechen.« An anderer Stelle sagt er: »Mir gefällt ein Gedicht am besten, wenn es Prosa gleicht, dann allerdings der besten Prosa. Wie Philoxenos[35], dem die Fische am besten schmecken, die keine Fische sind, und der das Fleisch für das leckerste hält, das kein Fleisch ist, für den die angenehmste Bootstour an der Küste entlangführt und die schönste Wanderung an einem Ufer, so habe ich besondere Freude an einem rhetorischen Gedicht und einer poetischen Rede, sodass man in der Prosa die Poesie schmeckt und umgekehrt.« Es ist der Mann der Halbtöne, der

Nuancen, des nie ganz Ausgesprochenen, den wir hier hören. Und er ergänzt: »Das Weithergeholte mag anderen zusagen, mir scheint die Hauptsache zu sein, dass wir uns bei unseren Reden an die Sachen selbst halten und weniger darauf aus sind, unseren Scharfsinn zu zeigen, als die Sachen sprechen zu lassen.« Das ist der Realist.

Dieser Auffassung entsprechen die schöne, schlichte Klarheit sowie die ausgezeichnete Einteilung und Entwicklung seiner Darlegungen. Sie ist aber auch die Ursache für seine Nüchternheit, für das Fehlen des Tiefgründigen und seine Weitschweifigkeit. Die Maschinerie läuft bei ihm allzu glatt. Für die endlosen Verteidigungsreden seiner letzten Jahre fallen ihm zur Unterstützung seiner Ausführungen immer wieder neue Wendungen, neue Argumente neue Belegstellen oder Zitate ein. Er preist die knappe, schnörkellose Form, beachtet sie aber selbst nicht. Erasmus prägt niemals einen Sinnspruch, der durch seine Bündigkeit sprichwörtlich wird und so lebendig bleibt. Es gibt keine Zitate von ihm, die man heute noch verwendet. Der Zusammensteller der *Adagia* hat selbst keine neuen geschaffen. Die seinem Geist angemessene Beschäftigung war das Paraphrasieren: »Lücken schließen, abrupte Übergänge abmildern, das in Unordnung Geratene ordnen, das Verwickelte entwirren, die Knoten lösen, das Dunkle belichten.« Er betrachtete das selbst als Auslegung. Glattstreichen und Auseinanderfalten ist die ihm gemäße Arbeit. Es ist charakteristisch, dass er das gesamte Neue Testament paraphrasierte, aber die Apokalypse wegließ.

Erasmus war weder philosophisch noch historisch ausgerichtet. Er neigte nicht zu scharfen begrifflichen Unterscheidungen und auch nicht zur Betrachtung der großen Zusammenhänge der Welt in einer umfassenden historischen Schau, bei der das Einzelne in seiner Vielheit und Buntheit mit einbegriffen ist. Seine geistige Ausrichtung war philologisch, in der vollen Bedeutung des Wortes. Er liebt die Sprache, die Ausdrücke und die Rede selbst. Er tastet sie ab, wie ein Kenner, der kostbare, alte Stoffe an der Sonne glänzen lässt und sich an ihrer Vollkommenheit erfreut. Doch allein mit dieser philologischen Ausrichtung hätte er die Welt nicht für sich gewonnen und fasziniert.

Er war zugleich stark ethisch orientiert, und diese Verbindung hat ihn groß gemacht.

In der Tiefe seines Geistes wirkt ein starkes Verlangen nach Freiheit, Klarheit, Reinheit, Einfachheit und Ruhe. Es ist ein sehr altes Lebensideal, dem er mit dem Reichtum seines Geistes neue Erfüllung gibt. Ohne Freiheit ist das Leben kein Leben, aber es gibt keine Freiheit ohne Ruhe. Dass er sich immer scheute, Partei zu ergreifen, lag an seinem unbedingten Bedürfnis nach vollkommener Unabhängigkeit. Jede Verpflichtung, und sei es auch nur eine zeitweilige, wird von Erasmus als Fesselung empfunden. Eine Person aus den *Colloquia*, in denen er so oft auf spontane Weise seine eigenen Lebensideale zum Besten gibt, erklärt entschlossen zu sein, weder zu heiraten noch in den geistlichen Stand zu treten noch Mönch zu werden oder irgendeine andere Bindung einzugehen, aus der sie sich nicht wieder losmachen könne, jedenfalls nicht, bevor sie sich selbst vollkommen kenne. »Wann soll das sein? Vielleicht nie.« »Wegen keiner anderen Sache beglückwünsche ich mich so wie dafür, dass ich mich nie irgendeiner Parteiung angeschlossen habe«, sagt Erasmus gegen Ende seines Lebens.

Freiheit muss in erster Linie geistlich sein. »Der geistliche Mensch beurteilt alles, aber er selbst wird durch niemanden beurteilt«, lautet ein Wort des Paulus.[36] Wozu braucht jemand Vorschriften, der aus eigenem Antrieb die Dinge besser verrichtet, als es die menschengemachten Gesetze fordern? Was ist das für eine Anmaßung, einen Menschen durch Verordnungen zu binden, der doch offenkundig geleitet wird durch Eingebungen des göttlichen Geistes?

Bei Erasmus finden wir bereits im Ansatz den Optimismus, der den Menschen für rechtschaffen und gut genug hält, ohne feste Formen und Regeln auszukommen. So wie in Morus' *Utopia* und bei Rabelais spricht aus Erasmus bereits das Vertrauen in die Natur, die den Menschen makellos in die Welt setzt und der er folgen darf, sofern er von Glauben und Demut durchdrungen ist.

Dieses Vertrauen in das Natürliche und das Verlangen nach dem Schlichten und Angemessenen prägen auch Erasmus' pädagogische und soziale Anschauungen. Hier ist er seiner Zeit weit voraus. Es wäre sehr verlockend, über seine pädagogischen Ideale ausführlicher zu sprechen. Sie sind bereits fast gänzlich die des 18. Jahrhunderts. Ein Kind muss spielend an Dingen lernen, die seiner Entwicklung entsprechen, mit Abbildungen. Man muss seine Fehler mit Milde korrigieren. Der schlagende und schimpfende Lehrer ist Erasmus ein Gräuel, das Lehramt selbst ist ihm heilig und verehrungswürdig. Gleich von Geburt an muss die Erziehung beginnen. Wahrscheinlich betonte Erasmus hier wie auch sonst zu sehr die Klassizität: Sein Freund Pieter Gilles muss seinem zweijährigen Sohn bereits Anfangsgründe der alten Sprachen einpflanzen, damit er seinen Vater recht hübsch stammelnd auf Griechisch und Latein begrüßen kann. Doch welche Milde und welch erhellender Sinn stahlt aus allem, was Erasmus über Unterricht und Erziehung sagt!

Dasselbe gilt von seinen Ansichten über Ehe und Frauen. In Bezug auf die Sexualität steht er sehr überzeugt an der Seite der Frau. Seine Auffassungen von der Position der Mädchen und Frauen zeugen von einem hohen Maß an empfindsamem Einfühlungsvermögen. Wenige Figuren der *Colloquia* sind mit so viel Sympathie gezeichnet wie das Mädchen mit dem Liebhaber und die gebildete Frau im gelehrten Gespräch mit dem Abt. Erasmus betrachtet die Ehe aus gesellschaftlichem Blickwinkel und dem des gesunden Lebens. Lass uns Kinder zeugen für den Staat und für Christus, sagt der Liebhaber, Kinder, denen ihre rechtschaffenen Eltern gute Anlagen mitgeben und die zu Hause gute Vorbilder haben, die sie leiten. Oft kommt Erasmus auf die Pflicht der Mutter zurück, ihr Kind selbst zu stillen. Er beschreibt, wie das Haus eingerichtet sein sollte: schlicht und reinlich. Er vertieft sich in die Frage, wie praktische Kinderkleidung beschaffen sein sollte. Wer trat in dieser Zeit so wie er bereits für Mädchen mit unehelichen Kindern ein? Wer zeigte Verständnis für Armutsprostituierte? Wer sah so deutlich die soziale Gefahr der Syphilis, der von ihm so heftig verabscheuten neuen Geißel Europas, wenn Infizierte heiraten? Der Papst müsste solche Ehen augenblicklich für ungültig erklären. Erasmus folgt nicht der in der Literatur seiner Zeit noch so gängigen Auffassung, nach der alle Schuld an Ehebruch und Verfehlungen immer nur der Frau anzulasten sei.

Bei den Ureinwohnern in einem Naturstaat, so sagt er, würden Männer für Ehebruch bestraft, den Frauen aber werde verziehen.

Hier zeigt sich, dass Erasmus bereits, sei es auch nur halb scherzhaft, die Vorstellung der naturgegebenen Tugendhaftigkeit und des ursprünglichen Glücks der nackten Inselbewohner eines Naturvolkes kennt. Bald kehrt sie bei Montaigne wieder und wird in den folgenden Jahrhunderten zu einem literarischen Dogma weiterentwickelt.

XIII. ERASMUS' INTELLEKTUELLE AUFFASSUNGEN

Intellektuelle Auffassungen. Die Welt überladen mit Meinungen und Formen. Die Wahrheit muss einfach sein. Zurück zu den unverfälschten Quellen. Die Heilige Schrift in den ursprünglichen Sprachen. Biblischer Humanismus. Textkritische Arbeit über die Heilige Schrift. Praxis geht über Dogma. – Erasmus' Begabung. Seine Freude an Worten und Dingen. Weitschweifigkeit. Wahrnehmung von Einzelheiten. Ein verschleierter Realismus. Doppeldeutigkeit. Nuance. Unergründlichkeit des tiefsten Sinnes aller Dinge.

Einfachheit, Natürlichkeit, Reinheit und Vernunft sind für Erasmus von zentraler Bedeutung, auch wenn wir nun nach seinen ethischen und ästhetischen Auffassungen seinen intellektuellen Standpunkt betrachten, wobei beides im Übrigen nicht strikt zu trennen ist.

Die Welt, sagt Erasmus, sei überladen mit menschlichen Konstruktionen, Meinungen und scholastischen Dogmen, belastet mit der tyrannischen Macht der Orden, sodass durch all dies die Lehre der Evangelien langsam an Kraft verliere. Der Glaube brauche Vereinfachung. Was würden die Türken wohl über unsere Scholastik sagen? »Erasmus«, schrieb Colet ihm einst, »es kommt kein Ende an Bücher und Wissenschaft. Lass uns darum alle Umwege meiden und direkt auf die Wahrheit zugehen.«

Die Wahrheit muss einfach sein. »Die Sprache der Wahrheit ist einfach, sagt Seneca. Nun denn, nichts ist einfacher und wahrer als Christus.« »Ich würde mir wünschen«, sagt Erasmus an anderer Stelle, »dass der einfache und unverfälschte Christus tief in den Geist der Menschen eingesenkt wird. Das ist meines Erachtens am besten zu erreichen, wenn man gestützt auf die Kenntnis der Ursprungssprachen *an den Quellen selbst* philosophiert.«

Damit tritt eine neue Maxime in Erscheinung: Zurück zu den Quellen! Sie ist nicht nur eine Forderung des philologischen Sachverstandes, es drückt sich darin auch ein ethisches und ästhetisches Lebensbedürfnis aus. Das Ursprüngliche und Reine, das noch nicht von Verfälschendem überwuchert ist, hat diese starke Faszinationskraft. Erasmus vergleicht es mit einem Apfel, den man selbst vom Baum pflückt. So sieht er die Aufgabe der Theologie darin, die Welt zurückzurufen zur alten Schlichtheit der Wissenschaft, sie von trüb gewordenen Tümpeln zurückzuführen zu den lebendigsten und allerreinsten Wasseradern, die in den allerklarsten Quellen der Evangelienlehre zu finden sind. Der bildhafte Ausdruck »klares Wasser« ist hier nicht ohne Bedeutung, er verrät den psychologischen Hintergrund der von Erasmus so vehement vertretenen Maxime.

Wie kommt es, ruft er aus, dass man sich mit Details von allerlei entlegenen philosophischen Systemen abmüht, während man versäumt, zu den Quellen der Christenheit selbst zu gehen, »während doch diese Weisheit, die so außerordentlich ist, dass sie einst die Weisheit der ganzen Welt zuschanden gemacht hat, aus wenigen Büchern wie aus einer kristallklaren Quelle zu schöpfen ist, mit viel weniger Mühe, als erforderlich ist, um die Weisheit des Aristoteles aus so zahlreichen dornigen Büchern zu ziehen, und mit viel mehr Gewinn [...]. Die Zurüstung zu dieser Reise ist leicht und jedem möglich. Diese Philosophie ist für jeden zugänglich. Christus will, dass seine Mysterien so weit wie möglich verbreitet werden. Ich wünschte, dass alle Frauen das Evangelium und die Briefe des Paulus läsen. Dass sie in alle Sprachen übersetzt wären! Dass der Bauer daraus beim Pflügen und der Weber am Webstuhl Lieder sängen, dass der Reisende sich damit die Zeit verkürzte [...]. Diese Art Philosophie ist mehr auf Sittlichkeit ausgerichtet als auf Syllogismen, sie ist eher Leben als Standpunkt, mehr Beseligung als Gelehrtheit, mehr Umwandlung als Erkenntnis [...]. Was ist denn die Philosophie Christi, die er selbst ›Renascentia‹ nennt, anderes als die Wiedereinsetzung der gut geschaffenen Natur? – Letztlich ist viel, das damit übereinstimmt, auch in den heidnischen Büchern zu finden, wobei niemand es uns so vollständig und wahrhaftig gelehrt hat wie Christus.«

Das ist die Lebenslehre des biblischen Humanisten. Wann auch immer Erasmus auf diese Dinge zu sprechen kommt, klingt seine Stimme am kraftvollsten. »Lass niemanden«, sagt er im Vorwort zu den Anmerkungen zum Neuen Testament, »dieses Werk so zur Hand nehmen, wie man die *Noctes atticae* von Gellius oder die vermischten Schriften von Politianus aufschlägt [...]. Wir sind hier im Zentrum von heiligen Dingen, hier geht es nicht um Beredsamkeit. Diese Dinge werden der Welt am besten durch Schlichtheit und Reinheit anbefohlen. Es wäre lächerlich, hier menschliche Gelehrtheit zur Schau zu stellen und gottlos mit menschlicher Redegabe zu prahlen.« Aber er war nie so beredsam, wie gerade hier.

Was ihn dabei über seine gewöhnliche Kraft und Begeisterung erhebt, ist der Kampf, den er führt, der Kampf für das gute Recht des textkritischen Bibelstudiums. Es geht ihm gegen den Strich, dass man die Heilige Schrift studiert, wohl wissend, dass die Texte der Vulgata Abweichungen und Fehler enthalten, während man doch den griechischen Text hat, um zur ursprünglichen Fassung und zum dort gemeinten Sinn zurückgehen zu können.

Man wirft ihm vor, dass er es wagt, rein als Grammatiker den Text der Heiligen Schrift wegen nichtiger, kleiner Fehler und Holprigkeiten anzutasten. »Es sind Kleinigkeiten, ja, aber wegen solcher Kleinigkeiten sehen wir auch die größten Theologen manchmal hässlich straucheln und Unsinn reden.« Die philologische Pingeligkeit sei notwendig. »Warum sind wir so genau bei unseren Speisen, unserer Bekleidung und unseren Geldangelegenheiten, während uns die Präzision allein bei den heiligen Texten missfällt? – Er kriecht am Boden, sagen sie, er quält sich mit Wörtlein und Silben! – Warum achten wir jedwedes Wort von Ihm so gering, den wir doch selbst im Namen des Wortes verehren und anbeten?« »Aber gut, mag man sich ruhig einbilden, dass ich nicht imstande bin, etwas Besseres zu vollbringen, und aus Trägheit des Geistes und Kälte des Herzens oder aus Mangel an Gelehrsamkeit diese niedrigste Aufgabe auf mich genommen habe. Es bleibt doch christlich, jede Arbeit hochzuachten, die mit frommem Eifer verrichtet wird.«

»Wir tragen Steine heran, aber für den Bau des Tempels Gottes.« Er will nicht unnachgiebig sein. Die Vulgata möge man weiter für den Gottesdienst, die Predigt und den Schulunterricht nutzen, doch »wer unsere Ausgabe zu Hause liest, wird dadurch die seine umso besser verstehen«. Er ist bereit, Rechenschaft abzulegen und einzugestehen, dass er Unrecht hat, wenn man ihm Irrtümer nachweisen würde.

Erasmus hat sich selbst vielleicht nie vollständig klargemacht, wie sehr seine philologisch-kritische Methode das Gebäude der Kirche in seinen Grundfesten erschüttern musste. Überrascht zeigte er sich gegenüber seinen Gegnern, »die sich nichts anderes vorstellen können als den umgehenden Verlust ihrer Macht, sobald die heiligen Bücher in gereinigter Form zugänglich wären und man sie aus den Quellen selbst zu verstehen trachtete.« Er konnte nicht nachempfinden, was es bedeutete, ein heiliges Buch von unantastbarer Autorität zu besitzen. Es freut ihn, dass man der Heiligen Schrift durch das Verständnis vielfältiger Nuancen näherkommt, indem man nicht nur betrachtet, was gesagt wird, sondern auch durch wen und zu wem, zu welcher Zeit und bei welcher Gelegenheit, was vorherging und was danach folgte. Kurzum, durch die Haltung historisch-philologischer Kritik anstatt kniender Ehrfurcht. Wenn er auf etwas stieß, das mit der göttlichen Natur oder der Lehre Christi nicht in Einklang zu sein schien, hielt er es für recht fromm, davon auszugehen, dass man den Inhalt entweder nicht verstand *oder dass der Kodex verfälscht war*. Unmerklich ging er vom Verbessern des Textes zur Korrektur seines Inhaltes über. Die Briefe seien nicht alle von den Aposteln, denen sie zugeschrieben werden. Die Evangelisten selbst hätten sich zuweilen geirrt.

Sein geistliches Leben ruhte nicht mehr allein auf einer Säule. Einerseits verlangte er nach einem aufrechten, schlichten, reinen und gemütvollen Glauben, verbunden mit dem ernsthaften Wunsch, ein guter Christ zu sein. Andererseits waren da das unwiderstehliche intellektuell-ästhetische Bedürfnis nach dem Geschmackvollen, dem Ebenmaß, dem klaren, exakten Ausdruck der Alten und der Widerwille gegen das Umständliche und Verwickelte. Erasmus meinte, dass die *bonae literae* gute Dienste leisten könnten bei der notwendigen Erneuerung der Religion und ihrer Formen. So müsse man das Versmaß der kirchlichen Hymnen verbessern. Nie wurde ihm bewusst, wie inkompatibel die christlichen und klassischen Ausdrucksformen waren. Er, der jeden Autor theologischer Studien nach der Berechtigung seiner Autorität fragte, war sich nicht darüber im Klaren, dass er selbst die Autorität der Alten unhinterfragt als gegeben nahm. Wie naiv beruft er sich doch immer wieder auf die Antike, um eine kühne Position zu verteidigen. Er kritisiert? Die Alten taten es jedenfalls auch. Er preist leichthin tadelnswerte Dinge? Viele antike Autoren haben es ihm vorgemacht.

Durch seine Überzeugung, dass es letztlich auf die Lebenspraxis ankomme, ist er in tiefer Harmonie mit der verehrten Antike. Ein großer Philosoph ist nicht derjenige, der die Lehrsätze der Stoiker oder Peripatetiker in- und auswendig kennt, sondern einer, der den Sinn der Philosophie in seinem Leben und mit seiner Sittlichkeit verwirklicht, denn das ist ihr eigentliches Ziel. Wahrhaftig Theologe ist derjenige, der nicht durch künstliche Vernunftschlüsse, sondern durch seine Gesinnung, seine Ausstrahlung und sein eigenes Leben lehrt, dass man den Reichtum geringschätzen muss. Nach dieser Norm zu leben nenne Christus selbst »Renascentia«. Erasmus benutzt das Wort stets in seiner christlichen Bedeutung. Doch gerade in dieser Bedeutung entspricht es weitgehend dem Begriff, den wir für die Renaissance als historische Epoche verwenden. Lange hat man die weltlichen und heidnischen Seiten der Renaissance überschätzt. Der Geist des 16. Jahrhunderts erfreute sich an heidnischen Formen, aber der Inhalt, nach dem er verlangte, war christlich. Erasmus verkörperte diesen Geist wie wenige andere. »Autorem cum renascentium literarum tum redeuntis pietatis«, preist Capito ihn. Sein außerordentlicher Erfolg erklärt sich aus eben dieser aufrichtigen Verbindung eines christlichen Strebens mit dem Geist der Antike.

Die Absicht und das Potenzial eines Intellekts allein verschaffen ihm keinen Einfluss auf die Welt, wenn die Ausdrucksform nicht mitspielt. Daher war Erasmus' hohe Begabung dafür von entscheidender Bedeutung. Seine vollkommene Klarheit und Leichtigkeit des Ausdrucks, seine Lebendigkeit, sein Esprit, seine Fantasie, sein Schwung und Humor haben allem, was er schrieb, etwas Zauberhaftes verliehen, das für seine Zeitgenossen unwiderstehlich war und auch uns noch ergreift, wenn wir seine Werke zur Hand nehmen. Mit allem, was sein Talent ausmachte, war er ganz und gar Repräsentant der Renaissance. In erster Linie ist da sein ewiges à propos. Was er schreibt, ist niemals vage, niemals unverständlich und immer plausibel. Es fließt alles wie von selbst, wie ein Springbrunnen. Ton, Satzbau und Betonung sind stets vollkommen. Es hat fast die leichte Harmonie des Ariost und ist wie bei diesem nie tragisch und nie wahrhaft heroisch, wohl mitreißend, aber nie selbst wirklich hingerissen.

Erasmus' eher künstlerische Begabung zeigt sich in allen seinen Werken, am ausgeprägtesten aber dort, wo er eine Auszeit von der ernsteren Arbeit genommen hat, im *Moriae Encomium* und den *Colloquia*. Doch sind es grade diese Werke gewesen, die außerordentlich wichtig waren für seinen Einfluss auf die Zeit. Denn während sein Hieronymus Dutzende Leser fand, das Neue Testament Hunderte, gingen die Leser der *Moria* und *Collquia* in die Tausende. Die Bedeutung dieser Werke wird zudem noch dadurch erhöht, dass Erasmus sich – nicht nur der Form nach – nirgendwo sonst so spontan geäußert hat wie hier.

In jedem Dialog, selbst in den ersten noch ganz schulhaften, ist eine Komödie, eine Novelle oder Satire im Entwurf angelegt. Es bleibt nicht der kleinste Satz ohne Pointe, kein Ausdruck ohne lebendige Fantasie. Es finden sich stets Feinheiten ohnegleichen. Der Abt aus *Abbatis et eruditiae colloquium* ist eine Molière-Figur. Man achte einmal darauf, wie Erasmus seine Figuren und seine Dramaturgie stets konsequent durchhält, denn er sieht sie. In *Die Wöchnerin* vergisst er keinen Augenblick, dass Eutrapelus Künstler ist. Am Schluss von *Das Würfelspiel,* nachdem die Gesprächspartner sich alle Bezeichnungen und Regeln des römischen Würfelspiels klargemacht haben und selbst ein Spielchen machen wollen, sagt Carolus: »Aber schließ zuerst die Tür, damit das Küchenmädchen uns nicht wie zwei Jungens beim Spielen ertappt.« So wie wir die von Holbein illustrierte *Moria* haben, würde man sich wünschen, die *Colloquia* mit Illustrationen von Breughel zu besitzen. So ähnlich ist die scharfe, geistige Schau der Dinge, zu der Erasmus fähig war, diesem großen Meister. Der Umzug der Betrunkenen am Palmsonntag, die Rettung der Schiffbrüchigen, die alten Männer, die auf die Kutsche warten, während die Fuhrleute noch einen heben – das alles ist niederländische Genrekunst vom Feinsten.

Man spricht gerne vom Realismus der Renaissance. Im Sinne eines unstillbaren Hungers nach Erkenntnis der Wirklichkeit ist Erasmus sicherlich Realist. Er will die Dinge und ihre Bezeichnungen kennen, die Einzelheiten von allem, sei es auch noch so fernliegend, wie die Bezeichnungen und Regeln eines Spiels der Römer. Man lese einmal aufmerksam die Beschreibung der Bemalung des Gartenhauses in *Convivium religiosum*: Alles ist Sachkunde und anschauliche Darstellung von Formen der Wirklichkeit. Mit ihrer Freude am Gegenständlichen und am formbaren, geschmeidigen Wort, ergötzt sich die Renaissance an einem Überfluss von Bildern und Ausdrücken. Die tosende Aufzählung von Namen und Dingen, wie wir sie oft bei Rabelais finden, kennt Erasmus auch, bei ihm aber sind sie ohne verwirrende Überfülle, sie sind klar und angemessen. In *De Copia verborum ac rerum* folgt ein Kunststückchen variierter Ausdrucksweise dem anderen, fünfzig Wendungen, um zu sagen: »Ihr Brief hat mir viel Freude gemacht« oder »Ich glaube, dass es regnen wird«. Der ästhetische Impuls ist hier die Variation des Themas, der Wunsch, den ganzen Reichtum und die Variabilität der Formulierung sehen zu lassen. Auch sonst gibt Erasmus der Neigung nach, die Schätze seines Verstandes aufzutürmen. Er und seine Zeitgenossen können nicht davon ablassen, immer alle Beispiele statt nur eines zu geben: so in *Ratio verae theologiae*, in *De pronuntiatione*, in *Lingua* und *Ecclesiastes*. Die Sammlungen der *Adagia*, der *Parabolae*, und der *Apophthegmata* gehen vollständig auf die Sucht der Renaissance zurück (die sie übrigens vom Mittelalter selbst übernommen hat), im Reichtum der konkreten Dinge zu schwelgen, auf die Lust an Worten und Dingen. Die Sinne sind geöffnet für die genaue Beobachtung von allem, was bemerkenswert erscheint. Erasmus kennt den Durst der Renaissance nach den Schätzen der Welt nicht als das Verlangen, den Geheimnissen der Natur auf den Grund zu gehen, wie es einen Leonardo da Vinci, einen Paracelsus und einen Vesalius beseelt. Sein naturwissenschaftliches Interesse geht nicht tief. Was ihn interessiert, ist die Welt, so wie sie sich zeigt. Für die Eigenarten der Sitten und Gebräuche des Volkes hat er einen scharfen Blick. So beschreibt er, wie die Schweizer Soldaten absichtlich hinken, wie Dandys sitzen, wie die Bewohner der Picardie das Französische aussprechen. Er bemerkt, dass man auf alten Gemälden als Zeichen der Tugendhaftigkeit stets halb gesenkte Augenlider und geschlossene Lippen sieht, und wie für manche Spanier dieser Gesichtsausdruck immer noch der angemessene ist, während die deutsche Kunst die zum Kuss gespitzten Lippen bevorzugt. Sein lebhafter Sinn für die Anekdote, dem er in all seinen Schriften freien Lauf lässt, kommt hier zum Tragen.

Trotz all dieses Wirklichkeitssinnes ist die Welt, wie sie Erasmus schildert, nicht vollständig die des 16. Jahrhunderts. Alles ist verfremdet durch das Latein. Zwischen seine Wahrnehmung und die Wirklichkeit hat sich die antike Redeweise geschoben. Im Grunde ist seine Geisteswelt eine künstliche. Es ist eine abgemilderte und verkürzte Wirklichkeit des 16. Jahrhunderts, die er widerspiegelt. Ihr fehlt mit dem Rauen auch all das Heftige und Unmittelbare seiner Zeit. Verglichen mit den Malern, mit Luther und Calvin, mit den Staatsmännern, den Seefahrern, Soldaten und Männern der Wissenschaft, steht Erasmus der Welt als ein Zurückgezogener gegenüber. Kann man das allein auf den Einfluss des Lateins zurückführen? Bei all seiner Empfänglichkeit und Sensibilität ist Erasmus jedenfalls nie vollkommen in Berührung mit dem Leben. In seinem gesamten Werk hört man keinen Vogel singen und keinen Wind rauschen.

Doch die zurückhaltende Scheu vor dem Unmittelbaren ist nicht nur negativ zu bewerten. Sie ergibt sich auch aus dem Bewusstsein der Unergründlichkeit aller Dinge, aus der Ehrfurcht vor der Vieldeutigkeit alles Seienden. Wenn Erasmus sich so oft auf der Grenze zwischen Ernst und Spott bewegt, wenn er fast nie eine endgültige Schlussfolgerung zieht, dann geschieht dies nicht allein aus Vorsicht und aus Furcht, sich zu kompromittieren. Überall sieht er die Nuance und die Übergänge der Wortbedeutungen. Die Bezeichnungen der Dinge sind für ihn nicht mehr in Gold gefasste Kristalle oder Sterne am Firmament, wie noch für die Menschen des Mittelalters.

»Ich halte nichts von entschiedenen Versicherungen, sodass ich mich leicht zu den Skeptikern gesellen kann, überall dort, wo es die unantastbare Autorität der Heiligen Schrift und die Dekrete der Kirche erlauben.« »Was ist frei von Irrtum?« All die subtilen Streitfragen der theologischen Reflexion sind auf eine gefährliche Neugier zurückzuführen und enden in gottloser Vermessenheit. Was haben die großen Kontroversen über die Dreieinigkeit und Maria eingebracht? »So viel haben wir definiert, das ohne Gefahr für unser Heil im Unwissen oder in der Schwebe hätte bleiben können [...]. Das Wichtigste in unserer Religion ist Friede und Eintracht. Sie können kaum Bestand haben, wenn wir uns nicht auf ein Mindestmaß an Definitionen beschränken und in vielen Dingen jeden selbst urteilen lassen. Viele Fragen werden jetzt bis zu einem ökumenischen Konzil vertagt. Es wäre viel besser, solche Fragen bis zu der Zeit zu vertagen, in der uns das, was wir jetzt nur gleichnishaft wie im Spiegel als Rätsel sehen, enthüllt wird und wir Gottes Angesicht schauen.«

»In den heiligen Studien gibt es unzugängliche Bereiche, zu denen wir nach dem Willen Gottes nicht weiter vordringen sollen, und wenn wir es doch versuchen, so tasten wir umso mehr im Dunkeln, je weiter wir vordringen, sodass wir auch so die unergründliche Majestät der göttlichen Weisheit und die Hilflosigkeit des menschlichen Verstandes erkennen.«

XIV. ERASMUS' CHARAKTERBILD

Erasmus' Charakter. Bedürfnis nach Reinheit und Reinlichkeit. Empfindsamkeit. Abneigung gegen Streit und Streben nach Eintracht und Freundschaft. Vermeidung jeglicher Irritation. Ihm liegt zu viel an der Meinung anderer. Drang, sich selbst zu rechtfertigen. Er ist nie schuld. Beziehung zwischen Neigung und Überzeugung. Idealbild von sich selbst. Unzufriedenheit mit sich selbst. Egozentrisches Denken. Im Innersten ist er allein. Abwehrende Haltung. Krankhaftes Misstrauen. Traurigkeit. Ruhelosigkeit. Unaufgelöste Gegensätze seines Wesens. Widerwille gegen Lügen. Vorbehalt und Anspielungen.

Erasmus' machtvoller Geist hat bei seinen Zeitgenossen enormen Widerhall gefunden und einen lang anhaltenden Einfluss auf die Entwicklung der Kultur gehabt. Aber einen Helden der Geschichte kann man ihn nicht nennen. Kann es nicht teilweise am Zurückbleiben seines Charakters hinter der Höhe seines Geistes gelegen haben, dass er nicht noch bedeutender gewesen ist?

Doch dieser außerordentlich komplizierte Charakter, den Erasmus selbst für ganz einfach hielt, wird durch dieselben Faktoren bestimmt wie sein Geist. Regelmäßig findet man das Gegenstück seiner Überzeugungen in seinen Neigungen. Am Grunde seines Wesens liegt, um mit dem Einfachsten zu beginnen, ein tiefes Bedürfnis nach Reinheit, das ihn zu den Quellen der Wissenschaft des Heiligen trieb. Reinheit im Gegenständlichen und im Moralischen will er für sich und für andere, immer und in allem. Nichts geht ihm so gegen den Strich wie die Praktiken der Weinpantscher und der Lebensmittelverfälscher. Dass er andauernd seine Sprache und seinen Stil bereinigt oder sich von Fehlern freispricht, geht auf denselben Impuls zurück, der ihn auch nach Reinlichkeit und Helle in der häuslichen Umgebung und am eigenen Körper verlangen lässt. Schlechte Luft und üble Gerüche verabscheut er zutiefst. Er geht stets

Umwege, um stinkende Gassen zu vermeiden, und bei Schlachtereien und Fischgeschäften wird ihm übel. Der Gestank führe zu Ansteckung, meint er. Früher als die meisten hat Erasmus die Bedeutung der Hygiene erfasst, wenn er Infektionsgefahren durch die stickige Luft in überfüllten Wirtsstuben, den Atem von Beichtenden und das Taufwassers vermutet. Schluss mit dem Trinken aus einem Becher, jeder soll sich selbst rasieren, Bettlaken müssen sauber sein und bei der Begrüßung sollte man auf das Küssen verzichten. Die Sucht nach Sauberkeit wird bei ihm noch gefördert durch die große Seuche, die während seiner Lebenszeit in Europa ihren Einzug gehalten hatte und deren rasante Ausbreitung er mit Sorge verfolgte: die scabies gallica [die Franzosenkrankheit, Syphilis], wie er sie meistens nennt. Es werde nicht genug dagegen getan, urteilt er zu Recht. Er warnt seine Diener vor anrüchigen Herbergen und er wünscht Maßnahmen gegen die Heirat Erkrankter. Bei seiner unwürdigen Haltung gegenüber Hutten spielt offenkundig ein körperlicher und moralischer Ekel vor dessen Erkrankung [an Syphilis] eine Rolle.

Erasmus ist ständig auf seine Gesundheit bedacht. Sein Körper zwingt ihn dazu. Er ist sehr anfällig, unter anderem für Erkältungen, von ihm die »Krankheit der Gelehrten« genannt. Früh schon beginnen ihn die schmerzhaften Beschwerden durch kleine Nierensteine zu quälen, denen er so mutig widerstand, wenn es um sein Werk ging. Er spricht immer etwas liebevoll von seinem »Körperchen«, das kein Fasten aushalte und das er durch Leibesübungen, insbesondere das Reiten, bei Kondition halten müsse, wofür er sorgfältig das geeignete Klima auszuwählen versucht. Bisweilen beschreibt er seine Leiden sehr ausführlich. Er muss sehr umsichtig auf seinen Schlaf achten. Ist er einmal aufgewacht, schläft er nur schwer wieder ein, sodass er dadurch oft den Morgen, die ihm so kostbare beste Arbeitszeit, versäumt. Kälte, Wind und Nebel kann er nicht vertragen, noch weniger aber überhitzte Räume. Wie sehr hat er die deutschen Öfen verwünscht, die fast das ganze Jahr in Betrieb waren und ihm den Aufenthalt in Deutschland fast unerträglich machten! Von seiner Angst vor Krankheiten war bereits die Rede. Er flüchtete nicht nur vor der Pest. Aus Angst, sich zu erkälten, verzichtete er auf eine Reise von Löwen nach Antwerpen, wo sein Freund Pieter Gilles gerade einen Trauerfall hatte. Er weiß selbst sehr genau: »Oft ist ein großer Teil der Krankheit nur Einbildung.« Trotzdem lässt ihm eben diese Einbildung keine Ruhe. Ist er jedoch ernsthaft krank, fürchtet er sich nicht vor dem Tod.

Seine Lehre für die Gesunderhaltung ist Mäßigung, Reinlichkeit und frische Luft, Letzteres in Maßen. Die Nähe der See hält er für ungesund, und er hat Angst vor Zugluft. Seinem erkrankten Freund Gilles rät er: »Benutze nicht zu viele Medikamente, bleib entspannt und reg dich vor allem nicht auf.« Obwohl unter seinen Werken ein *Lob der Heilkunst* ist, hält er nicht viel von Ärzten und karikiert sie mehr als einmal in den *Colloquia*.

Auch in seiner äußeren Erscheinung gab es einige Züge, die seine körperliche Schwäche verrieten. Er war mittelgroß, gut gebaut, hellhäutig, hatte blonde Haare und blaue Augen, einen lebhaften Blick, eine sehr artikulierte Aussprache, aber eine dünne Stimme.

Im Bereich der Herzens- und Gemütsangelegenheiten zeigt sich Erasmus' Empfindsamkeit in seinem großen Bedürfnis nach Freundschaft und Eintracht, während er Unfrieden vermied. Friede und Einigkeit gingen ihm über alles, und er nennt sie die Richtschnur seines Handelns. Wenn es möglich wäre, würde er alle Sterblichen zum Freund haben wollen. »Ich kündige niemandem freiwillig die Freundschaft«, sagt er. Obwohl er gegenüber seinen Freunden manchmal launisch und fordernd war, ist er ein wahrhaft großer Freund gewesen, dafür zeugen die vielen, die ihm stets treu blieben, oder andere, die er nach zeitweiliger Entfremdung zurückgewann: Morus, Pieter Gilles, Fisher, Ammonius, Budaeus, es sind zu viele, um alle nennen zu können. »In der Pflege seiner Freundschaften war er sehr beständig«, rühmt ihn Beatus Rhenanus, dessen eigene Anhänglichkeit an Erasmus der beste Beweis dafür ist, wie dieser die intensive Zuneigung zu ihm in anderen erwecken konnte.

Diesem Verlangen nach Freundschaft liegt ein großes, echtes Bedürfnis nach Zuneigung zugrunde.[37] Wir sahen es bereits während seiner Klosterzeit in dem Gefühlssturm fast weiblicher Zuneigung gegenüber Servatius. Zugleich ist es eine Art moralischer Abgeklärtheit, die ihn so prägt: die Abneigung gegen alles Verstörende, Wirre und Unharmonische. Er nennt es selbst »einen gewissen verborgenen, natürlichen Sinn«, der ihn Streit verabscheuen lässt. Es ist ihm unerträglich, mit jemandem über Kreuz zu liegen. Immer hat er gehofft und gewollt, so sagt er, dass seine Feder nicht verwundet, dass er niemanden angreift oder provoziert, sogar wenn er selbst angegriffen wird. Seine Feinde aber ließen es nicht zu, und so geriet er in seinen späteren Jahren allzu selbstverständlich in erbitterte polemische Auseinandersetzungen: mit Lefèvre d'Etaples, mit Lee, mit Egmondanus, mit Noël Beda, mit Hutten, mit Luther und vielen weiteren. Anfangs merkt er noch, wie er darunter leidet, wie der Zwist ihn verwundet und er den Schmerz nicht einfach still ertragen kann. »Lass uns doch wieder Freunde sein«, bittet er Lefèvre, der aber nicht antwortet. Die für Streitschriften aufgewendete Zeit nennt er verschwendet. »Ich merke, wie ich täglich mehr ermüde«, schreibt er 1520, »weniger durch das Altern als durch die rastlose Arbeit an meinen Studien, und mehr noch durch ärgerliche Streitereien als durch die Arbeit, die für sich sehr angenehm ist.« Und wie viel Streit stand ihm da noch bevor!

Hätte er das Urteil anderer Menschen doch etwas weniger wichtig genommen! Doch dazu war er nicht in der Lage. Man nenne es Menschenscheu oder ein tiefes Bedürfnis, sich zu rechtfertigen. Immer malt er sich aus, meistens übertrieben, was seine Worte und Taten bei den Menschen bewirken werden. Für ihn selbst galt sicherlich, wie er einst geschrieben hatte, dass einem die Ruhmsucht weniger im Nacken sitzt als die Angst vor Schmach. Wie Rousseau gehört Erasmus zu denen, die sich aus einer Art geistigem Reinlichkeitsbedürfnis nicht schuldig fühlen können. Eine Wohltat nicht um ein Vielfaches zurückgeben zu können, beschämt und verdrießt ihn. Er kann »keine Mahnungen wegen ausstehender Schulden, keine unerfüllte Pflicht, keine unbeachtete Not eines Freundes ertragen.« Kann er selbst die Schuld nicht abtragen, dann redet er sich ein, sie bestehe nicht. Sehr zutreffend hat Fruin[38] bemerkt: »Was Erasmus in Verletzung seiner Pflicht oder gegen sein wohlverstandenes Interesse getan hat, ist die Schuld der Umstände oder falscher Ratschläge, er selbst hat niemals Schuld.« Und was er für sich so gerechtfertigt hat, erhebt er zum allgemeinen Gesetz: »Gott entbindet die Menschen von verhängnisvollen Gelübden, wenn sie diese später bereuen«, sagt er, der selbst ein Gelübde gebrochen hat.

Es besteht bei Erasmus eine gefährliche Osmose zwischen Neigung und Überzeugung. Der Zusammenhang zwischen seinen ausgeprägten Empfindlichkeiten und seinen Lehren ist unverkennbar. Das gilt insbesondere für seine Meinung über das Fasten und den Verzicht auf Fleisch. Allzu häufig lässt er sich über seine Abneigung gegen Fisch und seine Probleme beim Verzicht auf Mahlzeiten aus, als dass man diesen Zusammenhang übersehen könnte. Entsprechend geht sein eigenes Erleben des Klosters in eine prinzipielle Geringschätzung des Klosterlebens über.

Die Umdeutung seiner Jugendzeit in der Erinnerung beruht auf diesem Bedürfnis nach Selbstrechtfertigung. Es sind alles unbewusste Interpretationen unbestreitbarer Tatsachen im Sinne des Ideals, das Erasmus von sich pflegt, und dem er ehrlich gerecht zu werden glaubt. Die Grundzüge dieses Selbstbildes sind eine erstaunlich einfache Aufrichtigkeit und Offenherzigkeit, die es ihm unmöglich machen zu heucheln, eine Unerfahrenheit und Gleichgültigkeit in den alltäglichen Angelegenheiten des Lebens und das vollständige Fehlen jeden Ehrgeizes. Dies ist alles in erster Instanz wahr: Es gibt an der Oberfläche einen Erasmus, der diesem Bild entspricht, doch es ist nicht der ganze Erasmus. In der Tiefe ist einer, der von all dem nahezu das Gegenteil ist und den er selbst nicht kennt, weil er ihn nicht kennen will, vielleicht, weil hinter diesem noch ein tiefstes Wesen lag, das wahrhaftig gut war.

Sieht er bei sich selbst denn keine Schwächen? Doch, sicher. Trotz seiner Selbstbeweihräucherung ist er mit sich selbst und seinem Werk immer unzufrieden. »Ad vitium usque putidulus«, nennt er sich, also übertrieben selbstkritisch, voller Minderwertigkeitsgefühle und gehemmt. An dieser Eigenschaft liegt es, dass ihm ein Werk sofort nach dem Erscheinen schon nicht mehr gefällt und er es immer weiter korrigiert, ergänzt und verbessert. Das streift an Pedanterie. Wie vorher gegenüber Servatius, spricht er gegenüber Colet von seinem »animus pusillus«. Doch er kann es nicht lassen, sich diese Einsicht als Tugend anzurechnen, ja, die Eigenschaft selbst zu einer Tugend zu erklären. Es sei Bescheidenheit, das Gegenteil von Prahlerei und Selbstverliebtheit.

Wegen dieser Verschämtheit sich selbst gegenüber mag er auch sein eigenes Gesicht nicht. So können ihn seine Freunde nur mit Mühe dazu überreden, sich malen zu lassen. Er kann die Schmeichelhaftigkeiten der Künstler realistisch einordnen.

»Oho«, ruft er angesichts einer von Holbein für die *Moria* angefertigten Zeichnung, »wenn Erasmus noch so aussähe, nähme er auf der Stelle eine Frau.« Es ist diese tief verankerte Unzufriedenheit, die ihm die Bildunterschrift für seine Porträts eingab: »Ein besseres Bild werden euch seine Schriften zeigen.«

Mit seinen Äußerungen der Bescheidenheit und der Geringschätzung des ihm zuteilwerdenden Ruhms folgt Erasmus einerseits dem allgemeinen Brauch der Humanisten, andererseits sind sie Ausdruck seiner innersten Überzeugung, was keineswegs ausschließt, dass er seinen Ruhm doch genoss und ihn für berechtigt hielt. Seine Bücher, die er seine Kinder nennt, seien nicht gelungen. Er denkt, dass sie keinen Bestand haben werden. Von seinen Briefen hält er nicht viel und veröffentlicht sie nur, weil seine Freunde ihn dazu drängen. Seine Verse schreibe er, um eine neue Feder auszuprobieren. Er hoffe, dass alsbald kluge Köpfe auftreten werden, die ihn in den Schatten stellen, sodass er nur noch als Stammler gilt. Was ist schon Ruhm? Ein heidnisches Überbleibsel. Er sei seiner bis zur Übelkeit überdrüssig und würde ihn liebend gerne loswerden. Manchmal entschlüpfen ihm andere Töne. Beim ersten Gespräch mit Lee hatte Erasmus ihm versprochen, er würde ihn unsterblich machen, bekäme er seine Unterstützung. Und einem nicht genannten Gegner droht Erasmus: »Wenn du fortfährst, meinen guten Namen so unverschämt zu beschmutzen, dann pass auf, dass du meine Gutmütigkeit nicht überstrapazierst und ich dich nicht anprangere, damit du noch nach tausend Jahren als giftiger Speichellecker, aufschneidender Großkotz und schlechter Arzt bekannt bist …«

In dem Maße, in dem Erasmus tatsächlich mehr und mehr Mittelpunkt und Leuchtturm der Geisteswelt und der Kultur wurde, musste wohl das Egozentrische in ihm zunehmen. Es gab eine Zeit, in der er meinen konnte, dass die Welt sich um ihn drehe und auf sein befreiendes Wort warte. Was für eine leidenschaftliche Anhängerschaft hatte er überall, wie viel liebevolle Freunde und Verehrer! Es ist etwas Naives in der Art, in der er meint, seinen Freunden mit einem offenen Brief die einigermaßen unappetitliche Geschichte einer Krankheit nahebringen zu müssen, die ihn während der Rückreise von Basel nach Löwen befallen hatte. *Seine* Rolle, *seine* Position, *sein* Name, das wird mehr und mehr der Blickwinkel, unter dem er das Weltgeschehen sieht. Es kommen Jahre, in denen seine ganze enorme Korrespondenz wenig mehr ist als eine nicht enden wollende Selbstrechtfertigung.

Dieser Mann, der so viele Freunde hat, ist dennoch in seinem Herzen allein. Und im Tiefsten seines Herzens will er es so. »Ich möchte ein Weltbürger sein«, schreibt er an Zwingli, »für alle zugleich sein, oder besser für alle ein Fremder.« Er ist ein Abwehrender, ein Zurückgezogener. »Ich wollte immer allein sein und ich hasse nichts so sehr wie die eingeschworenen Parteigänger.« Erasmus gehört zu denen, die durch die Begegnung mit anderen Menschen geschwächt werden. Je weniger er sich an andere Menschen richten und je weniger er sie berücksichtigen muss, sei es Freund oder Feind, umso reiner kommt sein Innerstes zum Vorschein. Wenn er mit bestimmten Personen zusammentrifft, reagiert er stets mit leichter Verlegenheit, aufgesetzten Freundlichkeiten, Koketterien, Geheimnistuerei, Zurückhaltung, Stichelei und Ausweichen. Darum kann man nicht meinen, dass man ihn aus seinen Briefen vollständig kennenlernt. Persönlichkeiten wie Erasmus, die jede Begegnung mit Menschen aus der Fassung bringt, zeigen ihr Bestes und Innerstes erst, sobald sie unpersönlich zur Allgemeinheit sprechen. Nach seinen frühen Gefühlsaufwallungen sentimentaler Zuneigung hat er sich nicht mehr rückhaltlos anderen Menschen hingegeben. Im Tiefsten fühlt er sich von allen anderen getrennt und ihnen gegenüber auf der Hut. In ihm ist eine große Angst, dass andere an seine Seele rühren oder das Bild stören könnten, das er von sich selbst hat. Die abwehrende Haltung zeigt sich als Hochmut und Scham. Budaeus sah richtig, als er ihm scherzhaft zurief: »Fastidiosule!«, oh, du Hochnäsiger! Erasmus selbst deutet diesen beherrschenden Zug seines Wesens als mädchenhafte Verschämtheit. Die außergewöhnliche Empfindlichkeit hinsichtlich des Makels seiner unehelichen Geburt hat hier ihre Ursache. Sein Freund Ammonius nennt das jedoch »subrustica verecundia«, eine etwas bäuerliche Unsicherheit. Tatsächlich hat Erasmus manchmal etwas von dem kleinen Mann, der mit Größe und Ansehen nicht gut umgehen kann, weil sie ihm wesensfremd sind. Er geht den Großen aus dem Weg, doch zugleich ist er von ihnen angezogen.

Vielleicht klingt es zu hart, wenn man sagt, dass echte Loyalität und Dankbarkeit Erasmus fremd waren. In Charakteren wie dem seinen hält eine Art geistige Verkrampfung die Herzlichkeit zurück. Er stimmt mit folgendem Adagium überein:

»Liebe so, als ob du vielleicht noch einmal hassen wirst, hasse so, als ob du vielleicht noch einmal lieben wirst.« Er kann nicht bitten, er kann nichts annehmen, er kann keine Gefälligkeit ertragen. Im Tiefsten seiner Seele lauert eine andauernde Abwehr gegen jedermann. Er, der sich selbst für ein Idealbild schlichter Arglosigkeit hält, misstraut tatsächlich in höchstem Maße all seinen Freunden. Selbst der verstorbene Ammonius, der ihm in den heikelsten Angelegenheiten so eifrig geholfen hatte, war davon nicht ausgenommen. »Du begegnest mir immer mit grundlosem Misstrauen«, klagt Budaeus. »Wie«, sagt Erasmus, »du wirst nicht viele finden, die in der Freundschaft so wenig misstrauisch sind wie ich.« Sobald er die Aufmerksamkeit der Welt wirklich ständig auf all seine Worte und Taten gerichtet sah, war ein gewisses Gefühl, andauernd beobachtet und verfolgt zu sein, durchaus berechtigt. Doch bereits in seinen Pariser Jahren, als er noch ein unbekannter Literat war, finden wir bei ihm regelmäßig Anzeichen eines Argwohns gegenüber seiner Umgebung, der an Verfolgungswahn streift.

In seiner letzten Lebensphase hat sich dieser Wahn besonders auf zwei Gegner gerichtet: Eppendorf und Aleander. Überall habe Eppendorf bestellte Schnüffler, die seine Briefe an Freunde ausspähen. Aleander hetze immer wieder andere auf, ihn zu bekämpfen, und er verfolge ihn, wo immer möglich. Die Art, wie er die Absichten seiner Gegner interpretiert, ist so verstiegen egozentrisch, dass es die Grenzen des vollkommen gesunden Denkens überschreitet. Die Welt scheint ihm voll von Verleumdungen und Hinterhalten zu sein, die für ihn bestimmt sind: Fast alle, die einmal seine besten Freunde waren, sind zu erbitterten Verfolgern geworden. Sie sprechen mit ihren giftigen Zungen bei Festessen, in Gesprächen, in der Beichte, in der Predigt, in Vorlesungen, bei Hofe und unterwegs in Kutschen und Schiffen. Die unbedeutenderen Gegner treiben ihn wie lästiges Ungeziefer zur Lebensmüdigkeit oder zum Tod durch Schlaflosigkeit. Er vergleicht seine Qualen mit dem Martyrium des heiligen Sebastian, der von zahllosen Pfeilen durchbohrt wurde. Doch es sei schlimmer als das, denn für ihn gäbe es kein Ende. Schon seit Jahren sterbe er tausend Tode, und das einsam, denn die Freunde, so es welche gäbe, halte der Neid von ihm ab.

Ohne Zurückhaltung hat er all seine Schirmherren, einen nach dem anderen, wegen ihrer Knauserigkeit an den Pranger gestellt. Manchmal lässt er plötzlich eine Untiefe der Abneigung und des Hasses durchblicken, die wir nicht vermuten würden. Wo ist ihm mehr Gutes widerfahren als in England? Welches Land hatte er stets so gelobt? Aber plötzlich entschlüpft ihm ein erbitterter und unbegründeter Vorwurf: England trage die Schuld daran, dass er seinem Klostergelübde untreu geworden ist, »und wegen nichts anderem hasse ich Britannien so sehr wie deshalb, obwohl es mir immer widerwärtig war.« Selten lässt er sich so gehen. Manchmal ist er gegen Freund und Feind etwas bösartig, allerdings meist eher in einer spielerischen Kratzbürstigkeit.

Zwei Dinge darf man bei der Beurteilung von Erasmus' weniger sympathischen Wesenszügen nicht aus dem Auge verlieren: Erstens darf man an ihn nicht den Maßstab unserer Vorstellungen von Takt und Verträglichkeit anlegen. Verglichen mit den meisten seiner Zeitgenossen, insbesondere mit den Humanisten, ist Erasmus gemäßigt, bescheiden, wohlwollend und fein. Zweitens hören wir heute nicht mehr den *Ton* seiner Worte, wir sehen nicht mehr sein Lächeln.

Erasmus hat sich nie glücklich oder zufrieden gefühlt. Das klingt vielleicht für einen Augenblick überraschend, wenn man an seine sprühende, nie erlahmende Energie, an seine fröhliche Spaßhaftigkeit und seinen Humor denkt. Aber genau betrachtet, passt dieses Unglücksgefühl zu seinem ganzen Charakter. Es ist ebenfalls ein Ausdruck seiner allgemeinen Abwehr. Selbst wenn er »in high spirits« ist, hält er sich in jeder Hinsicht für unglücklich. In wohlgesetzten griechischen Worten nennt er sich den unglücklichsten aller Menschen, den dreimal bejammernswerten Erasmus. Sein Leben sei eine Ilias der Desaster, eine Aneinanderreihung von Missgeschicken. Wie kann mich jemand beneiden? Niemandem sei das Schicksal so ausdauernd feindlich gewesen wie ihm. Es habe ihm den Untergang geschworen, so sang er es bereits in einer für Gaguin gedichteten Klage: Von der Geburt an verfolge ihn unablässig dasselbe traurige, harte Los. Die gesamte Büchse der Pandora scheine über ihm ausgeschüttet zu sein. Manches daran mag nur eine Laune sein, doch er erwähnt sein Unglück etwas zu häufig, als dass man sich stets ein Grinsen dazu denken könnte.

Dieses Unglücksgefühl bezieht sich im engeren Sinne auf die Vorstellung, durch ein tragisches Schicksal mit einer Herkulesarbeit belastet zu sein, ohne Nutzen oder Freude für ihn selbst.[39] Mühen und Verdruss ohne Ende. Er hätte es so viel besser haben können, wenn ihm bei manchen Gelegenheiten sein eigenes Interesse besser aufgegangen wäre. Er hätte Italien nie verlassen sollen, er hätte in England bleiben sollen, wäre er doch nach Frankreich gegangen, hätte er bloß Deutschland nie gesehen! »Aber wegen einer übermäßigen Liebe zur Freiheit habe ich lange Zeit mit treulosen Freunden und hartnäckiger Armut zu kämpfen gehabt.« An anderer Stelle sagt er etwas gelassener: »Aber das Schicksal treibt uns weiter.«

Der maßlose Freiheitssinn *ist* für ihn schicksalhaft gewesen. Er ist immer der große Sucher nach Ruhe und Freiheit geblieben, die er nie gefunden hat. Sich vor allem nie zu binden und keine Verpflichtungen einzugehen, die zu Fesseln werden könnten – da zeigt sich wieder die Angst vor den Verwicklungen des Lebens. Er ist nie mit etwas wirklich zufrieden gewesen, am allerwenigsten mit seinen eigenen Leistungen. Warum überhäufst du uns mit so vielen Büchern, hielt ihm jemand in Löwen vor, wenn du keine davon wirklich gutheißt? Und Erasmus antwortete mit einem Wort von Horaz: Vor allem, weil ich nicht schlafen kann.

Eine schlaflose Energie, das war es in der Tat. Er kann nie zur Ruhe kommen. Noch halb seekrank und mit seinen Koffern beschäftigt, schreibt er bereits wieder an der Entgegnung auf van Dorps Brief gegen die *Moria*, den er eben erst erhalten hat. Man mache sich klar, was es bedeutet, dass dieser von Natur aus Ruhe liebende, ängstliche, bequeme, Reinlichkeit und gutes Essen liebende Erasmus immer wieder mühevolle und gefährliche Reisen unternimmt, auch Seereisen, die er verabscheute, und zwar einzig und allein im Dienst seines Werkes. Hier zeigt er wahrlich Mut, dessen er sich nie rühmt.

Er ist nicht nur ruhelos, er ist auch übereilt. Gestützt durch ein langes und gutes Gedächtnis, schreibt er spontan. Doch bleiben bei ihm Sätze nie in der Luft hängen oder ohne korrekte Fortsetzung, dazu ist er zu stilsicher; allerdings wiederholt er sich oft oder wird ausschweifend. »Ich schütte alles eher aus, als dass ich schreibe«, sagt er und vergleicht seine Schriften mit Niederkünften, ja mit Frühgeburten, denn »die Mühe der Schwangerschaft kann ich nicht aushalten«. Er wählt seine Themen nicht, er fällt über sie und arbeitet sie in *einem* Zug ab, wenn er sie einmal aufgenommen hat. Seit Jahren liest er nur noch »tumultuarie«, kreuz und quer durch alle Autoren, und kommt nicht mehr dazu, seinen Geist durch Lektüre zu erneuern und nach eigenem Interesse zu arbeiten. Er beneidet darin Budaeus. »Veröffentliche doch nicht so hastig«, warnt ihn Morus, »man lauert darauf, dich bei Fehlern zu ertappen.« Erasmus weiß es genau: Er wird alles noch verbessern, er muss alles ständig korrigieren und überarbeiten. Er hasst es, Texte durchzusehen und zu korrigieren, aber widmet sich dieser Arbeit mit unermüdlicher Ausdauer, er arbeitet mit Leidenschaft »in den Basler Tretmühlen« und leiste in acht Monaten, so sagt er, die Arbeit von sechs Jahren.

Diese Leichtfertigkeit und Übereilung, mit der Erasmus arbeitet, hat wieder mit einem der unaufgelösten Widersprüche seines Wesens zu tun. Er will umsichtig und achtsam sein, er ist aber umtriebig und unachtsam. Seine Natur fordert Ersteres, aber sein Geist treibt ihn weiter, und das Wort ist in der

Feder und im Druck, bevor er es durchdacht hat. Im Ergebnis schwankt er dauernd zwischen schnellem Herausplaudern und Zurückhaltung.

Die Art, in der sich Erasmus stets bedeckt hält, wirkt auf uns irritierend. Wie sorgfältig bemüht er sich stets, die *Colloquia,* in denen er so viele seiner tiefsten Überzeugungen offengelegt hat, als bloße Belanglosigkeiten darzustellen, die er für seine Freunde verfasst hat. Sie sind doch nur dazu bestimmt, gutes Latein zu vermitteln! Und wenn darin etwas über Glaubensfragen gesagt wird, bin ich es doch nicht, der es äußert. Sobald er in den *Adagia* Stände oder Ämter tadelt, weist er den Leser darauf hin, dass er dies nicht als Kritik bestimmter Personen auffassen soll.

Erasmus war ein Meister des Vorbehaltes. Selbst wo sein Standpunkt feststand, wusste er eindeutige Entscheidungen zu vermeiden. Doch tat er das nicht nur aus Vorsicht. Seine Zurückhaltung beruhte nicht allein auf Angst. Sie hat ihren Ursprung in seinem tiefsten Wesen. In allen Problemen des menschlichen Geistes sieht er die ewige Zweideutigkeit.

Erasmus gibt vor, eine außergewöhnliche Abscheu vor der Lüge zu haben. Die Gegenwart eines Lügners verursache ihm körperliche Schmerzen, sagt er. Schon als Junge habe er eine starke Antipathie gegen lügnerische Kameraden wie etwa den kleinen Aufschneider gehabt, von dem er in den *Colloquia* erzählt. Der Echtheit dieser Abscheu widerspricht nicht die Tatsache, dass wir Erasmus selbst bei Unwahrheiten ertappen. Inkonsequenz, Schmeichelei, Schlitzohrigkeit, Notlügen, bedenkliches Verschweigen, geheuchelte Gefühle der Wertschätzung oder Trauer – alle lassen sich in seinen Briefen aufzeigen. Für ein Taschengeld hat er seine Seele an Anna van Borselen verkauft, indem er ihrer Bigotterie schmeichelte. Seinen besten Freund Battus hat er dazu verleitet, für ihn zu lügen. Die Autorschaft des Julius-Dialoges hat er aus Angst vor den Folgen selbst gegenüber Morus eifrig indirekt verleugnet, ohne ausdrücklich zu behaupten: Ich habe es nicht geschrieben. Wer weiß, wie viel und unverschämt andere Humanisten lügen, wird Erasmus' Sünden vielleicht etwas milder beurteilen.

Die Strafe für seine ewige Zurückhaltung, seine Meisterschaft in der Unentschiedenheit und bei der Verschleierung von Wahrheiten, seine Verdächtigungen und Unterstellungen hat ihn übrigens schon während des Lebens eingeholt. Mehrfach hat man ihm Niederträchtigkeit vorgeworfen, manchmal mit erbitterter Empörung. »Unausgesetzt bist du damit beschäftigt, andere zu verdächtigen«, ruft Lee ihm zu.

»Wie kommst du dazu, dir eine allgemeine Zensur anzumaßen und auch etwas zu verurteilen, was du kaum je erprobt hast? Wie kannst du alle verachten außer dir selbst? Unberechtigt und beleidigend stellst du deine Gegner in den *Colloquia* an den Pranger.« Lee zitiert die auf ihn gemünzte boshafte Passage[40] und ruft dann aus: »Nun mag in diesen Worten die Welt ihren Theologen, ihren Zensor erkennen, den Bescheidenen und einfach Aufrechten, die erasmische Scham, seinen Ernst, seine Anständigkeit und Ehrlichkeit! Die erasmische Bescheidenheit ist bereits lange sprichwörtlich. Andauernd führst du das Wort ›falsche Anschuldigung‹ im Munde. Du sagst: Wenn ich mir auch nur des kleinsten Teils seiner falschen Anschuldigungen [der von Lee] bewusst wäre, würde ich nicht wagen, zum Altar des Herrn zu gehen! – Oh Mensch, wer bist du, dass du über einen anderen urteilst, einen Diener, der vor seinem Herrn steht oder fällt?«

Das war der erste heftige Angriff von konservativer Seite, Anfang 1520, als der große Streit, den Luthers Auftreten entfesselt hatte, die Welt bereits in steigendem Maße in Atem hielt. Ein halbes Jahr später folgten erste ernsthafte Vorwürfe vonseiten der radikalen Reformer. Ulrich von Hutten, der etwas ungestüme und hitzige Ritter, der in Luthers Sache eine nationale Angelegenheit Deutschlands sah und ihren Sieg ersehnte, wandte sich an Erasmus, dem er einmal leidenschaftlich zugejubelt hatte als den Mann des neuen Heils. Er flehte ihn an, die Sache der Reformation nicht zu kompromittieren oder im Stich zu lassen: »In der Sache Reuchlins hast du dich ängstlich gezeigt, jetzt gibst du dir alle Mühe, Luthers Gegner davon zu überzeugen, dass du seine Sache ablehnst, obwohl wir es besser wissen. Verleugne uns doch nicht!« »Du weißt, wie triumphierend man gewisse Briefe von dir herumreicht, in denen du Verdächtigungen ziemlich boshaft anderen an den Hals hängst, um dich selbst davon freizumachen […]. Wenn du nun Angst hast, dir meinetwegen gewisse Feindschaften auf den Hals zu holen, sei dann wenigsten so freundlich und lass dich nicht aus Angst vor einem anderen verleiten, mich zu verleugnen. Schweig lieber ganz von mir.«

Das waren bittere Vorwürfe. In dem Mann, der sie sich anhören musste, war ein kleiner Erasmus, der sie verdiente, der sie übel, aber sich nicht zu Herzen nahm und der fortfuhr, im eigenen Interesse zu lavieren, bis die Freundschaft mit Hutten in Hass umgeschlagen war. In ihm war auch ein großer Erasmus, der wusste, wie unter der Leidenschaft und Verblendung, mit der die Parteien sich bekämpften, die Wahrheit, die er suchte, und die Liebe, deren Sieg er für die Welt wünschte, verdunkelt wurden. Der auch wusste, dass der Gott, zu dem er sich bekannte, zu erhaben ist, um Partei zu ergreifen. Lasst uns danach streben, stets diesen großen Erasmus zu sehen, soweit es uns der kleine erlaubt.

XV. DIE VORZEICHEN DER REFORMATION

Erasmus in Löwen, 1517. Er erwartet die Erneuerung der Kirche als Frucht der klassischen Bildung. Kontroverse mit Lefèvre d'Etaples. Zweite Reise nach Basel, 1518, Überarbeitung der Ausgabe des Neues Testamentes. Kontroverse mit Latomus, Briard und Lee. Erasmus sieht im Widerstand der konservativen Theologie lediglich eine Verschwörung gegen die bonae literae.

Als Erasmus sich im Sommer 1517 in Löwen niederließ, hatte er ein vages Vorgefühl, dass große Veränderungen bevorstehen. »Ich fürchte«, schreibt er im September, »dass sich eine große Umwälzung der Dinge ereignen wird, wenn nicht Gottes Gnade und die Frömmigkeit und Weisheit der Fürsten sich der menschlichen Angelegenheiten annehmen.« Wie diese große Veränderung sein würde, hat er am allerwenigsten vorhergesehen.

Auch diesmal betrachtete er seinen Wohnortwechsel keineswegs als endgültig. Er werde nur vorläufig sein, »bis wir sehen, welcher Wohnort sich am besten für das Alter eignet, das bereits an die Tür klopft.« Es ist etwas Tragisches um diesen Mann, der nichts begehrt als Ruhe und Freiheit, aber durch seine eigene Ruhelosigkeit und seine Unfähigkeit, sich unabhängig von Einflüssen anderer zu machen, nie einen festen Lebensmittelpunkt und keine wirkliche Unabhängigkeit fand. Erasmus gehört zu den Menschen, bei denen es immer heißt: morgen, morgen! Erst noch das erledigen, und dann ... Sobald die Arbeiten am Neuen Testament abgeschlossen sein würden und er sich aus den lästigen, unangenehmen theologisch Kontroversen, in die er sich gegen seinen Willen verwickelt sieht, herausgezogen hätte, würde er schlafen und sich verstecken, »für sich und die Musen singen«. Aber dazu kam es nie.

Wo denn wohnen, wenn er frei sein wird? Spanien, wohin ihn Kardinal Ximenes rief, reizte ihn nicht. Von Deutschland, sagt er, würden ihn die Öfen und die Unsicherheit abschrecken.

Gegen England sprach für ihn die Dienstbereitschaft, die man dort von ihm erwarte. Doch auch in den Niederlanden sah er ebenso wenig seinen Platz: »Hier gibt es viele Rüffel, aber keine Anerkennung. Selbst wenn ich noch so gerne wollte, ich würde es hier nicht lange aushalten.« Und doch hat er es dort vier Jahre lang ausgehalten.

Erasmus hatte an der Universität in Löwen gute Freunde. Anfangs wohnte er bei seinem guten alten Gastgeber Johannes Paludanus, dem Rektor der Universität, zog aber noch während des Sommers in das Kolleg van de Lelie. Maarten van Dorp, Holländer wie er selbst, war ihm trotz der Streitschrift gegen die *Moria* gewogen geblieben, was für Erasmus sehr viel wert war, denn van Dorp hatte eine einflussreiche Position in der theologischen Fakultät. Und schließlich ist noch sein alter Schirmherr Adrian von Utrecht, der spätere Papst, zu nennen. Von Löwen, dem Adrian so lange innig verbunden war, hatte man ihn zwar abberufen, aber sein Einfluss war damit gestiegen, denn grade in diesen Tagen wurde er zum Kardinal ernannt.

Die Löwener Theologen empfingen Erasmus sehr wohlwollend. Ihr Oberhaupt, der Vizekanzler der Universität, Jean Briard van Ath, äußerte sich zu Erasmus' großer Genugtuung wiederholt sehr positiv über die Ausgabe des Neuen Testamentes. Bald sah sich Erasmus selbst in die theologische Fakultät aufgenommen.

Doch unter den Löwener Theologen fühlte er sich nicht wohl. Die Atmosphäre war ihm deutlich weniger angenehm als die in den Kreisen englischer Gelehrter. Er spürte hier einen Geist, den er nicht verstand und dem er darum misstraute.

Erasmus ist in den Anfangsjahren der Reformation das Opfer eines großen Missverständnisses gewesen, weil sein feiner, ästhetisch schwebender Geist weder die tiefsten Tiefen des Glaubens noch die harten Notwendigkeiten des menschlichen Zusammenlebens begriff. Er war weder Mystiker noch Realist. Luther war beides. Für Erasmus schien das große Problem von Kirche von Staat einfach lösbar zu sein. Es sei nichts anderes von Nöten als Wiederherstellung und Reinigung durch die Rückkehr zu den unverdorbenen Quellen des Christentums. Eine Anzahl Auswüchse der Religion, die eher lächerlich als abstoßend seien, müssten beseitigt werden. Alles müsse man zum Kern des Glaubens, zu Christus und den Evangelien, zurückbringen. Äußerlichkeiten, Zeremonien, Spekulationen hätten der Praxis wahrer Frömmigkeit zu weichen. Das Evangelium sei für jedermann verstehbar und zugänglich. Und der Weg zu all dem wäre die wahre Bildung, die *bonae literae*. Hatte er selbst nicht bereits das meiste, das zu tun war, mit seiner Ausgabe des Neuen Testaments und dem Hieronymus getan, und viel früher schon mit seinem so berühmten *Enchiridion*? »Ich hoffe, dass das, was jetzt den Aufrechten zusagt, bald allen zusagen wird.« Bereits 1517 hatte Erasmus an Wolfgang Fabricius Capito im Ton dessen geschrieben, der bereits das große Werk vollbracht hat. »Wohlan, übernimm die Fackel von uns. Fortan wird das Werk sehr viel einfacher sein und viel weniger Hass und Neid hervorrufen. *Wir* haben den ersten Schlag überstanden.«

Im Mai 1517 schreibt Budaeus an Tunstall: »Gibt es jemanden, der unter so ungünstigen Grazien geboren ist, dass ihn die trübe und dunkle Wissenschaft [die Scholastik] nicht verdrießt, seit auch die heiligen Schriften, durch Erasmus' Fleiß gesäubert, ihre alte Reinheit und ihren alten Glanz wiedererlangt haben? Doch noch viel bedeutsamer ist, dass durch diese Arbeit von ihm die heilige Wahrheit selbst sich aus trügerischem Dunkel erhob, wenn auch die Theologie noch nicht vollständig rein aus dem Unrat der sophistischen Schule zum Vorschein gekommen ist. Sollte das einmal geschehen, wird es den vorbereitenden Errungenschaften unserer Zeit zu danken sein.« Der Philologe Budaeus glaubte noch unbedingter als Erasmus, dass Glaube eine Sache der Bildung sei.

Es muss für Erasmus ein Ärgernis gewesen sein, dass nicht jedermann augenblicklich die gereinigte Wahrheit annahm. Wie konnte man sich weiter gegen das sträuben, was so sonnenklar und einfach zu sein schien? Er, der so gerne mit allen Frieden gehalten hätte, sah sich in eine Reihe von Polemiken verwickelt. Angriffe seiner Gegner auf sich beruhen zu lassen, verbot ihm nicht allein seine immer nach Selbstrechtfertigung strebende Natur, sondern auch die streitsüchtige Mentalität seiner Zeit.

Am Anfang stand die Kontroverse mit Jacques Lefèvre d'Etaples oder latinisiert Jacobus Faber Stapulensis, dem Pariser

Theologen, der als Vorbereiter der Reformation mehr als jeder andere mit Erasmus verglichen werden konnte. Gerade als Erasmus in Antwerpen die Kutsche bestieg, die ihn nach Löwen bringen sollte, machte ein Freund ihn auf eine Stelle in Fabers neuer Ausgabe der Briefe von Paulus aufmerksam, die der Anmerkung von Erasmus zum Hebräerbrief 2,7 widersprach.

Erasmus kaufte sofort Fabers Buch und gab bald danach eine *Apologia* heraus. Es ging um das Verhältnis von Christus zu Gottvater und den Engeln, doch der dogmatische Streit drehte sich letztlich um die philologische Interpretation.

Erasmus, der noch nicht an solche Auseinandersetzungen gewöhnt war, nahm die Angelegenheit sehr mit, umso mehr, als er Faber besonders schätzte und als Geistesverwandten betrachtete: Wie ist der Mann auf so etwas gekommen? Haben andere ihn gegen mich aufgehetzt? Alle Theologen geben mir recht, versichert er. Es macht ihn nervös, dass Faber ihm nicht umgehend antwortet. Badius habe Pieter Gilles berichtet, dass Faber es bedauert. Erasmus beruft sich in einem achtungsvollen Schreiben auf ihre Freundschaft und versichert, er würde sich belehren und korrigieren lassen. Dann wieder murrt er: Soll er sich nur in Acht nehmen. Er glaubt, dass sein Disput mit Faber die Welt in Atem hält, sodass es kein Tischgespräch gibt, bei dem man nicht für oder gegen einen der Kontrahenten Partei ergreift. Der Streit legte sich schließlich, und die Freundschaft blieb erhalten.

Um Ostern 1518 plante Erasmus eine neue Reise nach Basel, wo er in einigen Monaten harter Arbeit die verbesserte Ausgabe des Neuen Testamentes in den Druck geben wollte. Zuvor besuchte er die führenden Köpfe der konservativen Theologie in Löwen, um sie inständig zu bitten, ihm ihre Einwände gegen sein Werk zu erläutern. Briard van Ath erklärte, nichts Anstößiges darin gefunden zu haben, nachdem ihm zuvor allerlei Schlechtes darüber zu Ohren gekommen sei. »Dann wird dir die neue Ausgabe noch besser gefallen«, versicherte ihm Erasmus. Sein Freund van Dorp und der ebenfalls herausragende Theologe Jacobus Latomus hatten sich ebenfalls in diesem Sinne geäußert, während der Karmelit Nicolaas van Egmond sagte, dass er Erasmus' Werk nie gelesen habe. Nur der junge

Engländer Edward Lee, der in Löwen Griechisch studierte, hatte eine Reihe kritischer Anmerkungen zu Erasmus' Neuausgabe in zehn Schlussfolgerungen zusammengefasst. Erasmus entzog sich der Sache, indem er Lee schrieb, er habe sich seine Schlussfolgerungen nicht beschaffen und daher auch nicht verwenden können. Aber der junge Kritiker blieb trotz dieser achtlosen Abfertigung hartnäckig und entwickelte seine Einwände in einer ausführlicheren Schrift.

So ging Erasmus im Mai 1518 erneut nach Basel. Er hatte sich gezwungen gesehen, alle englischen Freunde (von denen er Ammonius 1517 durch dessen Tod verloren hatte) um Unterstützung für seine Reise zu bitten, wobei er ihnen gegenüber so tat, als werde er nach Erledigung der Arbeit nach England zurückkehren. Während der Fahrt den Rhein aufwärts antwortete er in einem Brief an Martinus Lypsius auf Lees Kritik, die ihn besonders aufbrachte. Bei seiner Überarbeitung für die neue Ausgabe beachtete er sie nicht nur kaum, sondern wagte es jetzt sogar, seine eigene Übersetzung des Neuen Testamentes von 1506 unverändert zu verwenden. Zugleich verschaffte er sich für die neue Ausgabe ein Empfehlungsschreiben des Papstes, womit er eine wirkungsvolle Waffe gegen seine Kritiker in der Hand hatte.

In Basel ackerte er wieder wie ein Pferd in der Tretmühle, dabei ganz in seinem Element. Noch vor der zweiten Ausgabe des Neuen Testamentes kamen das *Enchiridion* und die *Institutio Principis Christiani* in neuen Ausgaben aus Frobens Druckerpresse. Schon den ganzen Sommer über hatten Unpässlichkeiten seine Arbeit beeinträchtigt, die er daher nicht abschließen konnte. Auf der Rückreise wurde Erasmus schließlich ernsthaft krank. Mit Mühe erreichte er am 21. September 1518 Löwen. Da es auch die Pest sein konnte und Erasmus stets Angst vor Ansteckung hatte, traf er nun Vorsichtsmaßregeln, um seine Freunde zu schützen. Statt wieder seine Wohnung im Kolleg van de Lelie zu beziehen, nahm er bei seinem vertrautesten Freund, dem Drucker Dirk Maertens, Quartier. Doch trotz der Pestgerüchte und seiner Warnungen kam ihn erst Dorpius besuchen und danach auch Ath. Man meinte es doch offenbar nicht schlecht mit ihm in Löwen.

Die Differenzen zwischen Erasmus und der Löwener Fakultät waren jedoch beträchtlich. Der durch Erasmus' geringe Aufmerksamkeit beleidigte Lee bereitete eine neue Kritik vor, die er aber vorläufig vor Erasmus geheim hielt, was diesen wiederum ärgerte und nervös machte. Inzwischen erhob sich ein neuer Gegner. Gleich nach seiner Ankunft in Löwen hatte Erasmus sich bemüht, die Gründung des *Collegium Trilingue* zu unterstützen, die auf eine testamentarische Schenkung von Hieronymus Busleiden an die Universität zurückging. Die drei Sprachen der Bibel, Hebräisch, Griechisch und Latein, sollten dort unterrichtet werden. Es war daher eine Gründung ganz in Erasmus' Geist. Als nun Jacobus Latomus, ein von ihm hochgeschätztes Mitglied der Fakultät, in einem Dialog über das Studium der drei Sprachen und der Theologie den Nutzen des Hebräischen für die Theologie in Zweifel zog, fühlte Erasmus sich persönlich angegriffen und antwortete Latomus mit einer Apologie. Zur selben Zeit (im Frühjahr 1519) gab es eine Unannehmlichkeit mit Ath, dem Vizekanzler. Erasmus meinte, dass Ath ihn wegen seiner soeben erschienen Schrift *Lob der Ehe*[41] öffentlich gerügt hätte. Obwohl Ath sich sofort zurückzog, konnte Erasmus es nicht unterlassen, eine – allerdings gemäßigte – Apologie zu verfassen. Und in der Zwischenzeit nahm der schwelende Streit mit Lee immer erbittertere Formen an. Vergeblich bemühten sich Erasmus' englische Freunde, ihren jungen, ehrgeizigen Landsmann zurückzuhalten. Erasmus wiederum provozierte ihn auf arglistige Weise. Er verrät in dieser ganzen Auseinandersetzung einen Mangel an Selbstkontrolle und Würde, womit er sich von seiner schwächsten Seite zeigt. Üblicherweise so ängstlich um Anstand bemüht, verfällt er hier in Schimpfworte wie »britische Natter« oder »Satan«. Selbst die alte Beschimpfung, nach der Engländer einen Schwanz haben, muss mehr als einmal herhalten. Die Fragen, um die es eigentlich ging, traten bei all den erbitterten gegenseitigen Vorwürfen vollständig in den Hintergrund. In seiner maßlosen Wut greift Erasmus zu den bedenklichsten Mitteln. Er stiftet seine deutschen Freunde an, gegen Lee zu schreiben, damit sie ihn als dummen Aufschneider lächerlich machen, um dann all seinen englischen Freunden zu versichern: »Ganz Deutschland rast buchstäblich gegen Lee.

Ich habe große Mühe, sie zurückzuhalten.« Ach, Deutschland hatte wahrlich andere Gründe, sich zu erregen: Es ist 1520! Die drei großen Streitschriften Luthers setzen die Welt in Brand.

Selbst wenn man dazu neigt, die Heftigkeit und die kleinen Boshaftigkeiten von Erasmus mit der Überempfindlichkeit eines Gemüts ohne ausgeprägte männliche Eigenschaften zu entschuldigen, kann man nicht übersehen, dass er weder die Beweggründe seiner Gegner noch die große Bewegung seiner Zeit richtig verstanden hat. Erasmus konnte leicht über die Engstirnigkeit konservativer Theologen spotten, die meinten, dass es mit dem Glauben an die Heiligen Schrift zu Ende sei, sobald man versuchen würde, deren Text zu korrigieren. »›Sie korrigieren das heilige Evangelium, ja das Vaterunser selbst!‹ ruft man in der Predigt empört der erstaunten Gemeinde zu. Als ob ich Matthäus und Lukas kritisieren würde anstatt derjenigen, die sie aus Unwissenheit und Unachtsamkeit verdorben haben! Was will man denn? Soll die Kirche eine möglichst korrekte Heilige Schrift haben oder nicht?« – Damit schien für Erasmus' Streben nach Reinheit alles erledigt zu sein. Aber der Instinkt täuschte seine Widersacher nicht, wenn er ihnen sagte, dass Gefahr für das Dogma selbst bestand, wenn das textkritische Urteil eines einzelnen Gelehrten über die gültige Auslegung eines Textes zu entscheiden hatte. Erasmus wollte das Dogma ja gar nicht antasten. Er war sich aber nicht darüber im Klaren, dass seine Auffassungen von der Kirche, den Sakramenten und der Dogmatik nicht mehr rein katholisch waren, weil er sie seinen philosophischen Auffassungen untergeordnet hatte. Er konnte sich dessen nicht bewusst sein, weil ihm bei aller natürlichen Frömmigkeit und ethischen Empfindsamkeit etwas von der mystischen Intuition fehlte, die jeden Glauben fundiert. Und diese Schwäche machte ihn unfähig, den wahren Grund des Widerstands der katholischen Rechtgläubigen zu verstehen. Wie konnte es sein, dass so viele und auch bedeutende Männer nicht anerkennen wollten, was ihm so klar und unstrittig erschien! Er interpretierte das wieder sehr auf sich bezogen. Auf ihn selbst und sein Ideal müsse der Widerstand gerichtet sein. Dieser Mann, der so gerne mit jedermann in Frieden lebte, den so nach Sympathie und Anerkennung verlangte, der Feindschaft nur schwer ertrug, sah um sich herum eine ganze Schar von Hassern und Feinden entstehen. Er erkannte nicht, wie sehr sie seine spöttische Schärfe fürchteten und wie viele eine Narbe von Wunden trugen, die er ihnen mit der *Moria* geschlagen hatte. Dieser Hass, sei er real oder nur eingebildet gewesen, hemmte Erasmus sehr. Seine Feinde betrachtet er als eine Sekte. Vor allem die Dominikaner und Karmeliten hätten es auf die neue wissenschaftliche Theologie abgesehen. Gerade hatte sich in Löwen mit seinem Landsmann[42] Nicolaas van Egmond, dem Prior der Karmeliten, ein neuer Feind gegen ihn erhoben, der ihm auf immer verhasst bleiben sollte.

Die Verfolgung nehme zu, meint er. Das Gift der Verleumdung verbreite sich täglich mehr und werde tödlicher. Man erzähle in den Predigten in unverschämter Weise die größten Lügen über ihn. Die von ihm dagegen angerufene Hilfe des Vizekanzlers Ath nütze nichts, und seine Verfolger würden über ihn lachen: Lass ihn doch für die wenigen Gelehrten schreiben, wir werden es beim Volk herausschreien. Seit 1520 heißt es immer wieder: Ich werde jeden Tag gesteinigt. Doch wie sehr Erasmus auch Gründe hatte, sich selbst im Mittelpunkt zu sehen, in den Jahren 1519 und 1520 musste für ihn offenkundig sein, dass der große Kampf nicht nur ihm persönlich galt. Überall wütete ja der Kampf. Was bedeutet sie nur, diese große Unruhe über die Dinge des Geistes und des Glaubens?

Die Antwort, die Erasmus sich selbst gab, lautete: Es ist eine große Verschwörung der Konservativen, um die wahre Bildung, also die klassische Gelehrsamkeit, zu unterdrücken, damit die alte Unwissenheit siegreich bleibt. Zahllos sind seit Ende 1518 die Stellen in seinen Briefen, in denen er auf diesen Gedanken zurückkommt. »Ich weiß ganz sicher«, schreibt er am 21. März 1519 an einen seiner deutschen Freunde, »dass die Barbaren von überall her sich zusammengetan haben, um nichts unversucht zu lassen, damit die *bonae literae* unterrückt werden.« »Hier kämpfen wir noch immer gegen die Unterstützer der alten Unwissenheit« – Kann Wolsey den Papst nicht dazu bewegen, dem hier ein Ende zu machen? Alles, was zur alten, kultivierten Literatur gehört, werde von den Engstirnigen »Dichtung« genannt. Mit diesem Wort würden sie jede Lehre bezeichnen, die anmutig sei, also alles, was sie selbst nicht gelernt hätten. Der ganze Aufruhr, die ganze Tragödie (dieses Wort verwendet er durchgehend für den großen Glaubensstreit) hätten ihren Ursprung im Hass auf die *bonae literae*.[43] »Ursprung und Brutstätte dieser ganzen Tragödie ist ein unheilbarer Hass gegen die Sprachstudien und die *bonae literae*.«

»Luther provoziert die Feinde, derer man nicht Herr wird, obwohl ihre Sache schlecht ist. Und inzwischen schikaniert der Neid die *bonae literae*, die durch sein [Luthers] Zutun von diesen Quälgeistern angegriffen wird. Sie sind bereits unerträglich, wenn es schlecht um sie steht, aber wie soll man sie ertragen, wenn sie triumphieren? Entweder ich bin blind, oder sie zielen auf etwas anderes als auf Luther. Sie machen sich auf, um die Schlachtordnung der Musen zu überwältigen.« Dies schrieb Erasmus an einen Angehörigen der Universität Leipzig im Dezember 1520.

Diese einseitige akademische Auffassung des großen Geschehens, die in der Studierkammer über Bücher gebeugt entstanden ist, hat Erasmus mehr als alles andere daran gehindert, das wahre Wesen und die Zielsetzung der Reformation zu begreifen.

XVI. BEGINN DER BEZIEHUNG ZU LUTHER

Beginn der Beziehung zwischen Erasmus und Luther. Erzbischof Albrecht von Mainz, 1517. Fortgang der Reformation. Luther will Erasmus zur Annäherung bewegen, März 1519. Erasmus bleibt auf Abstand und meint, vermitteln zu können. Seine Haltung wird doppeldeutig. Er leugnet stets mehr jede Gemeinsamkeit mit Luther und beschließt, Beobachter zu bleiben. Beide Seiten drängen Erasmus, Partei zu ergreifen. Aleander in den Niederlanden. Reichstag zu Worms 1521. Erasmus verlässt Löwen, um seine Unabhängigkeit zu bewahren, Oktober 1521.

Ende 1516 erhielt Erasmus einen Brief von Georg Spalatin, dem Bibliothekar und Sekretär beim Kurfürsten Friedrich von Sachsen. Im ehrfürchtigen und huldigenden Ton, mit dem man sich seinerzeit den großen Persönlichkeiten näherte, heißt es darin: »Wir verehren dich hier alle über die Maßen. Der Kurfürst hat alle deine Werke in seiner Bibliothek und plant alles zu kaufen, was du noch geruhen wirst, der Welt zu schenken.« Doch der Zweck von Spalatins Schreiben war, das Anliegen eines Freundes vorzutragen. Ein Geistlicher des Augustinerordens, der Erasmus verehrte, hatte ihn gebeten, Erasmus darauf aufmerksam zu machen, dass dessen Auslegung des Paulus, insbesondere die des Briefs an die Römer, den Begriff der »Justitia« nicht richtig erfasse und zu wenig die Erbsünde berücksichtigt habe, worüber man sich durch die Lektüre von Augustinus besser unterrichten könne.

Der ungenannte Augustinermönch war Luther, zu dieser Zeit noch unbekannt außerhalb der Universität Wittenberg, wo er Professor war. Und die Kritik bezog sich auf den zentralen Punkt seiner mühsam gewonnenen Glaubensüberzeugung: die Rechtfertigung allein aus Glaube.

Erasmus hat dem Brief wenig Aufmerksamkeit geschenkt; er bekam zahlreiche ähnliche, mit noch mehr Lob und ohne Kritik.

Falls er eine Antwort schrieb, hat der Brief Spalatin nicht erreicht, und später hat Erasmus den Brief vollständig vergessen.

Ein Dreivierteljahr später, im September 1517 – Erasmus war seit Kurzem in Löwen –, erhielt er eine sehr ehrenvolle Einladung, eigenhändig geschrieben vom ersten Kurfürsten im Reich, dem jungen Albrecht von Brandenburg, Erzbischof von Mainz. Der Erzbischof würde ihn gerne bei Gelegenheit sehen: Er bewundere sein Werk (kannte es aber so wenig, dass er Erasmus eine textkritische Ausgabe des Alten Testaments zuschrieb, während es tatsächlich nur eine des Neuen Testaments gab) und hoffe, dass er einmal einige Heiligenleben in gefälligem Stil schreiben werde. Der jugendliche Hohenzoller, Fürsprecher der neuen lichtvollen klassischen Studien und wahrscheinlich durch Hutten und Capito, die an seinem Hof verkehrten, auf Erasmus aufmerksam gemacht, war erst kürzlich an einem der dreistesten politischen und finanziellen Deals beteiligt gewesen. Für die Erhebung des Vierundzwanzigjährigen zum Erzbischof von Mainz war eine päpstliche Dispens notwendig, da er auch Erzbischof von Magdeburg und Apostolischer Administrator von Halberstadt bleiben wollte. Diese Ämterhäufung sollte die Macht Brandenburgs im Wettbewerb mit dem rivalisierenden sächsischen Fürstenhaus stärken. Der Papst erteilte dem Erzbischof gegen eine beträchtliche Zahlung diese Dispens und gewährte ihm zugleich, um die Lasten zu mildern, ein sehr großzügiges Ablassrecht für die gesamten Erzbistümer Mainz und Magdeburg sowie die brandenburgischen Ländereien. Albrecht, dem stillschweigend die Hälfte der Einnahmen aus dem Ablass zugestanden wurde, nahm eine Anleihe beim Haus Fugger auf, das im Gegenzug den Ablass vertreiben konnte. Als Erasmus dem Erzbischof im Dezember 1517 antwortete, hatte Luther seine Thesen gegen den Ablass bereits bekannt gemacht (31. Oktober 1517). Anstoß dafür war die Anweisung des Erzbischofs von Mainz, die Ablassbriefe zu verkaufen. Wie ein Lauffeuer gingen die Thesen durch Deutschland und versetzten die gesamte Kirche in Aufruhr. Sie richteten sich gegen das, was auch Erasmus bekämpfte: die mechanische, atomistische und juristische Auffassung des Glaubens. Doch wie anders haben sie gewirkt als Tat im Vergleich zum friedliebenden Streben von Erasmus nach einer Läuterung der Kirche mit zurückhaltender Milde!

»Heiligenleben?«, antwortete Erasmus dem Erzbischof. »Ich für mein Teil habe mit meinen Bemühungen danach gestrebt, dem Fürsten der Heiligen selbst mehr Glanz zu geben. Übrigens ist dein Streben, inmitten von so schwierigen Regierungsangelegenheiten und dabei noch so jung, die Heiligenleben gesäubert zu sehen von Ammenmärchen und schlechtem Stil, äußerst lobenswert, denn man darf in der Kirche nichts dulden, was nicht vollkommen rein oder gereinigt ist.« Und er schließt mit einer Lobeshymne auf den vortrefflichen Kirchenfürsten.

Den größten Teil des Jahres 1518 war Erasmus zu sehr durch eigene Angelegenheiten unter Druck, um sich viel mit Luthers Anliegen beschäftigen zu können: die Reise nach Basel und seine rastlose Arbeit dort, danach seine ernste Erkrankung. Im März sendet er Luthers Thesen ohne Kommentar an Thomas Morus. Gegenüber Colet beklagt er sich beiläufig über die Schamlosigkeit, mit der Rom den Ablass propagiert. Luther, zum Ketzer erklärt und zur Anhörung vorgeladen, steht in Augsburg vor Kardinal Thomas Cajetan und weigert sich zu widerrufen. Überschäumende Begeisterung begleitet ihn. In diesen Tagen äußert sich Erasmus in einem Schreiben an einen der Mitstreiter Luthers, Johannes Lang, sehr positiv über dessen Werk. Die Thesen hätten breite Zustimmung gefunden.

»Ich sehe, dass die Monarchie des Papstes zu Rom, so wie sie sich gegenwärtig darstellt, die Pest des Christentums ist [...], aber ich weiß nicht, ob es von Nutzen ist, das Geschwür öffentlich bloßzulegen. Das sollte eher Sache der Fürsten sein, aber ich fürchte, dass die mit dem Papst unter einer Decke stecken, um sich ihren Teil der Beute zu sichern. Ich verstehe nicht, was Eck antreibt, gegen Luther anzugehen.« Der Brief erschien in keiner der Ausgaben.

Das Jahr 1519 brachte die Verwicklungen der Kaiserwahl, nachdem der alte Maximilian im Januar gestorben war und die Kurie versuchte, mit Milde verlorenes Terrain zurückzugewinnen. Deutschland erwartete gespannt die schon länger anberaumte Disputation zwischen Johannes Eck und Andreas Karlstadt, die eigentlich Luther galt. Wie sollte Erasmus, der in diesem Jahr selbst in zahlreiche Polemiken verwickelt war, vorhersehen, dass die Leipziger Disputation, die Luther veranlasste, mit der höchsten kirchlichen Autorität zu brechen, weltgeschichtliche Bedeutung behalten würde, während sein Streit mit Lee in Vergessen geriet!

Am 28. März 1519 wandte sich Luther zu ersten Mal selbst an Erasmus: »Ich spreche so oft mit dir und du mit mir, Erasmus, unsere Zierde und unsere Hoffnung, und wir haben uns noch nicht kennengelernt.« Es freue ihn, dass Erasmus so vielfachen Anstoß erregt habe, denn das nehme er als Zeichen, dass Gott ihn gesegnet hat. Nun, da auch sein, Luthers, Name beginne bekannt zu werden, würde ein weiteres Stillschweigen zwischen ihnen falsch ausgelegt werden. »Daher, mein Erasmus, liebenswerter Mann, wenn es dir gut erscheint, erkenne dann auch diesen kleinen Bruder in Christo an, der dir gewiss geneigt ist und dich bewundert und im Übrigen wegen seiner Unwissenheit nichts verdient als unbekannt in einer Ecke begraben zu sein.« Es war eine sehr bestimmte Absicht in diesem etwas bauernschlauen und halb ironischen Brief. Luther wollte Erasmus, wenn möglich, aus seinem Schlupfloch locken, um ihn, die mächtige Autorität und Maßstab für Wissenschaft und Kultur, für die große Sache zu gewinnen, die er vertrat. In seinem Innersten war Luther sich der großen Kluft, die ihn von Erasmus trennte, schon lange bewusst. Bereits im März 1517, ein halbes Jahr vor seinem öffentlichen Auftreten, schieb er über Erasmus an den bereits genannten Johannes Lang: »Die menschlichen Dinge wiegen für ihn schwerer als die göttlichen«. Es ist dieses Urteil, das so viele Luther nachgesprochen haben, das nahe liegt und doch nicht gerecht ist.

Luthers Versuch, sich ihm anzunähern, war für Erasmus Anlass, sich sofort zurückzuziehen. Jetzt beginnt Erasmus' äußerst doppelsinnige Politik, um mit seiner Autorität als ein »Licht der Welt« den Frieden zu wahren und die Mitte zu halten, ohne sich selbst zu kompromittieren. In dieser Haltung sind die starken und schwachen Züge seiner Persönlichkeit eine unentwirrbare Verbindung eingegangen. Die Fehleinschätzung, die eine Mehrheit der Historiker seine Haltung gegenüber der Reformation als viel zu negativ oder auch, wie beispielsweise der deutsche Historiker Kalkoff, als viel zu heldenhaft beurteilen ließ, ist darauf zurückzuführen, dass sie Erasmus fälschlich als psychologisch homogen betrachteten. Und genau das ist er nicht. Die Doppelsinnigkeit reicht bis in das Innerste seines Wesens. Viele seiner Äußerungen in der Auseinandersetzung sind eine direkte Auswirkung seiner Ängstlichkeit und seines Mangels an Charakter, auch seiner tief verwurzelten Abneigung, sich an eine Person und Sache zu binden, aber dahinter steht stets seine tiefe und innige Überzeugung, dass keine der streitenden Parteien die Wahrheit vollkommen ausdrücken kann, dass Hass und menschliche Kurzsichtigkeit die Geister verblenden. Und zu dieser Überzeugung gesellt sich die noble Illusion, dass es möglich sein sollte, durch Mäßigung und Entgegenkommen den Frieden noch zu retten.

Eine Gelegenheit, seinen Standpunkt hinsichtlich der lutherischen Position zu erläutern, gab Erasmus ein Brief, den er im April 1519 an Luthers Schutzherrn Friedrich den Weisen, den Kurfürsten von Sachsen, richtete. Äußerer Anlass war eine Herausgabe des Sueton, die er dem Kurfürsten bereits früher gewidmet hatte. »Luthers Schriften«, sagt er, »haben den Löwener Dunkelmännern reichlich Stoff gegeben, um über die *bonae literae* zu wettern und alle Gelehrten dadurch zu verketzern.« Er selbst kenne Luther nicht, habe dessen Schriften nur flüchtig eingesehen, aber jeder lobe seinen Lebenswandel. Wie wenig sei es doch mit theologischer Friedfertigkeit vereinbar, ihn so mir nichts, dir nichts, und dazu noch beim unverständigen Volk, zu verurteilen. Er habe doch ein Streitgespräch angeboten und sich jedermanns Urteil unterworfen.

Albrecht von Brandenburg (Albrecht Dürer)

Bisher habe ihn noch niemand ermahnt, unterrichtet, überzeugt. Nicht jede Verirrung sei zugleich eine Ketzerei. Das Beste am Christentum sei ein christusmäßiges Leben. Wo das gegeben ist, muss man nicht leichtfertig Ketzerei annehmen. Warum verfolgen wir so unbarmherzig die Fehler anderer, während keiner von uns frei ist von Verirrungen? Warum wollen wir lieber überwältigen als heilen, unterdrücken statt unterrichten? Sein Schlusswort musste Luthers Freunden gefallen, die so sehr auf seine Unterstützung hofften: Der Herzog möge nicht zulassen, dass irgendein Unschuldiger unter dem Deckmantel der Frommheit gewissen Unfrommen ausgeliefert wird. Dasselbe wolle auch Papst Leo, dem nichts mehr am Herzen liege als die Sicherheit der Unschuld. – Der Brief wurde umgehend gedruckt und verbreitet.

Zur gleichen Zeit gab Erasmus sein Bestes, um Froben davon abzuhalten, die Schriften Luthers zu drucken, »damit sie den Hass auf die *bonae literae* nicht noch weiter schüren«. Und ständig wiederholte er: Ich kenne Luther nicht, ich habe seine Schriften nicht gelesen. Er beteuert das gegenüber Luther selbst in seiner Antwort auf dessen Brief vom 28. März. Man muss diesen auf den 30. Mai 1519 datierten Brief von Erasmus als Positionsbestimmung betrachten, mit der er seine Auffassung in der Luther-Frage bekannt machen wollte. Luther wisse nicht, welche Tragödien seine Schriften in Löwen verursacht haben. Man meine in Löwen, dass er, Erasmus, ihm dabei geholfen habe, und nenne ihn Wortführer der Luther-Partei! Das nehme man als nützlichen Vorwand, um die *bonae literae* zu unterdrücken. »Ich habe erklärt, dass du mir gänzlich unbekannt bist, dass ich deine Bücher noch nicht gelesen habe und daher weder etwas gutheiße noch ablehne.« »Ich bewahre mich selbst so gut wie möglich für die wieder aufblühenden Studien. Besonnene Zurückhaltung scheint mir nützlicher zu sein als Ungestüm. So hat Christus die Welt überwunden.« Am selben Tag schreibt er an Johannes Lang, einen der Freunde und Anhänger Luthers, einen kurzen, nicht für die Öffentlichkeit bestimmten Brief: »Ich hoffe, dass deine Anstrengungen und die der Deinen Erfolg haben. Hier wüten die Papisten heftig [...]. All die Besten haben Freude an Luthers Offenheit, aber lass ihn vorsichtig sein, damit es nicht in einen Parteienstreit mündet! Mit Personen zu streiten nützt nichts, es sei denn, man könnte die Tyrannei des römischen Stuhls beenden, zusammen mit der seiner Satelliten, den Dominikanern, Franziskanern und Karmeliten. Aber das kann niemand ohne schlimmen Aufruhr versuchen.«

Je größer die Kluft zwischen den Parteien wird, umso häufiger beteuert er, dass er mit Luther nichts zu tun habe. Die Verhältnisse in Löwen wurden zunehmend unangenehm, die Stimmung ihm gegenüber immer unfreundlicher. Im August 1519 wendet er sich an den Papst selbst und bittet um Schutz vor seinen Gegnern. Er erkennt auch jetzt noch nicht, wie groß der Bruch ist. Für ihn ist es immer noch ein Gelehrtenstreit. König Heinrich von England und König Franz von Frankreich haben in ihren Ländern den Streithähnen und Schandmäulern rechtzeitig Schweigen auferlegt, möge es der Papst nun für das Deutsche Reich tun! Im Oktober kam es noch einmal zur Versöhnung mit der Löwener Fakultät. Es waren jene Tage, in denen Colet in London starb. Er war der Mann gewesen, der vielleicht besser als jeder andere Erasmus' Standpunkt verstanden hatte. Geistesverwandte in Deutschland sahen in Erasmus noch den bedeutenden Mann, der den geeigneten Zeitpunkt abwartet, um dann mit machtvollem Wort einzugreifen, der Mäßigung als Parole ausgegeben hatte, bis es Zeit sein würde, den Freunden das Zeichen zu geben.

Doch das Wort klang inzwischen im anschwellenden Tumult schon nicht mehr so machtvoll wie vorher. Nicht Erasmus kontrollierte den Streit, er wurde mit seiner Autorität für die Auseinandersetzung instrumentalisiert. So verbreiteten Luthers Freunde umgehend einen auf den 19. Oktober 1519 datierten Brief an Kardinal Albrecht von Mainz, der etwa dieselbe Absicht verfolgte wie der an Friedrich von Sachsen aus dem Frühjahr, und die Anhänger der bestehenden Ordnung spielten ihn gegen Erasmus aus, trotz dessen üblicher Beteuerung: Ich kenne Luther nicht. Es wurde immer deutlicher, dass die vermittelnde und versöhnende Position, die Erasmus einnehmen wollte, bald unhaltbar sein würde. Der Inquisitor Jacob van Hoogstraten war von Köln, wo er der Universität angehörte, nach Löwen gekommen, um gegen Luther zu arbeiten, wie er es zuvor gegen Reuchlin getan hatte. Am 7. November 1519 ging die Löwener Fakultät – nach dem Vorbild der Kölner – den entscheidenden Schritt: Sie verurteilte feierlich einige von Luthers Thesen. Fortan war Erasmus nirgendwo so fehl am Platze wie in Löwen, dem Brennpunkt der Aktionen gegen die Erneuerer. Es ist erstaunlich, dass er es hier noch zwei Jahre ausgehalten hat.

Die Illusion, dass er das versöhnende Wort sprechen könnte, verblasst. Er erkennt aber immer noch nicht die wahren Verhältnisse. In den ersten Monaten des Jahres 1520 wird er fast vollständig in Beschlag genommen von seinem eigenen Disput mit Lee, belangloser Nebenschauplatz in der großen Umwälzung. Die Neigung, sich herauszuhalten, behält immer mehr die Oberhand. Im Juni schreibt er an Melanchthon: »Ich sehe, dass die Angelegenheit auf einen Aufstand zutreibt. Vielleicht sind Ärgernisse unvermeidlich, aber ich möchte nicht deren Verursacher sein.« Er habe, so meint er, Wolsey veranlasst, die angeordnete Verbrennung der Schriften Luthers in England zu verhindern. Aber er irrte sich. Bereits am 12. Mai hatte die Verbrennung in London stattgefunden.

Der beste Beweis, dass Erasmus seine Hoffnung, eine versöhnende Rolle spielen zu können, tatsächlich aufgegeben hatte, ergibt sich aus Folgendem: Im Sommer 1520 kamen bei Calais die drei Monarchen Heinrich VIII., Franz I. und Karl V. zu ihren berühmten Treffen zusammen. Erasmus sollte im Gefolge seines Fürsten auch dorthin gehen. Wie müsste solch ein Fürstenkongress, auf dem die Interessen Frankreichs, Englands, Spaniens, des Deutschen Reichs und eines großen Teils Italiens in Frieden vertreten waren, auf Erasmus' Fantasie gewirkt haben, wenn sein Ideal noch lebendig gewesen wäre! Doch davon gibt es keine Spuren. Erasmus ist im Juli 1520 in Calais gewesen, hat mit Heinrich VIII. gesprochen und dort Morus begrüßt, aber es sieht nicht so aus, als ob er in der Reise mehr gesehen hätte als eine Gelegenheit, um noch ein letztes Mal seine englischen Freunde zu treffen.

Es war lästig für Erasmus, dass ihn nun, da der Glaubensstreit so viel schärfere Formen annahm, seine Pflichten als Rat beim jungen Karl, der soeben aus Spanien zurückgekehrt war, um sich zum Kaiser krönen zu lassen, mehr beanspruchten als vorher. Im Sommer 1520 wurde, basierend auf belastendem Material der Löwener Fakultät, die päpstliche Bulle erlassen, die Luther zum Ketzer erklärte und ihn, falls er nicht umgehend widerrufen würde, in den Bann tat. »Ich fürchte das Schlimmste für den unglücklichen Luther«, schreibt Erasmus am 9. September 1520, »so wütet überall die Verschwörung, so sind von allen Seiten die Fürsten gegen ihn aufgebracht und vor allem Papst Leo. Wäre Luther doch meinem Rat gefolgt und hätte sich feindseliger und aufrührerischer Taten enthalten! [...] Man wird nicht ruhen, bevor man die Sprach- und Literaturstudien ausgemerzt hat [...]. Aus Hass dagegen und durch die Dummheit der Mönche ist diese Tragödie erst entstanden [...]. Ich mische mich da nicht ein. Würde ich aber gegen Luther schreiben, könnte ich ein Bistum haben.«

Tatsächlich war Erasmus in der aktuellen Situation durch seine erstaunliche Berühmtheit zu einem wertvollen Faktor in der großen Politik von Kaiser und Papst geworden. Man wollte sich seines Namens bedienen, ihn Partei ergreifen lassen. Und genau das wollte er um keinen Preis. Wie ausweichend und verharmlosend schreibt er an den Papst über seine Beziehungen zu Luther, ohne diesen gänzlich zu verleugnen! Wie eifrig wehrt er sich gegen Verdächtigungen, an Luthers Seite zu stehen, die unter anderem von lautstarken Mönchen in ihren Predigten verbreitet wurden, indem sie ihn und Luther bei ihren wütenden Verketzerungen kurzerhand in einen Topf warfen! Doch auch die andere Seite zwingt ihn buchstäblich dazu, Partei zu ergreifen und sich zu erklären. Ende Oktober 1520 fand in Aachen die Kaiserkrönung statt. Erasmus war möglicherweise dabei zugegen; auf jeden Fall begleitete er den Kaiser anschließend nach Köln. Dort hatte er am 5. November mit Kurfürst Friedrich von Sachsen eine Unterredung über Luther. Man drängte ihn, das Ergebnis des Gesprächs in *22 Axiomata zur Sache Martin Luther* niederzuschreiben, die er Spalatin zu Verfügung stellte. Sie wurden gegen seine Absicht auf der Stelle gedruckt.

Erasmus' Schwanken zwischen Verleugnung und Unterstützung Luthers in diesen Tagen war nicht unehrenhaft. Es ist der tragische Defekt, der durch seine gesamte Persönlichkeit geht: nie die letzten Konsequenzen ziehen zu wollen oder zu können. Wäre er nur eine berechnende und egoistische Natur gewesen, die Angst hatte, dass man ihr ein Haar krümmt, hätte er sich längst von der Sache Luthers losgesagt. Im Urteil der Historiker gereicht ihm zum Nachteil, dass er seine Schwächen ständig zeigt, während seine Größe tief in ihm verborgen ist.

In Köln traf Erasmus auch den Mann, mit dem er während seiner Zeit in Venedig einige Monate das Zimmer im Haus von Aldus' Schwiegervater geteilt hatte: Hieronymus Aleander, vierzehn Jahre jünger als Erasmus und damals noch vielversprechender Humanist, jetzt als päpstlicher Nuntius zum Kaiser entsandt. Er sollte dessen Reichspolitik in der großen kirchlichen Frage im Sinne des Papstes beeinflussen und erreichen, dass der Kaiser dem päpstlichen Bann Luthers durch die Reichsacht noch mehr Nachdruck gab. Es muss für Erasmus einigermaßen peinlich gewesen sein, dass gerade dieser Freund ihn an Macht und Stand so weit übertraf und nun beauftragt war, mit diplomatischen Mitteln die Lösung zu erreichen, die er selbst gerne durch ein Höchstmaß an Eintracht, Wohlwollen und Toleranz zuwege gebracht hätte. Er hatte Aleander nie vertraut und nahm sich mehr denn je vor ihm in Acht. Als Humanist war er Erasmus trotz hervorragender Begabung deutlich unterlegen und hatte sich nie, anders als dieser, ernsthaften theologischen Studien zugewandt; er hatte einfach im Dienst von kirchlichen Größen (denen Erasmus alsbald den Rücken kehrte) Karriere gemacht. Und dieser Mann war nun mit der höchsten Verhandlungsvollmacht ausgestattet.

Wie sehr Erasmus' schärfste Gegner in Löwen bereits verbittert waren, spricht aus einem schelmischen und ein wenig boshaften Bericht, in dem er Morus von seiner Zusammenkunft mit Egmondanus berichtete, die in Gegenwart des Rektors der Universität stattfand, der beide versöhnen wollte. Doch war es noch nicht so schlimm, wie Ulrich von Hutten dachte, als er an Erasmus schrieb: »Denkst du, dass du noch sicher bist, da man nun Luthers Bücher verbrennt? Flüchte und bewahre dich für uns!«

Immer dringlicher werden Erasmus' Beteuerungen, er habe nichts mit Luther zu tun. Er hat ihn schon lange auffordern lassen, seinen Namen besser nicht mehr zu nennen, und Luther verspricht es: »Gut, ich werde deiner nicht mehr gedenken, und andere Freunde ebenso wenig, da es dich bekümmert.« Immer lauter werden auch Erasmus' Klagen über das Wüten der Mönche gegen ihn und ebenso seine Forderungen, dass man den Bettelmönchen das Predigtrecht entziehen möge!

Im April 1521 kommt der welthistorische Moment, auf den die Christenheit gewartet hat: Luther auf dem Reichstag zu Worms, unbeirrt an seinen Auffassungen festhaltend gegenüber der höchsten Reichsautorität. So groß ist der Jubel in Deutschland, dass es einen Moment scheinen könnte, als ob eher die kaiserliche Macht in Gefahr ist als der Mönch und sein Anhang. »Wenn ich dabei gewesen wäre«, schreibt Erasmus, »hätte ich mein Bestes getan, dass diese Tragödie durch maßvolle Argumente so beendet worden wäre, dass sie nicht später noch einmal als noch größerer Übelstand wieder ausbrechen könnte.«

Das kaiserliche Wort ist gesprochen: Man muss im Reich (wie schon vorher in den burgundischen Niederlanden) Luthers Bücher verbrennen, seine Anhänger in Arrest nehmen und ihren Besitz beschlagnahmen, während er selbst ausgeliefert werden soll.

Erasmus hoffte, dass sich die Dinge nun wenden würden: »Die Luther-Tragödie ist hier bei uns nun zu Ende; ach wäre sie doch nie auf der Bühne erschienen!« In diesen Tagen schrieb Albrecht Dürer auf das falsche Gerücht hin, dass Luther tot sei, den folgenden leidenschaftlichen Ausruf in sein Reisetagebuch:

»Oh Erasmus von Rotterdam, wo bleibst du? Hör, du Ritter Christi, reite zum Herrn Christus, beschütze die Wahrheit, erwerbe die Märtyrerkrone. Du bist doch ein altes Männlein. Ich habe hören sagen, dass du dir selbst noch zwei Jahre gibst, in denen du noch etwas zuwege bringen kannst. Verbringe die gut zum Nutzen des Evangeliums und des wahren christlichen Glaubens [...]. Oh Erasmus, steh auf dieser Seite, auf dass sich Gott deiner rühme ...« Er äußert sein Vertrauen in Erasmus' Fähigkeiten, erwartet aber in seinem Innersten nicht wirklich, dass er dies alles auch tun wird. Dürer hat Erasmus wohl verstanden.

Der Streit beruhigte sich mitnichten, am allerwenigsten in Löwen. Latomus, der würdigste und fähigste der Löwener Theologen, war nun zu einem der härtesten Gegner Luthers geworden und traf damit indirekt auch Erasmus. Zu Nicolaas van Egmond, den Karmeliten, hatte sich noch ein weiterer Landsmann des Erasmus als entschiedener Bekämpfer Luthers gesellt: Vincent Dirks aus Haarlem, ein Dominikaner. Erasmus wendet sich an die Fakultät, um sich gegen die neuen Angriffe zu wehren und um zu erklären, warum er nie etwas gegen Luther geschrieben hat. Er werde ihn lesen, er werde bald etwas unternehmen, um den Tumult zu beruhigen. Er weiß zu erreichen, dass Aleander, der im Juni nach Löwen gekommen ist, das Predigen gegen Erasmus verbietet. Der Papst hofft noch, dass es Aleander gelingen wird, Erasmus, mit dem er wieder freundschaftlichen Umgang hat, auf die rechte Bahn zu bringen. Doch Erasmus begann, den einzigen Ausweg in Betracht zu ziehen, der ihm allmählich noch blieb: Löwen und die Niederlande zu verlassen, um seine bedrohte Unabhängigkeit zurückzugewinnen. Der Anlass für den Aufbruch war bereits länger gegeben: Die dritte Ausgabe seines Neuen Testaments rief ihn erneut nach Basel. Es sollte kein Wegzug für immer sein, und er dachte bestimmt, nach Löwen zurückzukehren. Am 28. Oktober 1521 (seinem Geburtstag) verließ er die Stadt, in der er vier so schwierige Jahre verbracht hatte. Seine Zimmer im Kolleg van de Lelie blieben für ihn reserviert, und seine Bücher ließ er dort zurück. Am 15. November erreichte er Basel.

Rasch verbreitete sich das Gerücht, dass er sich aus Angst vor Aleander durch die Flucht in Sicherheit gebracht hätte. Doch die Interpretation, die trotz der eifrigen Dementis von Erasmus selbst noch heute wiederaufgenommen wird, dass Aleander ihn listig und absichtlich aus den Niederlanden vertrieben habe, ist in sich sehr unwahrscheinlich. Erasmus wäre für die Kirche überall gefährlicher gewesen als gerade in Löwen, dem Hauptquartier der Bewahrer des Bestehenden, unter der Aufsicht des strengen burgundischen Regimes, wo er früher oder später in den Dienst der anti-lutherischen Politik gepresst werden konnte. Letzteres war es, wie Allen zu Recht hervorhebt, was er fürchtete und wovor er flüchtete. Nicht aus Sorge um seine physische Unversehrtheit ist er ausgewichen. Man hätte Erasmus nicht angetastet; dafür war er eine viel zu kostbare Schachfigur. Seine geistige Unabhängigkeit, die ihm über alles ging, hat er bedroht gesehen, und um diese zu schützen, ist er nicht nach Löwen zurückgekehrt.

XVII. DER BEFÜRWORTER VON EINTRACHT UND FRIEDEN IM STREIT – COLLOQUIA

Basel bleibt fast acht Jahre sein Wohnort, 1521–1529. Erasmus als politischer Denker. Der Mann von Eintracht und Frieden. Schriften gegen den Krieg. Urteil über Fürsten und Regierung. – Neue Ausgaben der Kirchenväter. – Die Colloquia 1522, 1524. – Kontoversen mit Stunica, Beda usw. – Auseinandersetzung mit Hutten. Eppendorf.

Erst gegen Ende seines Lebens entwickelte Erasmus die Züge, mit denen er der Nachwelt lebendig bleiben sollte. Erst in Basel, wo er von der Zudringlichkeit der um ihn werbenden Parteien und der ihn in Löwen umgebenden Hasser und Feinde befreit war und sich in einem Kreis von Freunden, Geistesverwandten, Helfern und Verehrern fand, unabhängig von Fürstenhöfen und bedeutenden Schirmherren, unermüdlich seine immense Arbeitskraft dem geliebten Werk widmend – erst hier wurde er Holbeins Erasmus. In diesen letzten Jahren kommt er dem persönlichen Ideal seines Lebens am nächsten.

Er selbst dachte nicht, dass noch fünfzehn Jahre vor ihm liegen würden. Bereits lange vorher, eigentlich schon seit 1506, mit Erreichen des vierzigsten Lebensjahres, fühlte er sich alt.

»Der letzte Akt des Spiels hat begonnen«, hört man von ihm seit 1517 immer wieder.

Finanziell fühlte er sich jetzt weitgehend unabhängig. Es hatte lange genug gedauert, bis er das sagen konnte! Doch die innere Ruhe hatte sich damit nicht eingestellt. Wirklich ruhig und abgeklärt, wie Holbein ihn uns zeigen will, ist er nie geworden. Er kümmert sich immer noch zu viel um das, was die Menschen von ihm sagen oder denken. Auch in Basel hält es ihn eigentlich nicht. Immer wieder spricht er von einem anstehenden Umzug: nach Rom, nach Frankreich, nach England, zurück in die Niederlande. Die Ruhe der äußeren Beständigkeit, die seinem Wesen nicht eigen war, brachten ihm die Umstände: Fast acht Jahre bleibt er durchgehend in Basel, dann hält Freiburg ihn sechs Jahre.

Erasmus in Basel ist ein Mann, der mit seinen idealen Vorstellungen von Welt und Gesellschaft gescheitert ist. Was ist übrig von der beglückenden Erwartung eines goldenen Jahrhunderts in Frieden und Licht, von der er noch 1517 ganz erfüllt war? Was von dem Vertrauen in guten Willen und verständige Einsicht, das ihn noch bei der Abfassung der *Institutio principis christiani* für den jungen Karl V. geleitet hat? Das Heil für Staat und Gesellschaft war für Erasmus immer nur eine Frage persönlicher Moral und intellektueller Aufklärung. Mit seinem Einsatz für die Verbreitung beider hatte er einst geglaubt, selbst die große Erneuerung eingeleitet zu haben. Sobald er erkannte, dass der Konflikt in eine erbitterte Auseinandersetzung übergehen würde, wollte er nur noch Zuschauer sein. Als Handelnder im großen Kirchenstreit ist Erasmus selbst freiwillig von der Bühne abgetreten.

Aber sein Ideal gibt er nicht preis. »Lasst uns widerstehen«, beschließt er eine Epistel über die Philosophie des Evangeliums, »nicht mit Schmähungen und Drohungen, nicht mit Waffen und Unrecht, sondern mit schlichter Vernunft, mit guten Taten, mit Sanftmut und Verträglichkeit.« Noch gegen Ende seines Lebens betet er: »Falls du, oh Gott, den Heiligen Geist in allen Herzen erneuern willst, dann werden auch die äußeren Unglücke enden [...]. Ordne dieses Chaos, Herr Jesus, breite deinen Geist aus über diesen Wassern böse wogender Dogmen.«

Eintracht, Friede, Pflichtbewusstsein und Wohlwollen, die Erasmus so hoch schätzte, sah er nur wenig in der Welt verwirklicht. Er ist ernüchtert. Nachdem er für kurze Zeit politisch eher optimistisch gestimmt war, spricht er von seiner Zeit nur noch mit Bitternis: »Das allerverbrecherischste Jahrhundert, das unglückseligste und verdorbenste, das man sich denken kann.« Vergeblich hatte er unablässig für den Frieden geschrieben: *Querela pacis*, die Wehklage des Friedens, das *Adagium Dulce bellum inexpertis*, *Oratio de pace et discordia* und noch mehr. Erasmus hielt diese pazifistischen Aktivitäten nicht für unbedeutend: »Der Vielschreiber, der nicht nachlässt, den Krieg mit dem Mittel seiner Feder zu verfolgen«, lässt er sich in einer der *Colloquia* von Charon [dem Fährmann ins Totenreich] nennen, der fürchtet, dass er durch Erasmus' Wirksamkeit weniger Fracht überzusetzen hat. Melanchthon berichtet, Papst Julius habe Erasmus wegen dessen Friedensschriften zu sich zitiert. Der Papst habe ihm eingeschärft, dass er es unterlassen müsse, über die Angelegenheiten der Fürsten zu schreiben: Ihr versteht nichts davon!

Trotz einer gewissen, ihm natürlichen Besonnenheit war Erasmus vollkommen unpolitisch. Er stand zu sehr außerhalb der praktischen Realitäten und dachte zu naiv über die Besserungsfähigkeit der Menschen, um die Schwierigkeiten und Notwendigkeiten der Staatsführung zu verstehen. Seine Vorstellungen von einer guten politischen Leitung waren äußerst primitiv, wie es bei stark ethisch orientierten Gelehrten häufig der Fall ist, sogar im Grunde revolutionär, obwohl er nicht daran dachte, die Konsequenzen zu ziehen. Seine Freundschaft mit politisch und juristisch denkenden Männern wie Morus, Budaeus und Zasius hat ihn nicht verändert. Staatsform, Gesetz und Recht waren Themen, die kaum je in seinen Blick kamen. Die wirtschaftlichen Probleme betrachtet er mit idyllischer Einfalt. Der Fürst muss ohne Gegenleistung regieren und so wenig Steuern wie möglich erheben. »Der gute Fürst hat alles, was die ihn liebenden Bürger besitzen.« Arbeitslose kann man einfach wegjagen. Realistischer klingt es für uns, wenn er dem Fürsten die Aufgaben des Friedens aufzählt: das Säubern der Städte, den Bau von Brücken, Hallen, Straßen, das Trockenlegen von Tümpeln, die Umleitung von Flussläufen, den Deichbau, die Landerschließung. Hier spricht der Niederländer in ihm, und es ist zugleich wieder sein Bedürfnis nach Sauberkeit und Ordnung, das ein Grundzug seines Charakters ist.

Politisch vage denkende Menschen wie Erasmus neigen dazu, sehr streng über die Fürsten zu urteilen, denn sie schieben ihnen die Verantwortung für alle Probleme zu. Manchmal scheinen sich seine Gedanken etwas zu sehr um die Fürsten zu drehen. Er behandelt sie mit Vorsicht und weicht ihnen aus, er lobt einzelne persönlich, aber verurteilt sie im Allgemeinen.

Von den Königen seiner Zeit erwartete er lange den Frieden in Kirche und Staat. Sie haben ihn enttäuscht. Doch beruhte sein strenges Urteil über die Fürsten mehr auf Lektüre der Klassiker als auf aktuellen politischen Erfahrungen. Vor allem in späteren Ausgaben der *Adagia* kommt er immer wieder auf die Aufgaben und Pflichtverletzungen der Fürsten zurück, stets ohne bestimmte zu nennen. »Es gibt solche, die zwischen ihren Städten Uneinigkeit schüren, um noch ungehinderter das arme Volk zu melken und mit dem Hunger der unschuldigen Bürger ihre Habsucht zu befriedigen.« Im *Adagium Scarabaeus aquilam quaerit* stellt er den Fürsten mit dem Bild des Adlers als den großen, grausamen Räuber und Verfolger dar. In den *Adagia Aut regem aut fatuum nasci oportere* sowie *Dulce bellum inexpertis* findet sich sein vielzitierter Ausspruch: »Das Volk gründet und erbaut die Städte, die Dummheit der Fürsten zerstört sie wieder.« An Colet schreibt er 1518: »Die Fürsten verbünden sich mit dem Papst und vielleicht mit dem Türken gegen das Glück des Volkes.« Es ist eine akademische Missbilligung aus dem Studierzimmer. Revolutionäre Bestrebungen waren Erasmus ebenso fremd wie Morus beim Schreiben der *Utopia*. »Auch die schlechten Fürsten muss man dann und wann ertragen. Das Heilmittel dagegen sollte man nicht erproben.« Es ist fraglich, ob Erasmus mit seinen launigen, gegen die Fürsten gerichteten Aussprüchen viel realen Einfluss auf seine Zeitgenossen ausgeübt hat. Man würde so gerne glauben, dass seine aufrechte Friedenssehnsucht und seine bitteren Anklagen gegen den Kriegswahnsinn etwas bewirken konnten. Zweifellos haben sie in einem weiten Kreis seiner intellektuellen Leser friedliebende Gefühle verbreitet, aber in der Geschichte des 16. Jahrhunderts finden sich wenige Hinweise, dass solche Gefühle sich wirklich ausgewirkt haben. Wie es auch sei: In solchen politischen Deklamationen lag nicht Erasmus' Stärke. Ein Anführer von Menschen mit ihren Leidenschaften und unerbittlichen Bestrebungen hätte er niemals sein können.

Sein Lebenswerk lag auf anderem Gebiet. Obwohl er mehr und mehr unter heftigen Schmerzen litt, die ihn bereits seit vielen Jahren begleiteten, kam er nun, in Basel, erst wirklich zu der großen Aufgabe, die er sich gestellt hatte: dem Erschließen der reinen Quellen der Christenheit und dem Freilegen der Wahrheit des Evangeliums in ihrer ganzen einfachen Zugänglichkeit, in der er sie sah. In dichter Folge entstanden nun Ausgaben der Kirchenväter, klassischer Autoren, weitere Ausgaben des Neuen Testaments, der *Adagia* und seiner eigenen Briefe neben Paraphrasen zum Neuen Testament, Kommentaren zu den Psalmen sowie zahlreichen theologischen, moralphilosophischen und philologischen Traktaten. 1522 war er monatelang krank, und doch folgten auf *Cyprianus,* den er bereits in Löwen bearbeitet und 1520 herausgegeben hatte, *Arnobius* sowie die dritte Ausgabe des Neuen Testaments, dann unmittelbar im Anschluss *Hilarius* im Jahre 1523 und schließlich 1524 eine neue Ausgabe des *Hieronymus.* Später kamen 1526 *Irenaeus,* 1527 *Ambrosius,* 1528–1529 *Augustinus* und 1530 *Chrysostomos* in lateinischer Übersetzung. Die schnelle Folge dieser umfangreichen Werke belegt, dass sie entstanden, wie Erasmus immer arbeitete: hastig, mit enormem Konzentrationsvermögen und erstaunlicher Gedächtnisleistung, aber ohne die strenge Kritik und die penible Exaktheit der modernen Philologie, die solche Ausgaben erfordern.

Weder der polemische Erasmus noch der geistreiche Humorist waren in dem gelehrten Theologen und ernüchterten Reformator untergegangen. Den Kämpfer mit der Feder hätten wir ohne Bedauern entbehren können, nicht jedoch den Humoristen, selbst für viele Schätze der Literatur nicht. Doch die beiden sind untrennbar verbunden. Davon zeugen die *Colloquia.*

Man muss hier wiederholen, was bereits über die *Moria* gesagt wurde: Dass von allen Werken des Erasmus in der Weltliteratur neben der *Moria* allein die *Colloquia* wirklich lebendig geblieben sind, ist eine richtige Wahl der Geschichte gewesen. Und zwar nicht etwa, weil in der Literatur nur das Leichteste und Lesbarste Bestand hat, während die schwere theologische Gelehrtheit stumm in den Regalen der Bibliotheken lagert. Nein, wahrhaftig, es ist das Beste von Erasmus, das im *Lob der Torheit* und in den Dialogen lebendig geblieben ist. Damit hat sein sprühender Geist die Welt bezaubert und sie ihm verbunden. Es wäre eine lohnende Aufgabe, die Dialoge hier ausführlich als literarisches Kunstwerk zu betrachten, um dem Erasmus der *Colloquia* seinen ihm zustehenden herausgehobenen Platz zu geben im glänzenden Sternbild der Schüler des Demokrit im 16. Jahrhundert: Rabelais, Ariost, Montaigne, Cervantes und Ben Jonson!

Die *Colloquia* hatten, als Erasmus ihnen in Basel ihre endgültige Form gab, bereits eine lange Entstehungsgeschichte. Lange Zeit waren sie nicht mehr gewesen als *Familiarium Colloquiorum Formulae*, Modelle für die vertraute lateinische Konversation, noch vor 1500 in Paris für seine Schüler verfasst. Augustijn Caminade, der heruntergekommene Freund, der gerne seinen Nutzen aus Erasmus' Kreativität zog, hatte sie gesammelt und seinen Vorteil gehabt, indem er sie einem interessierten Kreis zugänglich machte. Er war lange tot, als ein gewisser Lambert Hollonius aus Lüttich die Handschrift, die er von Caminade erhalten hatte, im Jahre 1518 an Froben in Basel verkaufte. Beatus Rhenanus, obwohl bereits Vertrauter von Erasmus, lies sie ohne dessen Wissen umgehend drucken. Erasmus war darüber berechtigterweise verstimmt, zumal das Büchlein voller Flüchtigkeiten und sprachlicher Fehler war. Er erstellte daher sofort eine verbesserte Ausgabe, die 1519 bei Dirk Maertens in Löwen erschien. Die Schrift enthielt zu dieser Zeit eigentlich erst einen echten Dialog, den Kern des späteren *Convivium profanum*. Der Rest bestand aus Höflichkeitsformeln und kleine Konversationen. Doch abgesehen von ihrer Nützlichkeit für Latinisten, war sie schon in dieser Form so geistreich und voller Erfindungsreichtum, dass sie den größten Beifall fand. Allein in den wenigen Jahren bis 1522 erschien die Schrift in 25 Ausgaben, meist Nachdrucken: in Antwerpen, Paris, Straßburg, Köln, Krakau, Deventer, Leipzig, London, Wien, Mainz. In Basel überarbeitete Erasmus selbst eine Ausgabe, die Froben im März 1522 druckte. Sie ist Frobens sechsjährigem Sohn Johannes Erasmius Froben gewidmet, dem Patenkind des Erasmus. Bald darauf tat er mehr als nur überarbeiten. In den Jahren 1523/24 wurden erst zehn neue Dialoge, danach noch einmal vier und sechs den *Formulae* hinzugefügt. 1526 änderte er schließlich auch den Titel in *Familiarium colloquiorum opus*. Das Werk blieb dem kleinen Froben gewidmet und wuchs mit jeder neuen Ausgabe weiter an zu einer reichen bunten

Sammlung von Gesprächen, jedes ein Meisterwerk literarischer Form, abgerundet, spontan, gewinnend, unübertroffen an Leichtigkeit, Lebendigkeit und virtuoser Latinität, und jedes ein vollständiger Einakter. Von jetzt an folgten Ausgabe auf Ausgabe und Übersetzung auf Übersetzung in ununterbrochenem Strom über fast zwei Jahrhunderte.

Erasmus' Geist hatte seine Schärfe und Frische noch nicht verloren, als er sich so viele Jahre nach der *Moria* erneut auf das Feld der Satire begab. Der Form nach waren die *Colloquia* weniger ausgeprägt satirisch als die *Moria*. Mit ihrem sprechenden Titel *Lob der Torheit* ist Letztere unmittelbar als Satire ausgewiesen, während die *Colloquia* auf den ersten Blick als unschuldige Genrestückchen erscheinen könnten. Aber dem Inhalt nach sind sie satirischer, jedenfalls sind sie es direkter. Die *Moria* ist als Satire philosophisch und allgemein, die *Colloquia* sind aktuell und konkret. Ebenso betonen sie neben dem Negativen mehr das Positive. In der *Moria* bleibt Erasmus' eigenes Ideal unausgesprochen im Hintergrund, in den *Colloquia* tritt es deutlich in den Vordergrund. Dadurch bilden sie bei allem Scherz und Spott zugleich doch auch einen tiefernsten Traktat und sind so engstens verwandt mit dem *Enchiridion militis christiani*. Was Erasmus sich von der Welt und den Menschen wünschte, wie er sich das gereinigte christliche Zusammenleben, von ihm so inständig ersehnt, auf der Grundlage guter Sitten, innigem Glauben, Einfachheit und Takt, Wohlwollen, Verträglichkeit und Frieden vorstellte, steht nirgendwo so deutlich ausgesprochen und lesbar wie in den *Colloquia*. In den letzten fünfzehn Jahren seines Lebens knüpfte Erasmus mit einer Reihe moraltheologischer Abhandlungen wieder an das an, was er mit dem *Enchiridion* begonnen hatte: die Darlegung einer einfachen, allgemein christlichen Lebenshaltung, einer freien und natürlichen Ethik. Das ist seine befreiende Botschaft. Sie wird von vielen vernommen aus *Exomologesis, De interdicto esu carnium, Lingua, Institutio christiani matrimonii, Vidua christiana, Ecclesiastes*. Von zahllosen aber aus den *Colloquia*.

Die *Colloquia* haben viel mehr Hass und Gegnerschaft hervorgerufen als das *Lob der Torheit*, und mit Recht, denn Erasmus griff jetzt auch einzelne Personen an. Er gönnte sich die

Genugtuung, seine Löwener Gegner lächerlich zu machen. Lee wurde bereits in einer Hinzufügung zur Ausgabe von 1519 als Verräter und Prahler hingestellt. Nach Beilegung des Streits strich Erasmus die Stelle wieder. Vincent Dirks karikierte er in *Begräbnis* als gierigen Bettelmönch, der von Sterbenden Verfügungen zugunsten seines Ordens erpresst. Und das blieb dort stehen. Später kamen Seitenhiebe auf Noël Beda und viele anderen hinzu. Die Anhänger von Oecolampadius glaubten, in einer Figur mit langer Nase ihren geistigen Kopf verspottet zu sehen. Aber nicht doch, antwortete Erasmus, es sei ein ganz anderer. Wer fortan bei Erasmus aneckte, und das waren viele, hatte gute Chancen, in die *Colloquia* zu kommen. Es war kein Wunder, dass dieses Werk, insbesondere mit seinem schneidenden Spott über die Mönchsorden, mehr als jedes andere Gegenstand der Anfeindungen wurde.

Erasmus konnte sich nie von diesem polemischen Schlagabtausch lösen. Er war sicher ehrlich, wenn er sagte, dass er ihn aus tiefstem Herzen verabscheute und nie wollte, aber sein scharfer Geist setzte sich oft gegen die Stimme des Herzens durch. Hatte er einmal begonnen zu streiten, genoss er es doch, seinem Spott freien Lauf zu lassen und seine Argumentation geschickt aufzubauen.

Um seine Persönlichkeit kennenzulernen, ist es nicht erforderlich, all diese polemischen Auseinandersetzungen hier ausführlich zu behandeln. Nur die wichtigsten müssen genannt werden. Ab 1516 braute sich etwas in Spanien zusammen. Ein Theologe der Universität Alcalá, Diego Lopez Zuñiga, oder lateinisch Stunica, hatte sich kritisch mit der Ausgabe des Neuen Testamentes auseinandergesetzt. »Ein zweiter Lee«, sagte Erasmus. Erst hatte Kardinal Ximenes die Veröffentlichung verboten, aber 1520, nach dessen Tod, erschien die Schrift doch. Einige Jahre wurde Erasmus zu seinem großen Ärger von Stunicas Kritik verfolgt. Schließlich kam es, wohl auch weil Erasmus selbst konservativer wurde, zu einer Annäherung, und Stunica zeigte sich wohlwollender. Nicht weniger lang und heftig war seit 1522 der Streit mit Noël Bedier oder Beda, dem Syndikus der Sorbonne. Die Sorbonne wurde 1526 veranlasst, verschiedene Sätze von Erasmus als ketzerisch zu verurteilen. Dass

Beda anstrebte, Erasmus in den Prozess gegen Louis de Berquin hineinzuziehen, der die verurteilten Texte übersetzt hatte und schließlich für seinen Glauben auf dem Scheiterhaufen starb (1529), machte die Angelegenheit für ihn noch unangenehmer.

Es ist somit deutlich genug, dass sowohl in Paris als auch in Löwen die Kreise an den theologischen Fakultäten vor allem an den *Colloquia* Anstoß nahmen. Egmondanus und Vincent Dirks vergaßen nicht, wie scharf er ihren Stand und ihre Person angegriffen hatte. Höflicher als bei den bisher genannten Auseinandersetzungen blieb ein Disput mit dem angesehenen Italiener Alberto Pio, dem Prinzen von Capri (1525–1529). Erbittert dagegen war der mit einer Gruppe spanischer Mönche, die sogar die Inquisition gegen ihn ins Feld führten (1528). In Spanien wurde »Erasmistas« die Bezeichnung für diejenigen, die zu einer freieren Glaubensauffassung tendierten. So wuchs der Stoff an, mit dem er einen eigenen Band seiner Werke zusammenstellen konnte, die *Apologiae*, also nicht Entschuldigungs-, sondern Rechtfertigungsschriften. »Ich Unglücklicher, sie füllen gerade mal einen Band«, seufzte Erasmus.

Zwei seiner Polemiken verdienen eine eingehendere Behandlung: die mit Ulrich von Hutten und die mit Luther. Hutten, der Ritter und Humanist, der leidenschaftliche Herold einer national-deutschen Erhebung, der feurige Hasser des Papsttums und Mitstreiter Luthers, war sicher ein Hitzkopf und vielleicht auch ein ziemlicher Wirrkopf. Er hatte Erasmus zugejubelt, als er in ihm den kommenden Mann sah, und ihn beschworen, sich doch der Sache Luthers anzuschließen. Erasmus war aber bald klar geworden, dass dieser umtriebige Anhänger für ihn kompromittierend werden könnte. Hatte man ihm, Erasmus, nicht bereits eine von Huttens unausgegorenen Satiren zugeschrieben? – Es endete dann auch letztlich damit, dass Hutten nur noch Abneigung für Erasmus empfand. Sein ritterlicher Instinkt spürte genau die schwachen Seiten von Erasmus' Charakter: seine Angst, sich Blößen zu geben, und seine Neigung, Mitstreiter zu verleugnen, wenn es gefährlich wurde. Erasmus kannte selbst seine Schwächen: »Nicht jeder hat das Zeug zum Märtyrertum«, schreibt er 1521 an Richard Pace. »Ich fürchte, dass ich Petrus nachfolgen werde, sobald Aufruhr entsteht.«

Doch diese Erkenntnis nimmt von ihm nicht die Bürde der Vorwürfe Huttens, die dieser ihm 1523 mit harten Worten entgegenschleuderte. Es ist wahr: Hutten sah Erasmus nur noch als Karikatur. Und Erasmus konnte mit einigem Recht die Verteidigungsschrift, mit der er ihm antwortete, einen »Schwamm gegen Huttens Beschmutzungen« nennen. Doch bleiben Ton und Haltung dieser Schrift, die der früh verstorbene Hutten nicht mehr lesen sollte, borniert und kleinlich, durch Hass und Rachsucht bestimmt. Wenn Erasmus hasste, zielte er unter die Gürtellinie. Allerdings ist er wahrscheinlich von dem Vorwurf freizusprechen, die Schrift noch nach Huttens Tod herausgegeben zu haben. Sie war bereits ganz oder zum größten Teil gedruckt, als Hutten starb, und es wäre für Erasmus schwierig gewesen, ihre Veröffentlichung noch zurückzuhalten.

Hutten wurde übrigens von Heinrich von Eppendorf, einem der Anhänger Huttens, gerächt. Er hegte die gleiche Abneigung gegenüber Erasmus und verfolgte ihn jahrelang. Nachdem ein Brief von Erasmus in seine Hände gelangt war, der ihn diffamierte, drohte er ihm jahrelang mit einer Anklage wegen Verleumdung. Eppendorfs Feindschaft verstörte Erasmus derartig, dass er überall dessen Machenschaften und Spione am Werk sah, selbst noch, als die Nachstellungen längst aufgehört hatten.[44]

XVIII. AUSEINANDERSETZUNG MIT LUTHER ÜBER DEN FREIEN WILLEN – DE LIBERO ARBITRIO

Johannes Oecolampadius (Clemens Ammon)

Erasmus wird gedrängt, gegen Luther zu schreiben. De libero arbitrio, 1524. – Luther antwortet mit De servo arbitrio. Unentschiedenheit bei Erasmus, äußerste Unerbittlichkeit Luthers. Erasmus nun endgültig bei der Partei für die Bewahrung. Der Bischof von Basel und Oecolampadius. Erasmus' wankelmütige Haltung in Glaubensangelegenheiten: zur Beichte, zu den Zeremonien, zur Heiligenverehrung, zum Messopfer. – Institutio christiani matrimonii, 1526. Er glaubt sich umringt von Feinden.

Schließlich kam es doch zu der polemischen Auseinandersetzung mit Luther, die Erasmus immer vermeiden wollte. Sie hatte jedoch nichts von der großen Gebärde, mit der Erasmus einst in das Geschehen eingreifen wollte, um dem unbeherrschten Luther Einhalt zu gebieten, damit die Welt zur Besinnung komme. Im großen Geschehen der Reformation war diese Polemik nur ein Nachspiel. Nicht nur Erasmus war ernüchtert und müde, auch Luthers heroische Jahre waren vorbei: Er sah sich den Umständen unterworfen, zu politischen Geschäften gezwungen und war enttäuscht.

Erasmus hatte an seinem Entschluss festhalten wollen, in der großen Tragödie nur Zuschauer zu bleiben. »Wenn Gott alles so will, wie es nach dem machtvollen Aufstieg Luthers den Anschein hat«, so sagte er sich, »und Er womöglich meint, für diese verdorbenen Zeiten einen so rauen Therapeuten wie Luther zu benötigen, dann steht es mir nicht an, dem zu widerstehen.« – Doch man ließ ihn nicht in Ruhe. Während er weiter laut verkündete, er habe mit Luther nichts zu tun und sei meilenweit von ihm entfernt, beharrten die Verteidiger der alten Kirche auf ihrem Standpunkt, den Nicolaas van Egmond bereits 1520 gegenüber dem Rektor der Universität Löwen formuliert hatte: »Solange er sich weigert, gegen Luther zu schreiben, halten wir ihn für einen Lutheraner.« Dabei blieb es. »Dass du hier für einen Lutheraner gehalten wirst, ist sicher«, schrieb Vives ihm 1522 aus den Niederlanden.

Immer stärker wurde er gedrängt, gegen Luther zu schreiben. Die Anstöße kamen von unterschiedlicher Seite: von Heinrich VIII., übermittelt durch seinen alten Freund Tunstall, von Georg von Sachsen und aus Rom selbst, von Papst Adrian VI., seinem ehemaligen Schirmherrn, noch kurz vor dessen Tod. Erasmus glaubte, sich nicht länger verweigern zu können. Er versuchte es mit einigen Dialogen im Stil der *Colloquia*, aber das gelang ihm nicht recht und hätte wahrscheinlich auch diejenigen, die ihn vor ihren Karren spannen wollten, nicht befriedigt. Zwischen Luther und Erasmus gab es keinen Briefwechsel mehr, seit Luther 1520 versichert hatte: »Gut, Erasmus, ich werde deinen Namen nicht mehr nennen.« Nun allerdings, da Erasmus selbst begann, Luther anzugreifen, erhielt er von diesem einen auf den 15. April 1524 datierten Brief, in dem der

Reformer ihn nun seinerseits mit seiner eigenen Formulierung auffordert: »Bleib nun, wenn es dir gefällt, was du nach eigenen Worten immer sein wolltest: ein bloßer Zuschauer unserer Tragödie.« Aus Luthers Zeilen lässt sich eine ironische Geringschätzung heraushören, doch Erasmus nannte den Brief »noch einigermaßen menschlich. Wegen der Speichellecker habe ich nicht gewagt, genauso human zu antworten«.

Um Luther mit gutem Gewissen angreifen zu können, musste Erasmus natürlich einen Punkt wählen, in dem er aus tiefstem Herzen anderer Meinung war als Luther. Daher kam nichts aus dem äußeren kirchlichen Leben in Frage, weder Zeremonien, Gebräuche, Fasten usw., die er mit Luther aus voller Überzeugung verwarf, noch etwas, das er mit mehr Mäßigung anzweifelte als Luther, wie die Sakramente oder den Primat des Petrusstuhls. So kam er notwendig auf den Punkt, der den grundlegendsten Unterschied ihrer beider Naturen und ihrer Auffassungen des Glaubens ausmachte, folglich auf das zentrale und ewige Problem von Gut und Böse, Schuld oder Zwang, Freiheit oder Notwendigkeit, Gott und Mensch. Luther bezeugte mit seiner Antwort, dass damit tatsächlich der entscheidende Punkt angesprochen war.

De libero arbitrio diatribe, also die Abhandlung Über den freien Willen, erschien im September 1524. War Erasmus je der Mann gewesen, über ein solches Thema zu schreiben? Getreu seiner Methode und mit dem erkennbaren Willen, diesmal Autorität und Tradition hochzuhalten, entwickelte Erasmus seine Argumente: Die Bibel lehrt, die Doktoren bestätigen, die Philosophen beweisen und die menschliche Vernunft bezeugt, dass des Menschen Wille frei ist. Erkennt man die Willensfreiheit nicht an, bleiben die Begriffe »Gottes Gerechtigkeit« und »Gottes Barmherzigkeit« ohne Sinn. Was hat die Heilige Schrift zu lehren und zu tadeln, wozu soll sie ermahnen, wenn alles nur mit unabwendbarer Notwendigkeit geschieht? Warum sollte man Gehorsam loben, wenn wir bei guten und schlechten Werken gleichermaßen nur Gottes Werkzeug sind, wie das Beil für den Zimmermann? Und sollte Letzteres zutreffen, wäre es gefährlich, dies dem Volk zu offenbaren, denn die Moral erfordert das Bewusstsein der Freiheit.

Luther nahm die Schrift seines Gegners mit Widerwillen und Verachtung auf. Als er die Antwort schrieb, hielt er sich im Zaum und wahrte die angemessene Form. Doch im Inhalt selbst von *De servo arbitrio*, Über den unfreien Willen, wurde sein Zorn erkennbar. Denn hier tat er wahrhaftig das, was Erasmus ihm soeben vorgeworfen hatte: Er versuchte, einen ausgerenkten Arm zu kurieren, indem er ihn in die falsche Richtung zerrte. Heftiger als je zuvor zog sein kraftstrotzendes Bauerngemüt hier die überraschenden Konsequenzen seines brennenden Glaubens. Ohne jede Zurückhaltung anerkannte er die äußersten Konsequenzen eines vollständigen Determinismus. Um den Indeterminismus mit deutlichen Worten aus dem Feld zu schlagen, musste er allerdings zu den primitiven Metaphern eines hochfahrenden Glaubens greifen, die ausdrücken wollen, was nicht auszudrücken ist: Gottes zwei Willen, die nicht zusammenfallen. Gottes »ewiger Hass auf die Menschen, nicht allein ein Hass auf Unzulänglichkeiten oder Werke des freien Willens, sondern ein Hass, der bereits vor Erschaffung der Welt da war«. Und das Gleichnis, nach dem der freie Wille wie ein Reittier zwischen Gott und dem Teufel steht, das mal von diesem, mal von jenem bestiegen wird, ohne selbst zu einem der beiden kämpfenden Parteien gehen zu können. Wenn in Luthers Lehre eine Vergröberung des Glaubens und eine Überdehnung religiöser Begriffe zu finden ist, dann sicherlich in *De servo arbitrio*.

Aber … es war eben Luther, der hier auf dem felsenfesten Boden absoluter mystischer Ergriffenheit stand, für den alle einfachen Begriffe wie Stroh in der Glut göttlicher Hoheit verbrannten, für den jede menschliche Mitwirkung am Heil eine Herabsetzung des göttlichen Ruhmes war. Erasmus' Geist schließlich lebte nicht in den Gedanken, um die es hier ging: Sünde und Gnade, Erlösung und Ehre Gottes, die das Entscheidende sei.

War denn Erasmus in diesem Kampf ganz und gar der Unterlegene? Vielleicht. Hier erinnert R. H. Murray zu Recht an das Wort von Hegel, nach dem die Tragödie nicht ein Konflikt zwischen Recht und Unrecht ist, sondern zwischen Recht und Recht. Der Streit zwischen Luther und Erasmus kam zu keinem Ergebnis, das uns veranlassen müsste, die Gleichwertigkeit, ja die Vereinbarkeit von Ja und Nein anzuerkennen. Erasmus verstand, dass man hier mit Worten und Bildern über etwas letztlich nicht Erkennbares und Ausdrückbares stritt. Erasmus, der Mann der Schattierungen, für den die Begriffe immer ineinander übergingen und wechselten, von Luther Proteus[45] genannt. Dagegen Luther, der Mann der übertriebenen Nachdrücklichkeit in allem. Der Niederländer, der die See wogen sieht, im Unterschied zum Deutschen, der Berggipfeln gegenübersteht.

»Es ist sehr wahr, dass wir von Gott nur mit uneigentlichen Worten sprechen können.« »Viele Fragen werden bis zu einem ökumenischen Konzil vertagt. Es wäre viel besser, solche Fragen bis zu der Zeit zu vertagen, in der uns das, was wir jetzt nur gleichnishaft wie im Spiegel als Rätsel sehen, enthüllt wird, und wir Gottes Angesicht schauen.« »Was ist frei von Irrtümern?« »In der Lehre von Gott gibt es bestimmte unzugängliche Bereiche, zu denen wir nach dem Willen Gottes nicht weiter vordringen sollen.«

Die katholische Kirche hatte sich in der Frage der Willensfreiheit einen geringen Vorbehalt bewahrt, indem sie einen kleinen Spielraum für die Erkenntnis gelassen hat, dass die menschliche Freiheit *unter* der Gnade steht. Für Erasmus war die Freiheit deutlich größer. Luther leugnete sie vollständig. Das Urteil ihrer Zeitgenossen wurde anfangs zu sehr von der Beteiligung an dem großen Streit beherrscht, um hier objektiv sein zu können. Die einen jubelten Erasmus zu, weil er Luther ein Bein stellte, oder umgekehrt, je nachdem, mit wem sie sympathisierten. Nicht nur Vives jubelte Erasmus zu, auch treue Katholiken wie Sadolet. Die deutschen Humanisten, die wenig geneigt waren, mit der alten Kirche zu brechen, wandten sich unter dem Eindruck von Erasmus' Wort noch mehr von Luther ab: Mutianus, Zasius, Pirckheimer. Selbst Melanchthon sympathisierte mit Erasmus' Standpunkt. Für andere, wie etwa Capito, einst ein eifriger Mitstreiter, war er jetzt erledigt. Bald sollte sich Calvin mit eiserner Argumentation uneingeschränkt auf Luthers Seite schlagen.

F. X. Kiefl, ein katholischer Gelehrter, vertrat die Meinung: »Erasmus stand mit seiner Weltansicht von der freien, unverdorbenen Menschennatur der Kirche innerlich weit fremder gegenüber als Luther, bekämpfte sie aber nur mit vornehmer Skepsis, weshalb Luther mit feiner Psychologie ihm vorhielt, er [Erasmus] liebe es, über die Fehler und das Elend der Kirche Christi so zu sprechen, dass die Leser zum Lachen gezwungen würden, statt mit tiefen Seufzern Klage zu führen, wie es vor Gott sein sollte.«[46]

Hyperaspistes, ein voluminöser Traktat, mit dem sich Erasmus erneut gegen Luther wandte, war lediglich ein Epilog, der hier nicht ausführlich behandelt werden muss.

Erasmus hatte also schließlich doch noch öffentlich Partei bezogen. Denn ganz unabhängig vom dogmatischen Streitpunkt selbst war das Entscheidende an *De libero arbitrio*, dass er sich darin ausdrücklich gegen die individuellen Glaubensauffassungen der Reformer gewandt und für die Autorität und Tradition der Kirche ausgesprochen hatte. Er allein, meint er, habe mehr dafür getan, die Macht der Lutherei zu brechen, als Aleander mit seinen ganzen Machenschaften. »Weder der Tod noch das Leben werden mich von der Gemeinschaft mit der katholischen Kirche trennen«, schreibt er 1522, und dann 1526 im *Hyperaspistes*: »Von der katholischen Kirche bin ich nie abgefallen. Ich weiß, dass in dieser Kirche, die eure Leute die Papsttreue nennen, viele sind, die mir missfallen, aber solche gibt es auch in eurer Kirche. Man trägt die Übel leichter, an die man gewöhnt ist. Darum ertrage ich diese Kirche, bis ich eine bessere sehe, und sie ist wohl gezwungen, mich zu ertragen, bis ich ein Besserer geworden bin. Wer zwischen zwei Übeln den Mittelweg wählt, fährt nicht schlecht.«

War es aber möglich, diesen Kurs beizubehalten? Beide Seiten wandten sich von ihm ab. »Ich, der früher in zahllosen Briefen angesprochen wurde als ›Dreimal großer Held, Fürst der Literatur, Sonne der Studien, Hüter der wahren Theologie‹, werde nun entweder totgeschwiegen oder in ganz anderen Farben geschildert.« Wie viele der alten Freunde und Geistesverwandten waren bereits tot!

Doch es gab noch genug, die dachten und hofften wie Erasmus. Noch sandte er unermüdlich mit seinem Wort, vor allem durch Briefe, die mäßigende und reinigende Wirkung seines Geistes in alle europäischen Länder: Gelehrte, hohe Geistliche,

Adelige, Studenten, bürgerliche Amtsträger korrespondierten mit ihm. Christoph von Utenheim, der Bischof von Basel höchstselbst, war ein Mann nach seinem Herzen. Als eifriger Vertreter des Humanismus hatte er bereits 1503 versucht, die Geistlichkeit seines Bistums durch synodale Statuten zu reformieren – ohne durchgreifenden Erfolg. Später hatte er Gelehrte wie Oecolampadius, Capito und Wimpfeling nach Basel eingeladen. Das war noch bevor der große Streit begann, der alsbald Oecolampadius und Capito viel stärker hineinzog, als es der Bischof von Basel oder Erasmus gutheißen konnten. 1522 richtete sich Erasmus mit einem Traktat *De interdicto esu carnium, Vom Verbot, Fleisch zu essen,* an den Bischof. Dies war einer seiner letzten direkten Angriffe gegen das Alte.

Der Bischof wurde jedoch der Bewegung nicht mehr Herr. Ein beträchtlicher Teil der Basler Bürgerschaft und die Mehrheit des Rates waren bereits unter dem Einfluss der radikalen Reformation. Etwa ein Jahr nach Erasmus kehrte auch Johannes Oecolampadius zurück nach Basel, um den Widerstand gegen das Alte zu organisieren. Schon während des ersten Aufenthaltes von Erasmus in der Stadt hatte auch er sich dort aufgehalten und bei dessen Herausgabe des Neuen Testamentes mit seinen hebräischen Sprachkenntnissen geholfen. 1523 wurde er vom Rat der Stadt zum Theologieprofessor an der Universität ernannt, während vier katholische Professoren ihr Amt verloren. Auf seine Initiative hin durfte jedermann ohne Erlaubnis predigen. Alsbald wurde ein viel hitzköpfigerer Agitator, der ungestüme Guillaume Farel, ebenfalls in Basel und Umgebung aktiv. Er ist der Mann, der später Genf reformieren sollte und Calvin zum Bleiben bewegte.

Obwohl Oecolampadius zunächst vorsichtig begann, Neuerungen in den Gottesdienst einzuführen, verfolgte Erasmus das Geschehen mit Unruhe, vor allem das Treiben von Farel, den er erbittert hasste. Es waren diese Männer, die dem entgegenwirkten, was er immer noch wünschte und für möglich hielt: einen Kompromiss. Sein unentschiedener Geist, der sich nie ganz zu einem klaren Urteil bekennen konnte, hatte sich in den meisten Streitpunkten langsam auf einen halb-konservativen Mittelstandpunkt beschränkt, womit er der Kirche treu bleiben wollte, ohne seine tiefsten Überzeugungen zu verleugnen. Seine Einstellung zum Wert der Beichte hatte er 1524 im Traktat *Exomologesis* erläutert. Er anerkennt sie mit Einschränkungen: Wenn sie nicht von Christus oder den Aposteln eingesetzt sei, so doch durch die Kirchenväter. Sie müsse getreulich bewahrt werden. Die Beichte sei von außerordentlichem Nutzen, wiewohl zuweilen auch ein großes Übel. So versucht er, »beide Parteien zu ermahnen«, den Gegnern »weder zuzustimmen, noch sie zu bekämpfen, wiewohl dabei der Seite zuneigend, die glaubt«.

Die lange Reihe seiner Polemiken gibt ihm zunehmend den Raum, seine Ansichten etwas mehr zu erklären. Dies tut er beispielsweise ausführlich in den Antworten an Alberto Pio in den Jahren 1525 bis 1529. Immer geschieht es im Rahmen von Erwiderungen, wenn man ihn angegriffen hatte, wegen der *Colloquia* oder der *Moria*, wegen des Hieronymus, der Paraphrasen oder warum auch immer. Schließlich fasste er seine Ansichten einigermaßen zusammen in *De amabili Ecclesiae concordia*, Über die liebenswerte Eintracht der Kirche, von 1533. Diese Schrift bezieht jedoch nicht mehr offensiv Position. Daran dachte er jetzt nicht mehr.

In den meisten Punkten gelingt es Erasmus, eine gemäßigte Formulierung zu finden, die an Bestehendem festhält. Selbst die Zeremonien lehnt er nicht mehr vollständig ab. Sogar für das Fasten, das er immer verabscheut hat, für die Reliquienverehrung und für die kirchlichen Feste findet er gute Worte. Auf die Bitte eines Freundes schreibt er 1523 eine Messe zur Verehrung Unserer Lieben Frau von Loreto. Doch erwähnt er darin mit keinem Wort das Wunder des Heiligen Hauses.[47] Den Begleitbrief beginnt er mit den Worten: »Nun schau einmal und erwarte, dass Erasmus auf deinen Befehl hin sich nun selbst mitten auf den Marktplatz stellt und tanzt.« Die Heiligenverehrung will er nicht abschaffen, sie berge nicht mehr die Gefahr der Götzenverehrung. Selbst die Bilder will er zulassen, denn »wer die Abbildungen aus dem Leben entfernt, nimmt ihm seinen höchsten Genuss. Oft sehen wir mehr in den Bildern, als wir dem Geschriebenen entnehmen«. Hinsichtlich der substanziellen Gegenwart Christi im Altarsakrament hält er sich an den kirchlichen Standpunkt, jedoch ohne Inbrunst, allein aufgrund der kirchlichen Übereinkunft und weil er nicht glauben kann, dass Christus, der die Wahrheit und die Liebe ist, so lange zugelassen hätte, dass seine Braut, die Kirche, ihn in einem Stückchen Brot verehrt, wenn es ein abscheulicher Irrtum wäre. Unter diesem Vorbehalt könne er sich, wenn es denn sein muss, der Sichtweise von Oecolampadius anschließen.

Aus seiner Basler Zeit stammt eine der klarsten und nützlichsten moraltheologischen Abhandlungen des Erasmus: *Institutio christiani matrimonii*, Über die christliche Ehe. Er schrieb sie 1526 für Katharina von Aragon, die Königin von England. Sie ist ganz im Geist des *Enchiridions* verfasst, allerding mit manchen Weitschweifigkeiten, die sein Alter verraten. Später folgte *De vidua christiana*, Über die christliche Witwe, für Maria von Ungarn, ebenso tadellos, doch weniger interessant.

Die Verteidiger der alten Kirche befriedigte das alles nicht. Sie hielten sich an die *Colloquia*, die klar und deutlich ein Bild von seinem Glauben zu erkennen geben, das nicht eindeutig katholisch genannt werden kann. Allzu deutlich wurde darin, dass Erasmus nicht mit dem Herzen hinter den zentralen Glaubensüberzeugungen der katholischen Kirche stand, wenn er sie auch dem Buchstaben nach unangetastet lassen wollte. Die *Colloquia* wurden dann auch bei der späteren kirchlichen Zensur seiner Werke vollständig auf den Index gesetzt, zusammen mit der *Moria* und einigen weiteren Werken. Für den Rest hieß es »caute legenda«, es ist mit Vorsicht zu lesen. Viel verworfen hat man aus den Anmerkungen zum Neuen Testament, aus den Paraphrasen und Apologien, sehr wenig aus dem *Enchiridion* und *Ratio verae theologiae* und sogar aus *Exomologesis*. Diese offizielle Stellungnahme erfolgte erst, als der Streit mit dem lebenden Erasmus bereits ausgefochten war.

Solange er in Basel oder anderswo als Mittelpunkt einer großen intellektuellen Gruppe fungierte, deren Macht man nicht einschätzen konnte, weil sie nicht als Partei in Erscheinung trat, wusste man nicht, welche Wendung er noch nehmen und welchen Einfluss er noch auf die Kirche ausüben würde. Er blieb in seiner stillen Studierkammer ein König des Geistes. Der Hass, der ihm galt, und die Überwachung all seiner Worte und Taten waren so, wie es nur die wirklich anerkannt Großen trifft. Der

Chor der Feinde, die ihm die ganze Schuld an der Reformation gaben, verstummte nicht. Er habe die Eier gelegt, die Luther und Zwingli ausgebrütet hätten. Ärgerlich prangerte Erasmus immer wieder neue Versuche kleinkarierter, bösartiger und dummer Angriffe an. In Konstanz gab es einen Doktor, der sein Porträt aufgehängt hatte, nur um es anzuspucken, sooft er daran vorbeikam. Scherzhaft vergleicht Erasmus sein Los mit dem des heiligen Cassianus, den seine Schüler mit Schreibstiften durchbohrten. Wurde er nicht seit Jahren durch die Federn und Zungen unzählbar vieler Menschen aufs Äußerste verletzt, und lebte er nicht unter dieser Folter, ohne dass der Tod dem ein Ende machte? – Die Empfindlichkeit gegenüber Angriffen saß bei Erasmus tief, und nie konnte er es unterlassen, seinerseits andere zu Angriffen zu provozieren.

XIX. KRITIK AN DEN HUMANISTEN UND RÜCKZUG NACH FREIBURG

Friedrich der Weise (Albrecht Dürer)

Erasmus wendet sich gegen das Heidentum und den übertriebenen Klassizismus der Humanisten. Ciceronianus, 1528. Es bringt ihm neue Feinde. Reformation in Basel vollzogen. Er weicht nach Freiburg aus, 1529. Sein Urteil über die Ergebnisse der Reformation.

Nichts ist kennzeichnender für die Unabhängigkeit, die sich Erasmus von allen Bewegungen seiner Zeit bewahrte, als der Streit, den er auch mit dem Lager der Humanisten begann. Im

Jahr 1528 erschienen bei Froben (unter dem neuen Geschäftsführer, denn Johannes Froben war kurz zuvor gestorben) gleich zwei Dialoge aus Erasmus' Feder: einer über die korrekte Aussprache des Lateinischen und Griechischen und einer mit dem Titel *Ciceronianus* oder Über die beste Weise, sich auszudrücken, also Latein zu schreiben und zu sprechen. Beide waren der Beweis dafür, dass Erasmus noch nichts von seiner Lebendigkeit und seinem Humor eingebüßt hatte. Die erste Schrift war rein philologisch und hat entsprechenden großen Einfluss ausgeübt, die andere war auch satirisch. Sie hatte eine lange Vorgeschichte.

Erasmus sah das Heil der Kultur immer in den Studien der Klassik, allerdings im Dienst eines unverfälschten Christentums. Sein aufrechtes ethisches Gefühl ließ ihn schaudern angesichts der Obszönität eines Poggio[48] und der Sittenlosigkeit früher italienischer Humanisten. Zugleich sagte ihm sein feines natürliches Empfinden, dass im pedantischen und sklavischen Nachahmen antiker Modelle nicht das Heil liegen konnte. Erasmus beherrschte die lateinische Sprache zu gut, um strikt klassisch zu sein. Sein Latein lebte und hatte Freiheit nötig. Schon früh findet man bei ihm Seitenhiebe auf übertriebene Puristen unter den Lateinern: »Unter allen Arten von Autoren geht mir keine so gegen den Strich wie die Affen Ciceros.« Einer von ihnen hatte ein kurz zuvor aufgefundenes Fragment von Cicero als barbarisch bezeichnet.

Bei den großen Hoffnungen, die er auf den Beitrag der klassischen Studien für die Erneuerung des Christentums setzte, sah er eine Gefahr: »... dass unter dem Deckmantel der wiedererstehenden [renascentis] klassischen Literatur das Heidentum versuchen wird, sein Haupt zu erheben, so wie es unter den Christen einige gibt, die Christus nur dem Lippenbekenntnis nach anerkennen, insgeheim aber vom Heidentum durchdrungen sind«. Dies schrieb er 1517 an Capito. In Italien widme man sich den *bonae literae* zu ausschließlich und allzu heidnisch. Als seine Aufgabe betrachtete er es, daran mitzuwirken, dass die *bonae literae*, »... die bei den Italienern bis jetzt fast heidnisch gewesen sind, sich daran gewöhnen, von Christus zu sprechen«. Wie musste es Erasmus ärgern, dass man ihm gerade in Italien Ketzerei vorwarf und zugleich seine Kompetenz und seine Integrität als Gelehrter in Zweifel zog, ihn des Plagiats und der Stümperei aus Habgier beschuldigte. Er beklagte sich darüber bei Aleander, der seiner Meinung nach die Hand dabei im Spiel hatte.

In einem Brief vom 13. Oktober 1527 an einen Professor der Universität Alcalá findet man den ersten Ansatz zu *Ciceronianus*. Neben denen, die das Studium der Klassik aus Glaubensgründen hassen, schreibt Erasmus, »ist nun jüngst noch eine neue Art der Feinde aus dem Hinterhalt hervorgebrochen. Diese verstimmt es, dass die *bonae literae* von Christus sprechen, als ob nichts elegant sein kann, das nicht heidnisch ist. In ihren Ohren klingt *Jupiter optimus maximus* hübscher als *Jesus Christus redemptor mundi*, und *patres conscripti* angenehmer als *sancti apostoli* [...] Kein Ciceronianer zu sein halten sie für schändlicher, als kein Christ zu sein, als ob Cicero, wenn er jetzt wieder lebte, nicht mit anderen Worten über die christlichen Dinge sprechen würde, als er zu seiner Zeit über seine Religion sprach! [...] Was soll denn dieses hässliche Aufschneiden mit dem Namen Ciceronianer? Ich werde es dir kurz gefasst und gewissermaßen ins Ohr sagen. Mit diesem Schminkpuder kaschieren sie das Heidentum, das ihnen mehr bedeutet als der Ruhm Christi.« Für Erasmus ist Ciceros Stil keineswegs das Ideal. Er bevorzugt einen, der solider, prägnanter, kraftvoller, weniger geziert und männlicher ist. Er, der oft an *einem* Tag ein Buch schreiben muss, hat keine Zeit für stilistisches Feilen, oft nicht einmal für eine Korrekturlesung. »Was habe ich von einer Speise aus leeren Worten, von zehn hier und da bei Cicero erbettelten Worten? Ich will Ciceros ganze Seele!« Es sind Affen, über die man lachen kann. Denn viel bedenklicher als diese Dinge seien die Tumulte um das sogenannte neue Evangelium, auf die er in den weiteren Ausführungen des Briefes eingeht.

So gönnte er sich inmitten all seiner polemischen Auseinandersetzungen und erbitterten Gegendarstellungen noch einmal das Vergnügen, seiner Spottlust die Zügel schießen zu lassen, aber so wie in der *Moria* und den *Colloquia* veredelt durch einen fast leidenschaftlichen Ernst christlicher Gesinnung und ein natürliches Gefühl für edles Maß. *Ciceronianus* ist ein Meisterwerk aus einem Fundus vielseitiger Kenntnis, der überzeugenden Beredsamkeit und des virtuosen Handhabens einer

Vielzahl von Argumenten. In ruhigem, doch lebendigem Strom fließt die lange Konversation dahin, mit Bulephorus, der die Meinung von Erasmus vertritt, Hypologus, dem interessierten Fragensteller, und Nosoponus, dem eifrigen Ciceronianer, der zum Frühstück zehn Korinthen isst, um seinen Geist vollkommen reinzuhalten. Weniger glücklich war vielleicht, dass Erasmus offenkundig mit der Figur des Nosoponus auf jemanden abzielte, der nicht mehr antworten konnte: auf Christoffel Longolius, der bereits 1522 gestorben war.

Der Kerngedanke von *Ciceronianus* ist Erasmus' Hinweis auf die Gefahr, den ein allzu eifriger Klassizismus für den christlichen Glauben darstellt. Eindringlich heißt es da: »Heidentum ist es, glaub mir, Nesoponus, was darin unser Ohr und unser Gemüt verführt. Nur dem Namen nach sind wir Christen.« Warum klingt für uns ein Ausspruch der Klassik besser als ein Zitat aus der Bibel: »corchorum inter olera« – Unkraut unter dem Gemüse – besser als »Saul unter den Propheten«? Als Beleg für die Absurdität des Ciceronianismus führt er die Übersetzung eines dogmatischen Satzes in klassisches Latein an: »Optimi maximique Iovis interpres ac filius, servator, rex, juxta vatum responsa, ex Olympo devolavit in terras« für »Jesus Christus, das Wort und der Sohn des ewigen Vaters ist in die Welt gekommen, wie es die Propheten weissagten.« In dieser Art schrieben tatsächlich die meisten Humanisten.

War Erasmus sich bewusst, dass er hier gegen seine eigene Vergangenheit zu Felde zog? War es denn etwas anderes, wenn er *Logos* mit *Sermo* statt mit *Verbum* übersetzte, was ihm seine Gegner einst vorwarfen? Auch damit wurde schließlich ein lebendiger christlicher Begriff angetastet, indem man ihn durch ein klassisches Wort ersetzte. Hatte er selbst nicht gewünscht, dass man das Versmaß der kirchlichen Hymnen verbessert? Ganz zu schweigen von seinen klassischen Oden und feierlichen klassischen Gesängen auf Maria und die Heiligen. Musste seine Abneigung gegen die Vorliebe für klassische Sprüche und Redewendungen denn nicht ganz besonders seiner eigenen *Adagia* gelten?

Wir sehen hier den gealterten Erasmus eine Kehrtwende vollziehen, die ihn schließlich weit vom Humanismus hätte entfernen können. Mit seinem Kampf gegen den humanistischen Purismus ist er der Vorbote eines christlichen Puritanismus.

Wie stets brachte ihm sein Spott eine neue Welle der Schmähungen ein. Bembo und Sadolet, wie er Meister der reinen Latinität, konnten darüber schmunzeln, aber der hitzköpfige Julius Caesar Scaliger holte gewaltig aus, vor allem, um den verstorbenen Longolius zu rächen. Das führte dazu, dass bei Erasmus die Vorstellung, verfolgt zu werden, neue Nahrung erhielt: Wieder dachte er, dass Aleander dahintersteckte. »Die Italiener hetzen den kaiserlichen Hof gegen mich auf«, schrieb er 1529. Über die anderen schreibt er jedoch scherzend: »Nun werde ich doch einfach meinen Stil noch nach dem Modell von Budaeus ändern und werde Ciceronianer nach dem Vorbild von Sadolet und Bembo!« Aber noch in seinen letzten Lebensjahren gab es neuen Streit mit Italienern, die ihn angriffen, weil er ihren Nationalstolz verletzt hatte: »Sie wüten überall gegen mich mit beleidigenden Pamphleten wie gegen einen Feind von Cicero und Italien.«

Es gab, wie er selbst anmerkte, ernstere Schwierigkeiten, die ihn unmittelbarer betrafen. Die Zustände in Basel hatten sich seit Jahren in eine Richtung entwickelt, die Erasmus betrübte und beunruhigte. Als er sich 1521 dort niederließ, konnte er noch den Eindruck haben, dass der Bischof, der alte Christoph von Utenheim, ein großer Bewunderer von Erasmus und ein Mann nach seinem Herzen, eine Reformation bewerkstelligen könnte, wie er sie sich vorstellte: die Beseitigung allgemein anerkannter Missbräuche, ohne den Schoß der Kirche zu verlassen. Dabei rechnete er mit der Unterstützung von Männern wie Ludwig Ber, einem vertrauten Freund des Bischofs und von Erasmus selbst. Im Jahre 1521 war allerdings die Loslösung der Stadt aus der Herrschaft des Bischofs, die seit dem Anschluss Basels an die Schweizer Eidgenossenschaft im Jahre 1501 im Gange war, endgültig vollzogen. Fortan hatte der Rat, der nicht mehr rein aristokratisch zusammengesetzt war, das Sagen. Vergeblich verbündete sich der Bischof mit seinen Amtsbrüdern von Konstanz und Lausanne, damit der Katholizismus beibehalten würde, denn in der Stadt bekam die neue Lehre mehr und mehr die Oberhand. Als es jedoch 1525 zu offenen Ausschreitungen gegen den katholischen

Gottesdienst kam, wurde der Rat behutsamer und bemühte sich fortan, vorsichtig zu reformieren.

Das wollte auch Oecolampadius. Das Verhältnis zwischen ihm und Erasmus war etwas schwierig. Einst hatte Erasmus selbst dem theologischen Denken des impulsiven und rastlosen jungen Mannes die Richtung gegeben. Er rechtfertigte sich ausdrücklich gegenüber Erasmus, dem Kritiker bindender Gelübde, nachdem er 1520 plötzlich seine Zuflucht im Kloster gesucht hatte. Wie anders waren die Dinge geworden, als sie sich zwei Jahre später in Basel wiedersahen! Oecolampadius aus dem Kloster ausgetreten und nun überzeugter Anhänger und Prediger der neuen Lehre. Erasmus der große Zuschauer, der er sein wollte. Seinem alten Mitarbeiter begegnete Erasmus frostig und zog sich umso mehr von ihm zurück, je mehr dieser seine Aktivitäten vorantrieb. Doch hielt Erasmus einen Mittelkurs und gab dem Rat, der inzwischen wieder mehr zum Katholischen neigte, 1525 eine gemäßigte Empfehlung.

Der alte Bischof, der während der letzten Jahre schon nicht mehr in seiner Stadt residiert hatte, bat Anfang 1527 das Domkapitel um Entbindung von seinem Amt und starb kurz darauf. Danach entwickelten sich die Ereignisse sehr schnell. Der neue Bischof konnte sein Amt nicht mehr in Basel selbst antreten. Nachdem sich Bern 1528 reformiert hatte, forderte Oecolampadius auch für Basel eine Entscheidung. Seit Ende 1528 stand die Stadt am Rande eines Bürgerkrieges. Ein Volksaufstand beendete den Widerstand des Rates und erzwang, dass alle katholischen Mitglieder ihn verlassen mussten. Im Februar 1529 wurde der alte Gottesdienst verboten. Man entfernte die Bilder aus den Kirchen, hob die Klöster auf und schloss zeitweilig die Universität. Oecolampadius wurde der erste Pfarrer am Münster und Leiter der Basler Kirche, für die er rasch Statuten entwarf. Der neue Bischof blieb in Porrentruy, das Domkapitel wich nach Freiburg aus.

Auch für Erasmus war damit der Augenblick gekommen, die Stadt zu verlassen. Seine Lage in Basel im Jahr 1529 glich ziemlich, jedoch in entgegengesetztem Sinne, der in Löwen im Jahr 1521. Damals hatten ihn die Katholiken gegen Luther mobilisieren wollen, nun wollten ihn die Evangelischen gerne in Basel halten, denn sein Name war immer noch ein Banner. Seine Anwesenheit würde die Position des reformierten Basel festigen. Zum einen, weil man denken würde, dass er längst die Stadt verlassen hätte, wenn er nicht auf der Seite der Reformer stünde. Zum anderen, weil seine Person Mäßigung zu garantieren schien, was viele noch Zweifelnde überzeugen könnte.

Erneut also suchte sich Erasmus einen anderen Wohnort, um seine Unabhängigkeit bewahren zu können. Dieses Mal kostete es ihn Mühe. Das Alter und die Kränklichkeit hatten den Rastlosen sesshaft gemacht. Da er Schwierigkeiten mit der Stadtregierung vorhersah, wandte er sich an Erzherzog Ferdinand, der für seinen Bruder Karl V. das Deutsche Reich regierte und sich gerade auf dem Reichstag zu Speyer aufhielt. Er ließ sich vom Herzog freies Geleit durch das ganze Reich zusichern und erwirkte darüber hinaus noch eine Einladung an dessen Hof, wovon er keinerlei Gebrauch zu machen gedachte. Als Zufluchtsort wählte er das nicht weit entfernt gelegene Freiburg im Breisgau, das unmittelbar unter der strengen Hoheit der Habsburger stand, sodass er dort also einen Umbruch wie in Basel nicht befürchten musste. Zudem schienen zu dieser Zeit die kaiserliche Autorität und die katholische Sache in Deutschland wieder mehr die Oberhand zu gewinnen.

Erasmus wollte oder konnte seinen Weggang nicht geheim halten. Er schickte seinen wertvollsten Besitz voraus, und als er damit die Aufmerksamkeit auf sein Vorhaben gelenkt hatte, lud er Oecolampadius zu einem Abschiedsgespräch ein. Der Reformer versicherte Erasmus seines aufrichtigen und freundschaftlichen Wohlwollens, was dieser nicht zurückwies, sofern ihm zugestanden sei, in bestimmten dogmatischen Punkten anderer Meinung zu sein. Oecolampadius versuchte, ihn in der Stadt zu halten, und als es dafür offenbar zu spät war, drängte er ihn, zumindest nach einiger Zeit zurückzukehren. Sie verabschiedeten sich mit einem Händedruck. Erasmus wollte mit dem Schiff von einer abgelegenen Anlegestelle aus Basel verlassen, doch der Rat ließ das nicht zu. Er musste am üblichen Anleger bei der Rheinbrücke seine Reise antreten. Eine große Menschenmenge sah zu, wie er am 13. April 1529 in Begleitung einiger Freunde an Bord ging, aber es gab keinerlei Übergriffe auf ihn.

An der Art des Empfangs in Freiburg konnte er feststellen, dass er trotz allem immer noch der gefeierte und bewunderte Fürst der Gelehrsamkeit war. Der Rat stellte ihm ein großes, allerdings noch nicht ganz fertiggestelltes Haus zur Verfügung[49], das für Kaiser Maximilian selbst gebaut worden war. Ein Professor der Theologie bot ihm seinen Garten an. Anton Fugger hatte versucht, ihn mit einem Jahreshonorar nach Augsburg zu locken. Dabei betrachtete er Freiburg keineswegs als dauerhaften Wohnort. »Ich habe beschlossen, diesen Winter hier zu bleiben, um mit den Schwalben abzufliegen, wohin Gott mich auch rufen mag.« Doch bald sah er ein, welche großen Vorteile Freiburg ihm bot. Das Klima, das ihn so schnell beeinträchtigen konnte, bekam ihm hier gut, und die Stadt lag günstig, um nach Frankreich auszuweichen, wenn es die Umstände erfordern würden, oder rheinabwärts in die Niederlande zurückzukehren, wohin viele ihn immer noch riefen. 1531 kaufte er in Freiburg ein eigenes Haus, und einer seiner besten Freunde aus Basel, Ludwig Ber, war ihm nach Freiburg gefolgt.

Der gealterte Erasmus, der immer stärker durch seine schmerzhafte Krankheit geplagt wurde, der noch mehr ernüchtert war als 1521 bei seinem Weggang aus Löwen, aber entschiedener seine Position bezog, spricht aus seinem Briefwechsel jener Jahre. Aus keiner Phase seines Lebens ist so viel über seinen Alltag und sein Denken überliefert wie gerade aus dieser. Die Arbeit ruhte nie in der großen Gelehrtenwerkstatt, wo er seine *famuli* anleitet, die für ihn nach Handschriften suchen, Kopien anfertigen und durchsehen, wo er seine Briefboten nach ganz Europa aussendet. Die Reihe der Kirchenväterausgaben wird noch ergänzt durch *Basilius* sowie neue Ausgaben von *Chrysostomus* und *Cyprian*. Seinen Ausgaben klassischer Autoren fügt er Aristoteles hinzu. Noch dreimal überarbeitet er die *Colloquia*, einmal die *Adagia* und das Neue Testament. Auch moraltheologische oder politisch-theologische Gelegenheitsschriften kamen weiterhin aus seiner Feder.

Der Sache der Reformer hatte er sich nun vollständig entfremdet. »Pseudevangelici« nennt er die Reformierten abwertend. »In Luthers Kirche hätte ich eine der Koryphäen sein können«, schreibt er 1528, »aber ich wollte lieber den Hass ganz

Deutschlands auf mich ziehen, als mich von der Gemeinschaft der Kirche zu trennen.« Man hätte von Anfang an Luthers Auftreten weniger Beachtung schenken sollen, dann wäre es kein solcher Flächenbrand geworden. Er habe die Theologen stets dazu aufgefordert, die kleinen Streitfragen, in denen es mehr um Selbstprofilierung als um Frömmigkeit gehe, auf sich beruhen zu lassen und zu den biblischen Quellen zurückzukehren. Jetzt war es zu spät. Städte und Länder schlossen sich in engeren Bündnissen für oder gegen die Reformation zusammen. »Wenn du, was nicht eintreten möge«, schreibt er 1530 an Sadolet, »sehen solltest, wie entsetzliche Unruhe in der Welt entsteht, die weniger für Deutschland als für die Kirche unheilvoll sein wird, erinnere dich dann, dass Erasmus sie vorhergesagt hat.« Zu Beatus Rhenanus sagte er mehrfach, dass er viele Dinge entweder nicht geschrieben oder nicht so geschrieben hätte, wenn ihm klar gewesen wäre, dass eine solche Zeit herannaht.

»Sieh doch«, ruft er aus, »ob das evangelische Volk ein besseres geworden ist! Liegt ihm weniger an Wohlstand und Sinnlichkeit, ist es weniger geldgierig?« »Zeig mir jemanden, der durch dieses Evangelium vom Trinker zum Maßhaltenden geworden ist, vom Wüstling zum Gutmütigen, vom Geizhals zum Mildtätigen, vom Schamlosen zum Ehrbaren. Ich werde dir viele zeigen, die jetzt noch schlechter sind als zuvor.« Ist denn nun, da man die Bilder aus den Kirchen geworfen und die Messe abgeschafft hat [er denkt hier vor allem an Basel], stattdessen etwas Besseres gekommen? »Ich bin nie in ihre Kirche gegangen, habe aber ab und zu gesehen, wie sie wie vom bösen Geist angeblasen von einer Predigt zurückkamen. Aus allen Gesichtern sprach Zorn und Wildheit, und niemand grüßte mich anständig, der in Begleitung einiger vornehmer Leute war, außer einem einfachen alten Mann.«

Er hasste diesen Geist der absoluten Gewissheit, der so untrennbar zu den Reformern gehörte. »Lass Zwingli und Bucer ruhig vom Geist ergriffen sein, Erasmus ist nichts als ein Mensch und kann den Geist nicht fassen.«

Unter den Reformierten gab es eine Gruppe, der Erasmus in seinem tiefsten Wesen näherstand als den Lutheranern oder den Anhängern Zwinglis mit ihrem starren Dogmatismus: die

Wiedertäufer. Er verwarf die Lehre, nach der sie sich nannten, und ihr anarchischer Zug widerstrebte ihm. Er blieb viel zu sehr der Mann der geistigen Wohlordnung, um sich mit diesen Ungeordneten identifizieren zu können. Doch war er nicht blind für den Ernst ihres sittlichen Strebens und empfand Sympathie für ihre Ablehnung der Gewalt und die Geduld, mit der sie ihre Unterdrückung ertrugen. »Sie werden wegen der Unschuld ihres Lebens mehr als alle anderen gelobt«, schreibt er 1529. Genau in die letzte Phase seines Lebens fällt das gewalttätig revolutionäre Auftreten der fanatischen Wiedertäufer. Es versteht sich von selbst, dass er darüber nur mit Abscheu spricht.

Einer der besten Historiker der Reformation, Walter Köhler, nennt Erasmus den geistigen Vater der Täuferbewegung. Sicher ist es richtig, dass sie in ihrer späteren, friedlichen Entwicklung wichtige Züge mit Erasmus gemein hat: die Tendenz zur Anerkennung des freien Willens, gewisse rationalistische Tendenzen, den Widerwillen gegen einen exklusiven Kirchenbegriff. Für den süddeutschen Täufer Hans Denk ist anscheinend nachweisbar, dass er Anschauungen von Erasmus direkt übernommen hat. Im Wesentlichen beruht diese gedankliche Übereinstimmung auf Besonderheiten der niederländischen Religiosität, die Erasmus geprägt haben und den Wurzelgrund bildeten für die Geistigkeit der Täufer. Erasmus selbst ist sich dieses Zusammenhangs sicher nicht bewusst gewesen.

Ein bemerkenswertes Zeugnis für Erasmus' veränderte Haltung gegenüber der alten und neuen Kirche ergibt sich aus Folgendem: Den Vorwurf, dass man die ihm so teuren *bonae literae* hasse und zu unterdrücken bestrebt sei, den er früher so lange den Vertretern der alten Kirche vorgehalten hat, richtet er nun gegen die evangelische Partei: »Überall, wo das Luthertum regiert, erlischt das Studium der Literatur.« »Warum sonst«, fährt er mit einem eigenartigen Scheinbeweis fort, »sind Luther und Melanchthon genötigt, die Menschen so eindringlich zur Literatur zurückzurufen?« »Man vergleiche einmal die Universität von Wittenberg mit denen von Löwen oder Paris! [...] Die Drucker versichern, dass sie vor dem Aufkommen dieses Evangeliums 3000 Exemplare eines Werks schneller verkaufen konnten als jetzt 600. Ob das auch beweist, wie die Studien blühen?«

XX. LETZTE GELEGENHEITEN ZUR EINFLUSSNAHME UND TOD AM 12. JULI 1536

Allgemeine Verschärfung der Gegensätze. Doch bleibt in Deutschland der Streit noch viele Jahre aufgeschoben. – Fertigstellung von Ecclesiastes. Tod von Fisher und Morus. – Erasmus zurück in Basel, 1535. Er plant, nach Burgund oder Brabant zu gehen. Papst Paul III. wünscht seine Mitwirkung am bevorstehenden Konzil. Erasmus schlägt die ihm angebotenen Würden aus. De puritate Ecclesiae. Das Ende, 12. Juli 1536.

In den letzten Lebensjahren des Erasmus nahmen alle Auseinandersetzungen, die damals die Welt in Atem hielten, schnell scharfe und bedrohliche Formen an. Wo zuvor noch Kompromisse und Versöhnung möglich zu sein schienen, entstanden nun harte Konflikte, abgegrenzte Parteiungen und bindende Formeln. Während Erasmus im Frühjahr 1529 seinen Weggang aus Basel vorbereitete, setzte eine starke katholische Mehrheit auf dem Reichstag zu Speyer durch, dass die auf dem Reichstag von 1526 beschlossenen Lockerungen für die evangelischen Gebiete zurückgenommen wurden. Nur die Lutheraner sollten das bis dahin Erreichte bewahren können, wobei jegliche Veränderungen oder Neuerungen verboten waren. Für die Zwinglianer und die Wiedertäufer sollte keinerlei Toleranz gelten. Unmittelbar darauf protestierten die bedeutendsten evangelischen Fürsten und Städte dagegen. Daher bezeichnete man fortan die gesamte antikatholische Partei als »Protestanten« (19. April 1529). Und nicht nur zwischen Katholiken und Protestanten im Reich wurde die Trennung vollzogen. Noch im selben Jahr erwies sich die Abendmahlsfrage als unüberwindliche Hürde für eine wirkliche Einheit von Zwinglianern und Lutheranern. Nach dem Marburger Religionsgespräch nahm Luther von Zwingli mit den Worten Abschied: »Ihr habt einen anderen Geist als wir.«

In der Schweiz war offener Bürgerkrieg zwischen den katholischen und evangelischen Kantonen ausgebrochen, der nur für kurze Zeit durch den ersten Frieden von Kappel beigelegt wurde. Die Verträge von Cambrai und Barcelona, die 1529 den politischen Frieden in der Christenheit zumindest für einige Zeit wiederherstellen konnten, waren für den gealterten Erasmus kein Grund mehr, über ein bevorstehendes Goldenes Zeitalter zu jubeln, wie noch 1516. Etwas mehr als einen Monat später standen die Türken vor Wien.

All diese Ereignisse hätten ihn zunehmend bekümmern und ängstigen müssen. Doch er stand abseits. Wenn man seine Briefe aus jener Zeit liest, gewinnt man mehr und mehr den Eindruck, dass er bei all seiner geistigen Lebendigkeit und Weite zu dem bedeutenden Geschehen seiner Zeit doch eine große Distanz hat. Geht es nicht um einen Bereich gewisser Belange, die seine Ideen oder seine Person betreffen, ist seine Wahrnehmung unscharf und schwach. Mischt er sich doch einmal in aktuelle Diskussionen, dann in moralisierendem Stil und mit Allgemeinheiten ohne Biss: Seine Empfehlung zur Kriegserklärung an die Türken (März 1530) ist als Auslegung von Psalm 28 gestaltet und so vage, dass er am Schluss selbst vermutet, der Leser werde ausrufen: Sag es doch klar! Schlussfolgerst du, dass Krieg geführt werden muss oder nicht?

Im Sommer 1530 trat in Augsburg der Reichstag unter Leitung des Kaisers selbst erneut zusammen, um noch einmal zu versuchen, »zu einem guten Frieden und der christlichen Wahrheit zu kommen«. Der dort verlesenen Augsburger Konfession, die Melanchthon allzu schwach verteidigte, wurde durch eine katholische Gegenerklärung widersprochen, und der Kaiser erklärte sie als widerlegt.

Erasmus hatte an all dem keinen Anteil. Mit zahlreichen Briefen bedrängte man ihn, nach Augsburg zu kommen, doch er wartete vergeblich auf eine Aufforderung des Kaisers selbst. Auf Ansuchen der kaiserlichen Räte hatte er seine für den Herbst geplante Abreise nach Brabant bis zum Ergebnis des Reichstages aufgeschoben. Doch man benötigte ihn nicht für den Beschluss der scharfen Sanktionen, mit deren Anordnung der Kaiser im November die Sitzung beendete.

Der große Kampf schien in Deutschland näher zu kommen. Als Reaktion auf die Beschlüsse von Augsburg verbündeten sich die protestantischen Gebiete und Städte im Schmalkaldischen Bund zum Widerstand gegen den Kaiser. Im selben Jahr (1531) war Zwingli bei Kappel in der Schlacht gegen die katholischen Kantone gefallen, bald darauf starb auch Oecolampadius in Basel. »Es ist gut«, schreibt Erasmus, »dass die beiden Anführer umgekommen sind. Hätte Mars ihnen die Gunst erwiesen, wäre es um uns geschehen gewesen.«

In der Schweiz war eine Art Gleichgewicht, jedenfalls ein Stillstand eingetreten. In Deutschland blieb die unvermeidbare Auseinandersetzung für Jahre aufgeschoben. Der Kaiser hatte verstanden, dass er erst den Papst zu einem Konzil über die Beseitigung der anerkannten kirchlichen Missstände bewegen musste, um die deutschen Protestanten mit Erfolg bekämpfen zu können. Der Nürnberger Religionsfriede von 1532 besiegelte diese Wendung der kaiserlichen Politik.

Man konnte den Eindruck haben, dass die Befürworter einer gemäßigten Reform und eines Kompromisses bald doch noch Gehör finden würden. Aber Erasmus war inzwischen zu alt, um aktiv an den Entscheidungen teilnehmen zu wollen. Allerdings schrieb er noch 1533 eine Abhandlung Über die liebenswerte Eintracht der Kirche sowie eine Empfehlung zur Türkenpolitik, wieder als Auslegung eines Psalms (83) gestaltet. Doch es ist, als ob die alte Lebendigkeit seines Stils und seine Ausdruckskraft, die sich so lange erhalten hatten, nun doch nachlassen würden. Auch für die Schrift Über die Vorbereitung auf den Tod aus demselben Jahr trifft dies zu. Seine Stimme wird schwächer.

Vor allem widmete er sich in diesen Jahren der Fertigstellung des großen Werks, das für ihn mehr als irgendein anderes die Schlussbilanz und vollständige Darlegung seiner moraltheologischen Vorstellungen bedeutete: *Ecclesiastes* oder Über die Art zu predigen. Das Predigen war für Erasmus immer die würdigste Aufgabe der Geistlichen. Colet und Vitrarius hatte er besonders wegen ihrer Begabung für die Predigt sehr geschätzt. Bereits 1519 bedrängte ihn sein Freund Jan Becar van Borselen, er müsse auf das *Enchiridion* des Christensoldaten und die *Institutio* des Christenfürsten die gute Unterweisung des christlichen Predigers folgen lassen. – Später, später, hatte Erasmus verspochen, jetzt habe ich zu viel Arbeit, hoffe aber bald damit zu beginnen. Bereits 1523 hatte er dann ein Konzept und einige Notizen dazu geschrieben. Das Werk war für John Fisher, den Bischof von Rochester, bestimmt, den großen Freund und Geistesverwandten von Erasmus, der 1525 schon mit Spannung darauf wartete und auf Fertigstellung drängte.

Langsam wuchs das Werk zur voluminösesten von Erasmus' Einzelschriften an – einen Wald von einem Werk, »operis sylvam«, nennt er es selbst. In vier Büchern behandelt es mit einem unerschöpflichen Überfluss an Beispielen, Veranschaulichungen, Schemata usw. die Kunst, gut und passend zu predigen. Aber war es möglich, dass ein bereits 1519 von Erasmus konzipiertes Werk, das über eine so lange Zeit erarbeitetet wurde, während der er langsam seine frühere Kühnheit aufgegeben hatte, 1535 noch eine Offenbarung sein würde, wie es das *Enchiridion* einmal gewesen war?

Ecclesiastes ist das Werk eines ermüdeten Geistes, der auf die Nöte seiner Zeit nicht mehr mit Schärfe reagiert. Eine Besserung der Gesellschaft erwartet er von der richtigen, klugen und geschmackvollen Unterrichtung in einer Predigtweise, die mit dem reinen Evangelium übereinstimmt: »Das Volk gehorcht besser der Obrigkeit, achtet mehr das Gesetz und wird friedliebender. Zwischen den Ehepartnern entsteht größere Eintracht, vollkommenere Treue und mehr Abkehr vom Ehebruch. Die Bediensteten gehorchen williger, die Arbeiter arbeiten besser, die Händler betrügen nicht mehr.«

Während Erasmus dieses Werk einer behaglich-moralistischen Glaubensauffassung bei Froben zu Basel in den Druck gab, wurde in derselben Stadt bei einem anderen Drucker[50] das Werk eines jungen Franzosen gedruckt, der erst kürzlich von Frankreich nach Basel geflohen war. Es war auch als Anleitung für ein gläubiges Leben gedacht: die *Institutio christianae religionis*, oder *Unterricht in der christlichen Religion* von Calvin.

Noch bevor Erasmus *Ecclesiastes* fertiggestellt hatte, starb der Mann, für den es bestimmt war. Erasmus widmete sein dickleibiges Werk daher Christoph von Stadion, dem Bischof von Augsburg, nicht dem verstorbenen Bischof von Rochester.

Während Erasmus mit seinem Werk beschäftigt war, hatte John Fisher zur Besiegelung seines geistlichen Strebens, das in vieler Hinsicht dem von Erasmus glich, der Nachwelt ein Zeugnis hinterlassen, für das sich Erasmus zu schwach wusste: das des Märtyrertodes. Am 22. Juni 1535 wurde er auf Befehl König Heinrichs VIII. enthauptet. Er starb für seine Treue zur alten Kirche. Zusammen mit Morus hatte er sich standhaft geweigert, den Eid auf den König als Oberhaupt der englischen Kirche abzulegen. Keine zwei Wochen nach Fisher bestieg Thomas Morus das Schafott. Sicherlich hat Erasmus das Schicksal seiner zwei edelsten Freunde erschüttert. Dass in seinen Briefen aus dieser Zeit kein Ton echter Betroffenheit und Empörung seine Gefühle verrät, muss nicht notwendigerweise auf Vorsicht zurückgeführt werden.[51] Es können uns Äußerungen entgangen sein. Doch eine gewisse Reserve ist nicht zu leugnen. In den Worten, die im Vorwort von *Ecclesiastes* Fishers Tod gewidmet sind, liegt keine Gefühlswärme. Und in einem Brief sagt er: »Hätte Morus sich doch nie auf diese gefährliche Angelegenheit eingelassen und die theologische Sache den Theologen überlassen.« Als ob Morus für etwas anderes gestorben wäre als einfach für seine Gewissentreue.

Als Erasmus diese Worte schrieb, war er nicht mehr in Freiburg. Im Juni 1535 war er nach Basel gegangen, um wie einst in Frobens Druckerei zu arbeiten: *Ecclesiastes* ging endlich in den Druck, den er mit einer fortlaufenden Durchsicht und letzten Korrekturen begleitete. Die *Adagia* mussten nachgedruckt werden, und eine neue Ausgabe des *Origenes* war in Arbeit. Der alte, kranke Mann wurde von den vielen Freunden, die er in Basel noch hatte, herzlich empfangen. Hieronymus Froben, der Sohn von Johannes, der das Geschäft seit dem Tod seines Vaters mit zwei Verwandten betrieb, beherbergte ihn in seinem Haus *Zum Luft*[52]. In der Hoffnung auf seine Rückkehr hatte man ein Zimmer für ihn so hergerichtet, dass es seinen Bedürfnissen entsprach. Die Stürme der kirchlichen Auseinandersetzungen, vor denen er einst flüchtete, hatten sich gelegt. Ruhe und Ordnung waren zurückgekehrt. Allerdings spürte er eine Atmosphäre des Misstrauens, »aber ich denke, dass ich durch mein Alter, durch die Gewohnheit und durch mein bisschen Bildung nun so weit gekommen bin, dass ich überall sicher leben kann«. Anfangs hatte er den Ortswechsel lediglich als Versuch betrachtet. Er beabsichtigte nicht, in Basel zu bleiben. Falls seine Gesundheit die Luftveränderung nicht vertrug, würde er nach Freiburg zurückkehren, in sein schönes, gut eingerichtetes und bequemes Haus. Sollte er sie gut vertragen, würde er wählen zwischen den Niederlanden (er wird an Brüssel, Mechelen oder Antwerpen, vielleicht auch Löwen gedacht haben) und Burgund, insbesondere Besançon. Gegen Ende seines Lebens klammert Erasmus sich an die schon lange gehegte Wunschvorstellung, dass allein der Burgunderwein gut für ihn sei und seine Qualen lindere. Es ist betrüblich zu sehen, wie viel Raum das Thema Wein in seinen Gedanken einzunehmen beginnt. In Basel sei er sehr teuer, was noch anginge, aber die diebischen Fuhrleute würden ihn wegtrinken oder die Lieferungen verderben.

Im August bezweifelte er bereits stark, dass er nach Freiburg zurückkehren wird. Im Oktober verkaufte er sein Haus und einen Teil des Hausrates, den Rest ließ er nach Basel bringen. Seit dem Herbst verließ er sein Zimmer kaum noch und war die meiste Zeit bettlägerig.

Verlangte auch der großartige Arbeiter in ihm noch nach mehr Lebenszeit für seine Arbeiten, so war seine Seele auf den Tod vorbereitet. Glücklich war er nie, doch erst in den letzten Jahren wünscht er sich das Ende. Er hatte merkwürdigerweise immer noch die Vorstellung, im Zentrum der Auseinandersetzung zu stehen. »Ich werde in dieser Arena fallen müssen«, schreibt er 1533. »Dies allein tröstet mich, dass schon ganz nah der allgemeine Hafen in Sicht kommt, der, wenn Christus gnädig ist, aller Arbeit und allen Mühen ein Ende machen wird.« Zwei Jahre später klingt es noch dringlicher: »Möge der Herr doch so gnädig sein, mich aus dieser Raserei der Welt in seine Ruhe zu rufen.«

Die meisten guten alten Freunde von Erasmus waren tot, Warham und Mountjoy schon länger als Morus und Fisher. Pieter Gilles, der so viel jünger war als er, starb 1533. Auch Pirckheimer war bereits vor Jahren gestorben. Beatus Rhenanus beschreibt, wie Erasmus in den letzten Monaten seines Lebens beim Durchsehen der Briefe seiner Freunde aus den

Jahren zuvor immer wieder sagt: Auch der ist schon gestorben. Je einsamer er sich fühlte, umso argwöhnischer wurde er und umso mehr sah er sich verfolgt. »Meine Freunde nehmen ab und meine Feinde nehmen zu«, schreibt er 1532, nachdem Warham gestorben und Aleander noch weiter aufgestiegen war. Im Herbst 1535 glaubt er, dass alle seine früheren Schüler ihn verraten, selbst die ihm am liebsten waren wie Quirin Talesius und Karl Utenhove. Sie schrieben ihm ja nicht.

Im Oktober 1534 hatte Clemens VII. die Nachfolge von Papst Paul III. angetreten und sofort mit Eifer den Konzilsgedanken aufgenommen. Die Realisierung der einzigen Möglichkeit, in der viele noch einen Weg zur Wiedervereinigung der Kirche sahen, das Zusammentreten des Konzils, schien wieder in greifbare Nähe zu kommen. Zur Vorbereitung der großen Aufgabe wurden umgehend Verbindungen zu den bedeutendsten Theologen geknüpft. Erasmus versäumte nicht, dem Papst im Januar 1535 ein Glückwunschschreiben zu senden, in dem er seine Bereitschaft erklärte, an der Wiederherstellung des kirchlichen Friedens mitzuwirken, und den Papst ermahnte, vorsichtig einem Mittelweg zu folgen. Am 31. Mai kam eine sehr wohlwollende und wertschätzende Antwort. Der Papst spornte Erasmus an, »dass auch du, der von Gott mit so viel herausragendem Geist und Wissen geschmückt bist, uns bei unserem frommen Werk hilfst, das so mit deinem Geist übereinstimmt, um mit Wort und Feder vor und während des Konzils zusammen mit uns den katholischen Glauben zu verteidigen, und so mit diesem letzten Werk der Frömmigkeit als beste Tat ein religiös geführtes Leben und die Reihe so vieler Schriften zu beschließen, diejenigen, die dich beschuldigen, zu widerlegen, die dich loben, zu ermutigen«.

Hätte Erasmus in einer Zeit, in der er noch bei Kräften war, den Weg zur aktiven Mitarbeit im Rat der Großen gefunden? Ohne Zweifel gab der Anstoß des Papstes seine Neigungen richtig wieder. Doch einmal vor die Notwendigkeit harter und klarer Entscheidungen gestellt: Was hätte er bewirken können? Hätte sein zu Frieden und Toleranz, zu Zurückhaltung und Kompromiss strebender Geist zur Entspannung führen und den kommenden Kampf abwenden können? Der Praxistest ist ihm erspart geblieben. Ihm war klar, dass er zu schwach war, um noch an kirchenpolitische Propaganda denken zu können. Bald kamen Beweise, dass es Rom mit dem Wohlwollen ernst meinte. Man hatte in Erwägung gezogen, Erasmus auf die Liste der Geistlichen zu setzen, die im Hinblick auf das Konzil zum Kardinal ernannt werden sollten. Ein bedeutendes, mit der Kirche von Deventer verbundenes Privileg wurde ihm bereits angeboten. Aber Erasmus bedrängte seine Freunde, die schon entsprechend für ihn aktiv waren, es doch zu lassen, denn er würde nichts annehmen. Ihn, der von Tag zu Tag lebe, der den Tod erwarte und oft herbeisehne, der kaum noch einen Fuß vor die Tür setzen könne, ihn wolle man noch aufscheuchen, damit er Pfründen und Kardinalshüten nachjage! Was er habe, reiche bis zum bevorstehenden Tod. Er wollte unabhängig sterben.

Doch seine Feder ruhte immer noch nicht. *Ecclesiastes* war gedruckt und erschienen. *Origenes* musste noch folgen. Statt der wichtigen und glänzenden Aufgabe, zu der ihn Rom rief, weihte er seine letzten Kräfte einer einfachen Geste freundschaftlicher Herzlichkeit. Der Freund, der die Ehre hatte, eine von dem alten, todkranken Autor speziell für ihn unter fürchterlichen Schmerzen zusammengestellte Schrift zu empfangen, war der Einfachste unter den vielen, die ihren Glauben an ihn nicht verloren hatten. Kein Prälat oder Fürst, kein großer Geist oder bewunderter Theologe, sondern Christoph Eschenfelder, Zollbeamter zu Boppard am Rhein. Auf der Durchreise im Jahr 1518 hatte Erasmus die beglückende Überraschung erlebt, ihn als Leser seines Werks und gebildeten Mann kennenzulernen. Die Freundschaft wurde dauerhaft. Eschenfelder hatte Erasmus um eine Psalmauslegung gebeten (eine Form, die Erasmus in den letzten Jahren mehrfach wählte). Ende 1535 erinnerte er sich an diese Bitte. Er wusste nicht mehr, ob Eschenfelder einen bestimmten Psalm genannt hatte, und wählte auf gut Glück Psalm 14. Den Text nannte er Über die *Reinheit der Christlichen Kirche*. Er widmete ihn im Januar 1536 ausdrücklich »dem Zöllner«. Nach Inhalt und Form ragt die Schrift nicht über sein sonstiges Werk hinaus, sie sollte aber seine letzte sein.

Am 12. Februar 1536 traf Erasmus letzte Verfügungen. Bereits 1527 hatte er ein Testament gemacht mit ausführlichen Regelungen über die Herausgabe seiner Gesammelten Werke bei Froben. 1534 erstellte er ein detailliertes Inventar seines Besitzes. Seine Bibliothek verkaufte er an den polnischen Adeligen Johannes a Lasco. Die Verfügung von 1536 zeugt von zwei Dingen, die in Erasmus' Leben zentral waren: seiner Beziehung zum Haus Froben und seinem Bedürfnis nach Freundschaft. Bonifacius Amerbach ist sein Erbe, Hieronymus Froben und Nikolaus Episcopius, die Geschäftsführer, seine Testamentsvollstrecker. Allen guten Freunden, die ihm geblieben waren, vermachte er eine Kostbarkeit, die von seinem Ruhm bei Fürsten und Großen zeugte. Vor allem dachte er dabei an Ludwig Ber und Beatus Rhenanus. Auch die Armen und Kranken wurden nicht vergessen, wobei er insbesondere junge Frauen bedachte, die sich auf die Ehe vorbereiteten, und vielversprechende junge Männer. Die Einzelheiten dieser wohltätigen Werke überließ er Amerbach.

Noch im März 1536 denkt er an einen Umzug nach Burgund. Geldangelegenheiten beschäftigten ihn, und er spricht von der Notwendigkeit, neue Freunde zu gewinnen, denn die alten gingen dahin: der Bischof von Krakau und Zasius in Freiburg. Nach dem Bericht von Beatus Rhenanus stand für Erasmus gegen Ende seines Lebens der Plan des Umzuges nach Brabant im Vordergrund. Die Regentin Maria von Ungarn ließ nicht nach, ihn zur Rückkehr in die Niederlande aufzufordern. Erasmus' letzte eigene Äußerungen lassen uns im Unklaren, ob er zu einer Entscheidung gekommen war. »Obwohl ich hier unter den aufrichtigsten Freunden bin, wie ich sie in Freiburg nicht hatte, würde ich doch wegen der Unterschiede in der Lehre mein Leben lieber woanders beenden. Wenn doch Brabant etwas näher wäre!«

Dies schreibt er am 28. Juni 1536. Einige Tage hatte er sich so schwach gefühlt, dass er nicht einmal lesen konnte. Durch den Brief zieht sich wieder die Wahnvorstellung, dass Aleander ihn verfolgt, Gegner auf ihn ansetzt und sogar seinen Freunden Fallen stellt. Ermattete schließlich auch sein Geist?

Am 12. Juli kam das Ende. Die Freunde, die um sein Sterbebett versammelt waren, hörten ihn fortdauernd stöhnen:

»O Jesu, misericordia; Domine libera me! Domine miserere mei!« Und zuletzt auf Niederländisch: »Lieve God«[53].

XXI. LEBENSBILANZ: VERDIENSTE UND VERSAGEN

Erasmus und der Geist des 16. Jahrhunderts. Der vollkommene Idealist, jedoch ein gemäßigter. Der Aufklärer einer Epoche. Vertreter von Anschauungen, die erst im 18. Jahrhundert durchdringen. – Er hat sowohl die Gegenreformation als auch den Protestantismus beeinflusst. – Der erasmische Geist in den Niederlanden.

Wenn man auf die Person und das Leben von Erasmus zurückblickt, dann stellt sich noch immer die Frage: Wodurch ist er so bedeutend geblieben? Denn augenscheinlich ist er mit seinem Streben gescheitert. Ängstlich zieht er sich aus dem gewaltigen Ringen zurück, das er selbst so zutreffend eine Tragödie nennt, und das 16. Jahrhundert fegt kühn und gewaltig über ihn hinweg, sein Ideal der Mäßigung und Toleranz verachtend. Die lateinische literarische Bildung, die für ihn Inbegriff der Kultur war, hat in diesem Sinne ihre Bedeutung verloren. Erasmus gehört mit dem größten Teil seiner Schriften zu den Großen, die man nicht mehr liest. Er ist ein Name geworden. Doch wodurch klingt sein Name immer noch so sprechend, was macht seine Gestalt so prägnant und so vertraut, wodurch erscheint er uns, als ob er immer noch mehr wüsste, als er je hat sagen wollen?

Was war er für seine Zeit und was hat er für spätere Generationen bedeutet? Hat man ihn zu Recht einen Vorläufer des modernen Geistes genannt?

Nimmt man ihn als Kind des 16. Jahrhunderts in den Blick, so scheint er von der allgemeinen Wesensart seiner Zeit abzuweichen. Inmitten der äußerst leidenschaftlichen, radikalen und gewalttätigen Naturen unter den Großen seines Jahrhunderts steht er da als ein Mann mit zu wenig vorgefassten Urteilen, mit ein wenig zu viel feinem Geschmack, mit einem Mangel (oh, nicht auf allen Gebieten!) an »Stultitia«, die er selbst als notwendiges Lebenselement gepriesen hat. Erasmus ist der

Mann, der zu gescheit und zu gemäßigt war für das Heroische. Wie kennzeichnend ist der Unterschied, den wir beim Vergleich von Erasmus' Tonfall mit dem Luthers, Calvins, der heiligen Teresa finden! Und nicht nur beim Vergleich mit den großen Religiösen: Welcher Unterschied auch zwischen seinem Tonfall, dem Tonfall des Humanismus, und dem von Albrecht Dürer, Michelangelo oder Shakespeare!

Erasmus scheint zuweilen der Mann zu sein, der zu schwach war für seine Zeit. Das robuste 16. Jahrhundert erforderte nicht die samtene Milde des Erasmus, sondern die eichene Kraft Luthers, die stählerne Schärfe Calvins, die Glut Loyolas. Ihre Kraft und Glut ist notwendig, aber auch ihr Tiefgang, ihre rücksichtslose und vor nichts zurückschreckende Konsequenz, Aufrichtigkeit und Freimütigkeit.

Sie können jenes Lächeln von Erasmus nicht ertragen, von dem Luther gesagt hat, dass damit ein »tückisches Wesen« in seinen Zügen sichtbar wird.[54] Seine Frömmigkeit ist ihnen zu farblos und zu schlaff. Loyola hat bezeugt, dass die Lektüre des *Enchiridion militis christiani* seine Begeisterung gebremst und seinen Glaubenseifer abgekühlt hat. Er sah den Krieger für Christus anders, nämlich in den glühenden Farben des mittelalterlichen, spanisch-christlichen Ritterideals.

Erasmus ist nie durch die Untiefen eines Verworfenheitsgefühls und Sündenbewusstseins gegangen, durch die Luther sich gequält hat. Er sah keinen Teufel, gegen den er kämpfen musste, und er kannte die Tränen nicht. Fehlte ihm denn vollständig das Bewusstsein des tiefsten Mysteriums? Eher hatte er sein Innerstes zu sehr eingesponnen, um dem Ausdruck geben zu können.

Wir sollten nicht zu schnell meinen, dass wir Luther und Loyola näherstehen, weil uns ihre Persönlichkeiten mehr ansprechen. Unser Interesse richtet sich wieder auf die inbrünstig Frommen, wir bewundern die Extreme, was zum Teil darauf zurückzuführen ist, dass unsere desorientierte Zeit starke Reize braucht. Um Erasmus schätzen zu können, muss man zunächst die Bewunderung für das Extravagante zurückstellen, was sicher einige Anstrengung kostet. Es ist sehr einfach, über Erasmus den Stab zu brechen. Seine Fehler liegen offen zutage, und obwohl er sich bemühte, vieles zu verbergen, hat er dies mit seinen Schwächen nie getan.

Er nahm zu oft Anstoß an anderen Menschen und er konnte nicht schweigen. Er hatte einen zu reichen und sprühenden Geist, der ihm stets zu viele Argumente, zu viele Fälle, Beispiele und Zitate an die Hand gab. Er konnte nichts auf sich beruhen lassen. Sein Leben lang hat er sich keine Zeit gegönnt, um zur Ruhe und Besinnung zu kommen, um zu erkennen, wie unbedeutend all die Unruhe in seinem Umfeld war, wenn er nur mutig seinem eigenen Weg folgte. Ruhe und Unabhängigkeit begehrte er sehnlicher als alles andere, und niemand war ruheloser und abhängiger als er. Man beurteile ihn als jemanden, der sich mit einer zu schwächlichen Konstitution in den Sturm wagt. Seine Willenskraft war groß genug. Unter heftigsten körperlichen Beschwerden hat er Tag und Nacht gearbeitet, mit einem großen, unerschütterlichen Ideal vor Augen, nie zufrieden mit dem Erreichten. Selbstzufrieden war er nie, und seiner besten Leistungen hat er sich nie gerühmt.

Als Persönlichkeitstyp gehört Erasmus zu der kleinen Gruppe jener, die vollkommene Idealisten und zugleich durch und durch gemäßigt sind. Sie können die Unvollkommenheit der Welt nicht ertragen, sie müssen sich auflehnen, fühlen sich aber bei den Extremen nicht wohl, ihnen graust vor der Tat, weil sie wissen, dass sie immer genauso viel zerstört wie sie erbaut. Also ziehen sie sich zurück, rufen aber weiter, dass alles anders werden muss, doch wenn die Krise kommt, wählen sie zögernd die Partei des Überlieferten und der Bewahrung. Auch hierin liegt etwas von der Tragik in Erasmus' Leben: Er war der Mann, der das Neue und Kommende besser sah als andere und mit dem Alten in Konflikt geraten musste, das Neue aber doch nicht annehmen konnte. Er wollte in der alten Kirche bleiben, nachdem er ihr außergewöhnlich geschadet hatte, und er verleugnete die Reformation sowie in gewissem Maße selbst den Humanismus, die beide kräftig von ihm gefördert wurden.

Unser Urteil über Erasmus hat sich bisher einer negativen Bewertung zugeneigt. Worin lag seine positive Bedeutung?

Zwei Umstände erschweren es dem heutigen Betrachter, Erasmus' positive Bedeutung zu erkennen: Zum einen ist sein

Einfluss eher extensiv als intensiv gewesen und dadurch weniger an bestimmten historischen Ereignissen sichtbar. Zum anderen gibt es seinen Einfluss nicht mehr. Er hat sein Werk getan und wird nicht mehr zur Welt sprechen.[55] Wie der Kirchenvater Hieronymus, sein verehrtes Vorbild, und Voltaire, mit dem man ihn ja vergleicht, »hat er seinen Lohn gehabt«. Aber wie diese ist er der Aufklärer einer Epoche gewesen, von der ein breiter Strom der Kultur ausgegangen ist. Er war Aufklärer und geistiger Wegbereiter seines Zeitalters.

Wie man bei der historischen Erforschung der Französischen Revolution mehr und mehr erkennt, dass die eigentliche Geschichte dieser Periode in Gruppen zu suchen ist, die als »Centre« oder »Marais« lange Zeit nur ein Haufen Statisten zu sein schienen, und dass man die Augen etwas schützen muss vor den Blitzstrahlen aus dem Gewitter von Gironde und Montage, so hat man bei der Geschichte des Reformationszeitalters gut auf den breiten, mittleren Bereich zwischen den streitenden Parteien zu achten, der vom erasmischen Geist durchdrungen war (wie es schon lange geschieht). Einer von Erasmus' Gegnern meint: »Luther hat einen großen Teil der Kirche an sich gezogen, Zwingli und Oecolampadius auch einen Teil, aber Erasmus den größten!« Erasmus' Publikum war groß und hochstehend. Er war der einzige Humanist, der wahrhaft für alle schrieb, das heißt für alle Gebildeten. Er führte eine ganze Welt an eine andere, flüssigere Ausdrucksweise heran, er orientierte das Interesse neu und wirkte durch seine vollkommene Klarheit der Darstellung, selbst im Medium des Lateins, auf den Stil der Volkssprachen, abgesehen von den zahllosen Übersetzungen seines Werks. Erasmus zog für seine Zeitgenossen gleichsam an der großen Orgel der sprachlichen Ausdrucksmöglichkeiten eine Anzahl neuer Register, wie Rousseau es zwei Jahrhunderte später tun sollte.

Den Einfluss, den er auf die Welt ausgeübt hat, mag er mit einiger Genugtuung zur Kenntnis genommen haben. »Aus allen Gebieten der Welt«, schreibt er gegen Ende seines Lebens, »danken mir täglich viele dafür, dass sie durch meine Werke, welche es auch immer seien, entflammt wurden zum Eifer für eine gute Gesinnung und die heilige Literatur. Und jene, die

Erasmus nie gesehen haben, kennen und lieben ihn doch durch seine Bücher.« Er freute sich, dass seine Übersetzungen aus dem Griechischen überflüssig geworden waren, denn überall hatte er viele zum Griechischen gebracht und zur Heiligen Schrift, »die sie sonst nie gelesen hätten«. Er hat eingeführt und eingeweiht. Er konnte von der Bühne abtreten, nachdem er sein Wort gesprochen hatte.

Mit seinem Wort wollte er mehr als klassische Gelehrtheit und biblische Gesinnung erreichen. Es war auch die erste Verkündigung eines allgemeinen Strebens nach Bildung und Vervollkommnung, eines warmherzigen sozialen Mitfühlens und des Glaubens an das Gute in der menschlichen Natur, des friedliebenden Wohlwollens und der Toleranz. »Überall wohnt Christus, in jedem Kleid wird der Frömmigkeit gedient, wenn die Gesinnung nicht fehlt.«

Mit diesen Ideen und Überzeugungen kündigt Erasmus in der Tat eine spätere Zeit an. Im 16. und 17. Jahrhundert blieben solche Gedanken noch eine Unterströmung, im 18. bekam der Erasmus dieser befreienden Botschaft seine Zeit. Damit ist er sicherlich ein Vorläufer und Vorbereiter des modernen Geistes gewesen – von Rousseau, Herder, Pestalozzi und den angelsächsischen Denkern. Es wäre falsch, Erasmus darum im Allgemeinen zum Vorläufer der Moderne zu stempeln. Vielen ihrer Entwicklungen stand er vollkommen fern. Er ist weder ein Bindeglied in der Entwicklung der Naturwissenschaft noch der neueren Philosophie. Er war kein Wegbereiter für die Politik-, Geschichts- oder Wirtschaftswissenschaft. Doch wenn bis heute dem Ideal gefolgt wird, nach dem eine moralische Erziehung und allgemeine Toleranz die Menschen glücklicher macht, ist dies auch immer noch Erasmus zu danken.

Die späte Fruchtbarkeit mancher von Erasmus' Vorstellungen schließt einen unmittelbaren Einfluss auf seine Zeit nicht aus. Wenn auch die Katholiken ihn in der Hitze des Kampfes als großen Verderber der Kirche betrachteten und die Protestanten als Verräter des Evangeliums, ging doch sein Aufruf zur Mäßigung und zum gegenseitigen Wohlwollen an keiner der beiden Parteien ungehört vorbei. Schließlich haben beide Erasmus nicht endgültig verworfen. Rom hat ihn nicht als Erzketzer gebrandmarkt, sondern nur dazu gemahnt, ihn vorsichtig zu lesen. Die protestantische Geschichtsschreibung war eifrig bemüht, ihn zu den Ihren zu rechnen. Beide gaben damit einer öffentlichen Meinung nach, die außerhalb der Parteien stand und Erasmus bleibend verehrte.

Mit dem Wiederaufbau der katholischen Kirche und dem Ausbau der evangelischen Kirchen sind nicht nur die Namen Luther und Loyola verbunden. Auch die Gemäßigten, die Rationalen, die Versöhnlichen haben ihren Anteil daran gehabt, etwa Melanchthon hier und Sadolet dort, beide Erasmus nahe stehend und mit ihm sympathisierend. Die so häufig wiederholten Versuche, den großen kirchlichen Konflikt noch mit einem Kompromiss zu beenden, deren Scheitern wohl unausweichlich war, sind aus dem erasmischen Geist zu verstehen.

Nirgendwo fasste dieser Geist so leicht Wurzeln wie in Erasmus' Heimatland. Eine bemerkenswerte Begebenheit macht deutlich, dass dieser Geist nicht an eine der beiden Parteien gebunden war. Von seinen beiden Lieblingsschülern aus den späteren Jahren, beide Niederländer, die er in Personen des Dialogs *Astragalismus, Das Würfelspiel,* verewigt hat, starb der eine, Quirin Talesius, weil er auf der Seite der spanischen Sache und des katholischen Glaubens stand. 1572 wurde er von den Haarlemer Bürgern, deren Bürgermeister er war, gehängt. Der andere, Karl Utenhove, stand leidenschaftlich auf der Seite des Aufstandes und des reformierten Glaubens. In Abstimmung mit dem Prinzen von Oranien stellte er sich 1578 in Gent gegen den engstirnigen protestantischen Terror der Fanatiker.

Im Widerstand der Niederländer gegen den König von Spanien hat man den Einfluss von Erasmus' politischen Gedanken, seiner wiederholten Anklagen gegen schlechte Fürsten, erkennen wollen. Zu Unrecht, denke ich. Seine politischen Abhandlungen waren dafür viel zu akademisch und zu allgemein. Der Wille zum Widerstand und Aufstand speiste sich aus gänzlich anderen Motiven. Die Geusen[56] waren keine Söhne von Erasmus, und der politische Widerstand beruhte auf handfesteren Gründen als den Betrachtungen der *Adagia*. Wohl ist im Geist Wilhelms von Oranien, der so weit über die Grenzziehungen des religiösen Hasses hinaussehen konnte, viel Erasmisches.[57]

Und tief durchdrungen vom erasmischen Geist waren die städtischen Amtsträger, die in der alsbald gegründeten Republik den Ton angeben und die Führung haben sollten. Die Geschichtswissenschaft pflegt, wie bei jeder Aristokratie, die Fehler dieser Regenten sehr streng zu beurteilen. Im Ergebnis hat vielleicht keine andere Aristokratie, außer der von Venedig, so lange, so gut und mit so wenig Gewalt den Staat geleitet. Wenn die Republik im 17. Jahrhundert für Ausländer das bewunderte Modell ist für Wohlfahrtseinrichtungen, Armenfürsorge und gesellschaftliche Disziplin – in jener Zeit Vorbilder an Milde und Weisheit, so unvollkommen sie uns heute erscheinen mögen –, dann ist dies ein Verdienst des städtischen Patriziats. Und wenn im niederländischen Patriziat jener Zeit diese Bestrebungen lebten und sich in Taten umsetzten, dann sprach daraus der erasmische Geist sozialer Verantwortung. Die Geschichte der Niederlande ist sehr viel weniger blutig und grausam als die welches angrenzenden Landes auch immer. Nicht ohne Grund hat Erasmus Eigenschaften als echt niederländisch gelobt, die wir auch als echt erasmisch bezeichnen können: Friedfertigkeit, Wohlwollen, Mäßigung und eine allgemein verbreitete mittlere Bildung. Keine romantischen Tugenden, wenn man will, aber sind sie darum weniger heilsam? Ein weiterer Beleg: In der Republik der Sieben Provinzen hat das Grauen der Verfolgung von Hexen und Hexern ein Jahrhundert früher aufgehört als in allen anderen Ländern. Das war nicht das Verdienst der reformierten Pastoren. Sie teilten den Volksaberglauben, der die Verfolgung forderte. Es waren die städtischen Amtsträger, deren Aufgeklärtheit seit Anfang des 17. Jahrhunderts dies nicht mehr zuließ. Wieder dürfen wir sagen, dass der Geist, der daraus spricht, der von Erasmus ist, obwohl er nicht selbst zu denen gehörte, die diese Verfolgungen zuerst bekämpft haben.

Die kultivierte Menschheit hat Grund, Erasmus' Namen in Ehre zu halten, wäre es auch nur, weil er der glühende, aufrechte Prediger einer allgemeinen Friedfertigkeit gewesen ist, die unsere Welt so bitter nötig hat.

ANMERKUNGEN

Die mit (HS) gekennzeichneten Anmerkungen wurden vom Übersetzer hinzugefügt.

1 Huizinga, J.: Verzamelde Werken. Bd. 7, S. 22.
2 »Holland« meint hier nur die ehemalige Grafschaft Holland, die etwa den heutigen niederländischen Provinzen Nord- und Südholland entsprach. Der heutige niederländische Staat wird auf Deutsch »Niederlande« genannt, auf Niederländisch »Nederland«. »Der Gebrauch der Mehrzahl im Deutschen kann zu Verwechslungen Anlass geben, denn auch die Niederländischsprachigen benutzen sie, aber in einer anderen und je nach den Umständen wechselnden Bedeutung. Die Benennung *Nederlanden* ist historischer Art. Darunter versteht man jenen Länderkomplex, der unter Kaiser Karl V. seine maximale Ausdehnung erreichte und derzeit die heutigen Niederlande, Belgien (mit Ausnahme des Fürstbistums Lüttich), Luxemburg und den äußersten Norden Frankreichs (Grafschaft Artois, niederl. Atrecht, und Bistum Cambrai, niederl. Kamerijk) umfasste.« (Pierre Brachin: Die niederländische Sprache. Hamburg, 1987) (HS)
3 Das Datum steht fest, die Jahreszahl ist nicht unumstößlich. Die Studie von A. Hymna, *The Youth of Erasmus*, hat die Wahrscheinlichkeit für 1469 wieder erhöht. Erasmus pflegte seinen Geburtstag am 28. Oktober zu feiern, obwohl er sich im *Compendium Vitae* geboren nennt »in vigilia Simonis et Iudae«.
4 Die Überlieferung, dass sein wirklicher Name Geert Geertsz gewesen sein soll, stützt sich nicht auf gute Gründe.
5 Hält man an 1466 als Geburtsjahr fest, muss man annehmen, dass Erasmus den zeitweisen Umzug von Deventer nach Utrecht mit dem endgültigen Ende seines Aufenthaltes in Deventer verwechselt, wenn er entschieden versichert, dass er 14 Jahre alt war, als er Deventer verließ.

6 Nur eine Annäherung kann eine Nachdichtung im Deutschen sein, die ich hiermit versuche: »Weder so viel wie feurige Sterne funkeln, still würdig in milder Nacht, noch so viel wie Rosen der warme Frühling mit des Westwinds Atem aus der Erde lockt, so viele Stunden werden meine sein.« (HS)

7 Gebirge in Griechenland mit nach der Mythologie sagenumwobenen Quellen. Sitz der Musen. (HS)

8 Aus den Episteln von Horaz: »Auch wenn du die Natur gewaltsam austreibst, kehrt sie doch zurück.« (HS)

9 Antike Sprichwörter und Redensarten. (HS)

10 Er beendete seine Laufbahn als Syndikus von Middelburg.

11 Auch er war später Syndikus seiner Heimatstadt.

12 Aurelius hat die *Divisiekroniek* und eine *Batavia* zusammengestellt. Willem Harmens arbeitete an einer lateinischen Geschichte Hollands, die unvollendet blieb. Lediglich ein Fragment ist erschienen.

13 Griechischer Volksstamm, der als einfach, ungebildet und bäuerlich galt. (HS)

14 Longolius wurde in Mechelen geboren, hatte aber einen französischen Vater und ist überwiegend in Frankreich aufgewachsen. Er bezeichnete sich als mit Erasmus eins nach Sprache und Land. Später hielt Erasmus ihn fälschlich für einen Holländer.

15 Dass es Jean de Trazegnies gewesen sein soll, wie P. S. Allen als möglich annimmt und Renaudet als wahrscheinlich, bleibt allzu unsicher.

16 Im Jahre 1500 spricht Erasmus vom *Enchiridion* des Kirchenvaters Augustinus. 1501 nennt er die Officia von Cicero einen »Pugiunculus« – einen Dolch. Die Bezeichnung schwebte ihm also schon einige Zeit vor.

17 Miles bedeutet bei Erasmus nicht mehr Ritter, wie es im mittelalterlichen Latein der Fall war.

18 Im antiken Griechenland und Rom eine feierliche Rede für hochstehende Persönlichkeiten zu deren Huldigung. (HS)

19 Da Philipp der Schöne wegen eines Sturms unerwartet nach England gekommen war, musste Mountjoy bei Hof Dienst tun.

20 Dass der Entwurf in den Alpen entstanden ist, lässt sich aus seinem Bericht ableiten, er habe ihn während des Reitens entworfen. Von Straßburg aus aber reiste er mit dem Schiff.

21 Die Göttin Pallas Athene entsprang nach der griechischen Mythologie aus dem Kopf des Zeus. Sie gilt daher als Verkörperung der Weisheit. (HS)

22 Drei Mitglieder des Geschlechts Decius – Vater, Sohn und Enkel – opferten sich nacheinander in Schlachten für den Sieg des römischen Heeres. Der Soldat Marius Curtius soll sich nach dem Bericht des Livius im Jahre 362 v. Chr. in voller Kriegsausrüstung in einen Erdspalt gestürzt haben, der sich mitten auf dem Forum durch ein Erdbeben geöffnet hatte. Erst durch dieses Selbstopfer habe sich der Spalt wieder geschlossen. (HS)

23 1 Korinther 1,25.27.21. (HS)

24 Apostelgeschichte 26,24. (HS)

25 Figur aus einem gleichnamigen Roman von François Rabelais. (HS)

26 Wendung aus einer Dichtung des Horaz. (HS)

27 Unter anderem die Gefahr, in die er in Bologna dadurch geraten war, dass man seinen Habit mit dem Gewand eines Pestarztes verwechselt hatte.

28 Willem Harmens war sein alter Freund und Dichterkollege, † 1510; Franz Dirks ein alter Bekannter; Andreas unbekannt; Sasboud war sein Freund, mit dem zusammen er gemalt hat.

29 *Utopia* ist ein gesellschaftskritischer Roman von Thomas Morus, in dem eine ideale Gesellschaft geschildert wird. Ein Seemann will lange Zeit bei den Bewohnern dieser Gesellschaft, den Utopiern, gelebt haben und berichtet in der Rahmenhandlung davon. (HS)

30 Der Name Grunnius, eigentlich Grunzer, also Schwein, könnte einem Brief von Hieronymus entnommen sein, in dem er als Spottname für einen gewissen Ruffinus verwendet wird.

31 Johannes Reuchlin (1455–1522), bedeutender deutscher Humanist und Hebraist, der sich gegen den Antijudaismus seiner Zeit aussprach und in seinen Werken die Ansicht vertrat, die jüdischen Schriften und der Talmud seien nicht

antichristlich. Darüber entbrannte eine heftige literarische Auseinandersetzung mit den Dominikanern, in deren Verlauf sich Reuchlin sogar einem Häresieprozess stellen musste. Die *Epistolae obscurorum virorum*, die sogenannten *Dunkelmännerbriefe*, waren eine satirische Kampfschrift gegen die Dominikaner und ihre Scholastik. Diese anonym erschienene Schrift wurde von einer Gruppe Humanisten verfasst und sollte Reuchlin unterstützen. (HS)

32 Das Haus, in dem Erasmus von Mai bis Oktober 1521 bei seinem Freund, dem Geistlichen Pieter Wychman, wohnte, ist noch erhalten. Es beherbergt das Museum Maison d'Erasmse, das den Besucher Stil und Atmosphäre des 16. Jahrhunderts authentisch erfahren lässt. U. a. ist das Studierzimmer zu besichtigen, in dem Erasmus 22 seiner Briefe schrieb. (HS)

33 Bernard Palissy (1510–1589/90) war Chemiker, Geologe, Alchimist und Emaillekünstler. Katharina von Medici beauftragte ihn mit der Neugestaltung der Gärten beim Palais des Tuileries. (HS)

34 Hofwijck ist ein im 17. Jahrhundert erbauter, von Wasser umgebener Wohnturm von Constantijn Huygens (1596–1687), dem niederländischen Dichter und Diplomaten, in Voorburg bei Den Haag. Haus Hofwijck beherbergt heute ein sehr sehenswertes Museum zum Leben von Constantijn Huygens und über dessen Sohn Christiaan, den bedeutenden Naturwissenschaftler. (HS)

35 Philoxenos von Kythera (um 435–380 v. Chr.) war ein griechischer Dichter, der am Hof des älteren Dionysios gewirkt hat. Der Ausspruch von ihm, auf den sich Erasmus hier bezieht, wird in den moralisch-philosophischen Werken von Plutarch zitiert, übersetzt von J. F. S. Kaltwasser, Wien und Prag, 1796, S. 38. (HS)

36 1 Korinther 2,15. (HS)

37 Über das Sexualleben von Erasmus ist so gut wie nichts bekannt. Er selbst hat nicht beansprucht, einschließlich seiner jungen Jahre enthaltsam gewesen zu sein.

38 Robert Fruin (1823–1899), niederländischer Historiker in der Schule Leopold von Rankes. (HS)

39 Auf einem der drei Portraits, die Holbein 1523 von Erasmus angefertigt hat, liegen dessen Hände auf einem Buch mit der griechischen Aufschrift: »Die Arbeiten von Herkules« (Longford Castle Collection).

40 Erasmus hatte sie in die 1519 bei Dirk Maertens erschienene Ausgabe der *Colloquiorum Formulae* eingefügt. Bei der nächsten Überarbeitung strich er sie wieder.

41 *Encomium matrimonii*, in der Pariser Zeit für Mountjoy geschrieben, zuerst 1517 von Maertens gedruckt und im folgenden Jahr durch Froben neu aufgelegt.

42 Es ist auffällig, dass in Löwen insbesondere Landsleute im engeren Sinne die ärgsten Feinde von Erasmus waren. Neben dem gemäßigten van Dorp und dem feurigen Egmondanus traten alsbald Vincent Dirks aus Haarlem, Willem van Vianen und Ruurd Tapper auf.

43 Das Wort »tragoediae« verwendet Erasmus oft nur in der Bedeutung von Streit und Tumult.

44 Allen nennt die Eppendorf-Episode »by no means credible to Erasmus«. Der lange Brief vom 1. Februar 1528, worin er ausführlich die Zusammenkunft mit Eppendorf zur Beilegung der Angelegenheit schildert, zeigt uns Erasmus ebenso lebhaft wie kleingeistig. Im Colloquium *Ementita nobilitas*, womit er sich erneut an Eppendorf rächte, findet man zahlreiche wörtlich übernommene Passagen aus dem Brief.

45 Griechischer Meeresgott mit der Fähigkeit, unterschiedliche Gestalten anzunehmen. (HS)

46 F. X. Kiefl: Luthers religiöse Psyche. In: Hochland, XV, 1917, S. 21. (zitiert nach der Übersetzung von Werner Kaegi, HS)

47 Nach dem Scheitern des fünften Kreuzzuges wurde nach der Überlieferung das Geburtshaus Mariens in Nazaret auf wunderbare Weise auf den Hügel von Loreto bei Recanati in Italien versetzt. (HS)

48 Poggio Bracciolini (1380–1479), italienischer Humanist, u. a. Verfasser einer Sammlung burlesker erotischer Erzählungen. Wiederentdecker verschollener Werke antiker Autoren. Bedeutend ist u. a. sein Beitrag zur Weiterentwicklung der lateinischen Schrift. (HS)

49 Das »Haus zum Walfisch« ist in der Franziskanerstraße erhalten. Sein späteres eigenes Haus, das »Haus zum Kind Jesu«, lag in der Schiffstraße 7. (HS)

50 Thomas Platter, der kürzlich den Betrieb von Cratander übernommen hatte, wo einst unter strenger Geheimhaltung der Julius-Dialog erschienen ist.

51 Das *Carmen heroicum* auf den Tod von Fisher und Morus, das 1536 Hieronymus Gebwiler als Werk von Erasmus ausgegeben hat, muss, wie A. Jolles nachwies, Janus Secundus zugeschrieben werden.

52 Das Haus ist bis heute in Basel in der Bäumleingasse 18 erhalten. (HS)

53 Der Text von Beatus Rhenanus gibt es als *Lieuer Got* wieder. Das *u* beweist, dass Beatus kein Hochdeutsch hörte, während es auf der Hand liegt, dass er die Endung von Lieve und den Endkonsonanten von God nicht richtig wiedergegeben hat.

54 »Ein tückisches Wesen«, Tischreden, Weimar, II, Nr. 2420.

55 So schien es noch 1924, als diese Worte geschrieben wurden. Die Welt benötigt jedoch heute, auch wenn sie seine Schriften immer noch so wenig liest wie zuvor, die Ermahnung seines Geistes wieder mehr denn je.

56 Geusen nannten sich die niederländischen Aufständischen während des Unabhängigkeitskampfes (1568–1648) gegen die spanische Herrschaft. (HS)

57 Es gibt keine Belege, die beweisen könnten, dass der Prinz die Werke von Erasmus gelesen hat, jedoch ist dies wahrscheinlich.

LITERATUR

Von Huizinga vor allem herangezogene Quellen:

Allen, P. S.: The Age of Erasmus. Oxford, 1914.

Desiderii Erasmi Opera omnia, ed. J. Clericus, 10 Bd., Lugduni Batavorum, 1703–1706.

Drummond, R. B.: Erasmus, his Life and Character. 2 Bd. London, 1873.

Jongh, H. de: L'ancienne faculté de théologie de Louvain, 1432–1540. Louvain, 1911.

Lindeboom, J.: Erasmus, Onderzoek naar zijne theologie en zijn godsdienstig gemoedsbestaan. Leiden, 1909.

Murray, R.H.: Erasmus and Luther: their Attitude to Toleration. London, 1920.

Nolhac, P. de: Erasme en Italie. Paris, 1888.

Opus epistolarum Des. Erasmi Roterodami, ed. P. S. Allen (seit Bd. IV P. S. Allen und H. M. Allen) Oxonii, Bd. I–VIII, 1906–1934.

Renaudet, A.: Préréforme et Humanisme à Paris, 1494–1517. Paris, 1916.

Seebohm, F.: The Oxford Reformers, John Colet, Erasmus and Thomas More. London, 1887.

Veth, J.; S. Müller: Albrecht Dürers Niederländische Reise. 2 Bd., Berlin-Utrecht, 1918.

Ergänzende Werke:

Augustijn, C.: Erasmus – Der Humanist als Theologe und Kirchenreformer. Leiden, 1996.

Erasmus von Rotterdam: Ausgewählte Schriften. Bd. 1–8. Darmstadt, 2016.

Gail, A. J.: Erasmus. Reinbek, 1999.

Huizinga, J.: Verzamelde werken. Bd. 1–9, Haarlem, 1948–53.

Huizinga, J.: Erasmus (deutsche Übersetzung von Werner Kaegi). Basel, 1928.

Huizinga, J.: Erasmus and the Age of Reformation (englische Übersetzung von F. Hopmann). London, 1957.

Ribhegge, W.: Erasmus von Rotterdam – Der erste Europäer. Darmstadt, 2009.

Rummel, E.: Erasmus. London, 2006.

Schulz, U.: Erasmus von Rotterdam: Der Fürst der Humanisten. München, 1998.

Sommer, H.: Weisheit und Torheit der Welt – Mit Jan van Ruysbroek im Wald der Mystiker und zum Haus des Erasmus von Rotterdam in Anderlecht. In: H. Sommer: Der philosophische Reiseführer – Auf den Spuren großer Denker. Orte – Bilder – Gedanken. Wiesbaden 2018.

Zweig, S.: Triumph und Tragik des Erasmus von Rotterdam. Frankfurt a. M., 2011.

VERZEICHNIS DER ABBILDUNGEN